I0818877

ざしきわらし　イラスト作品集

DANDELION

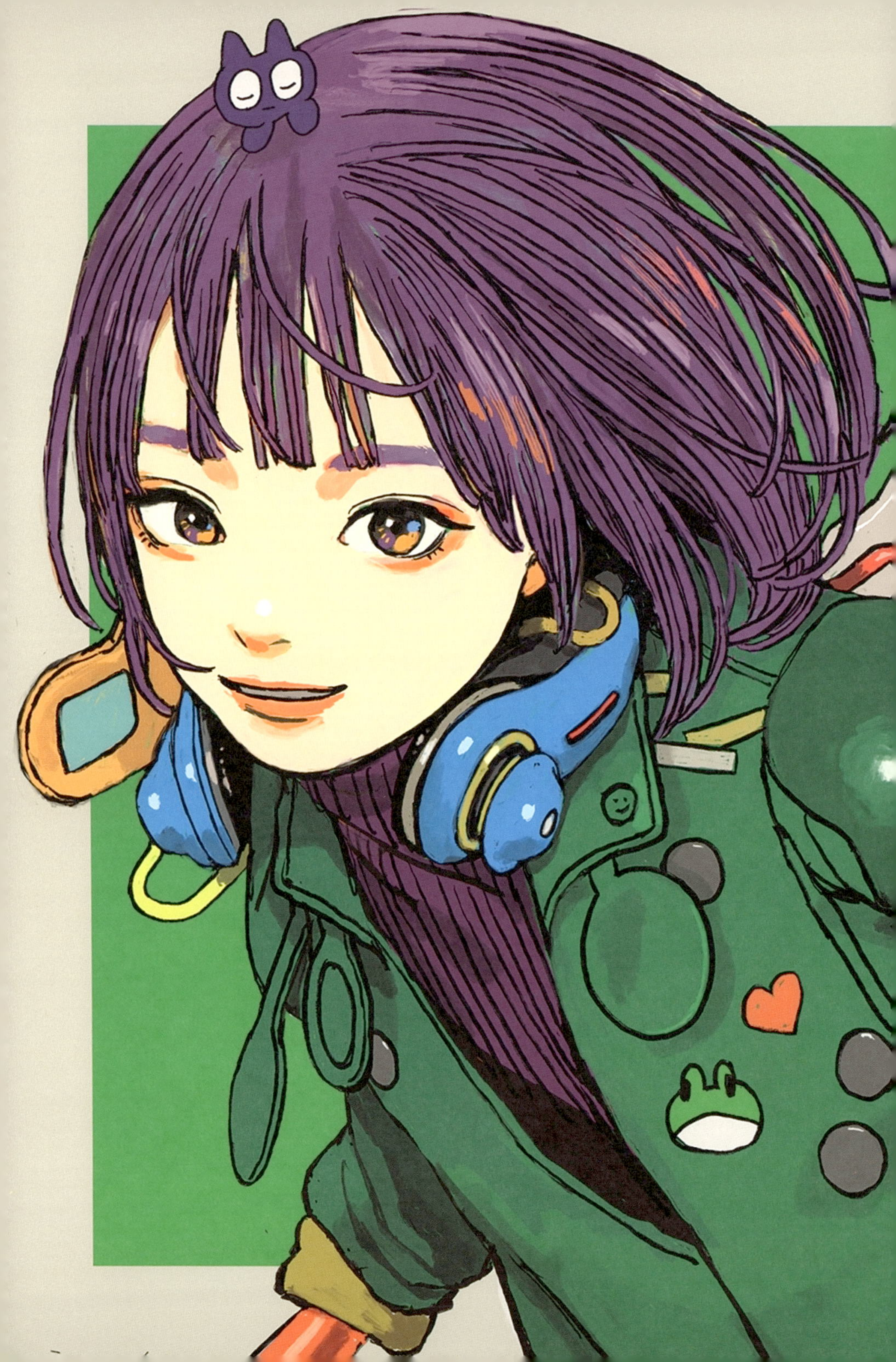

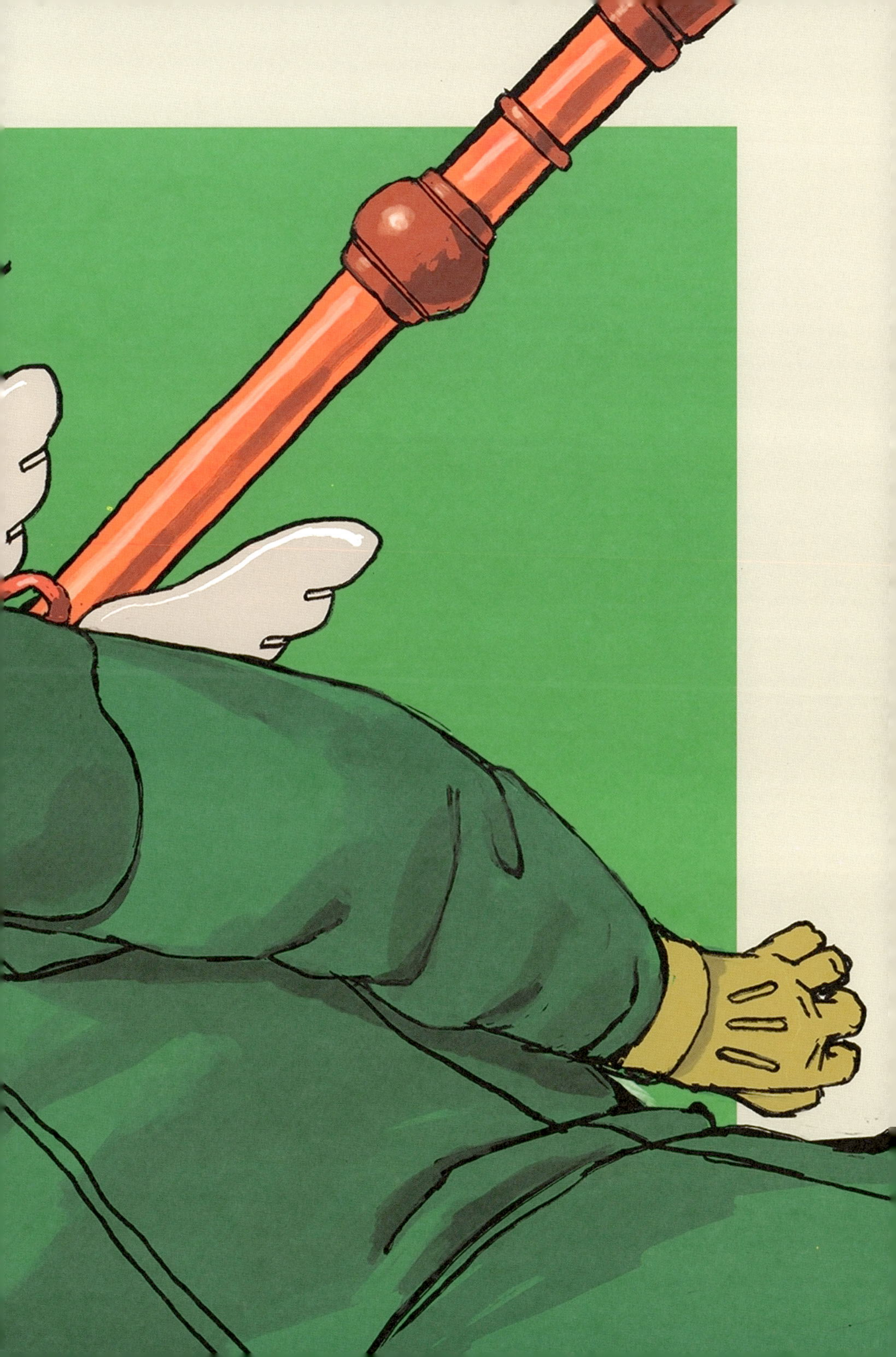

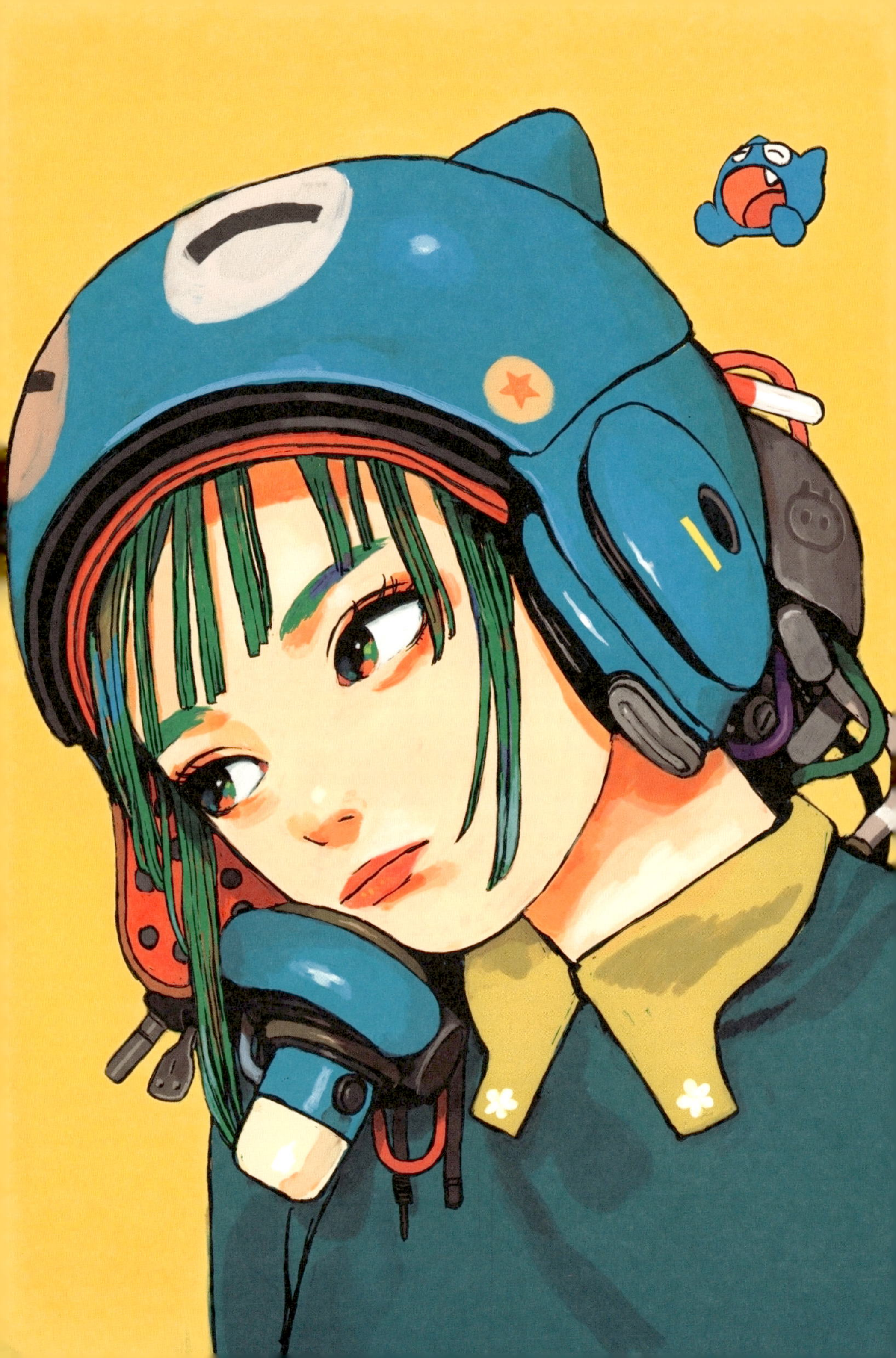

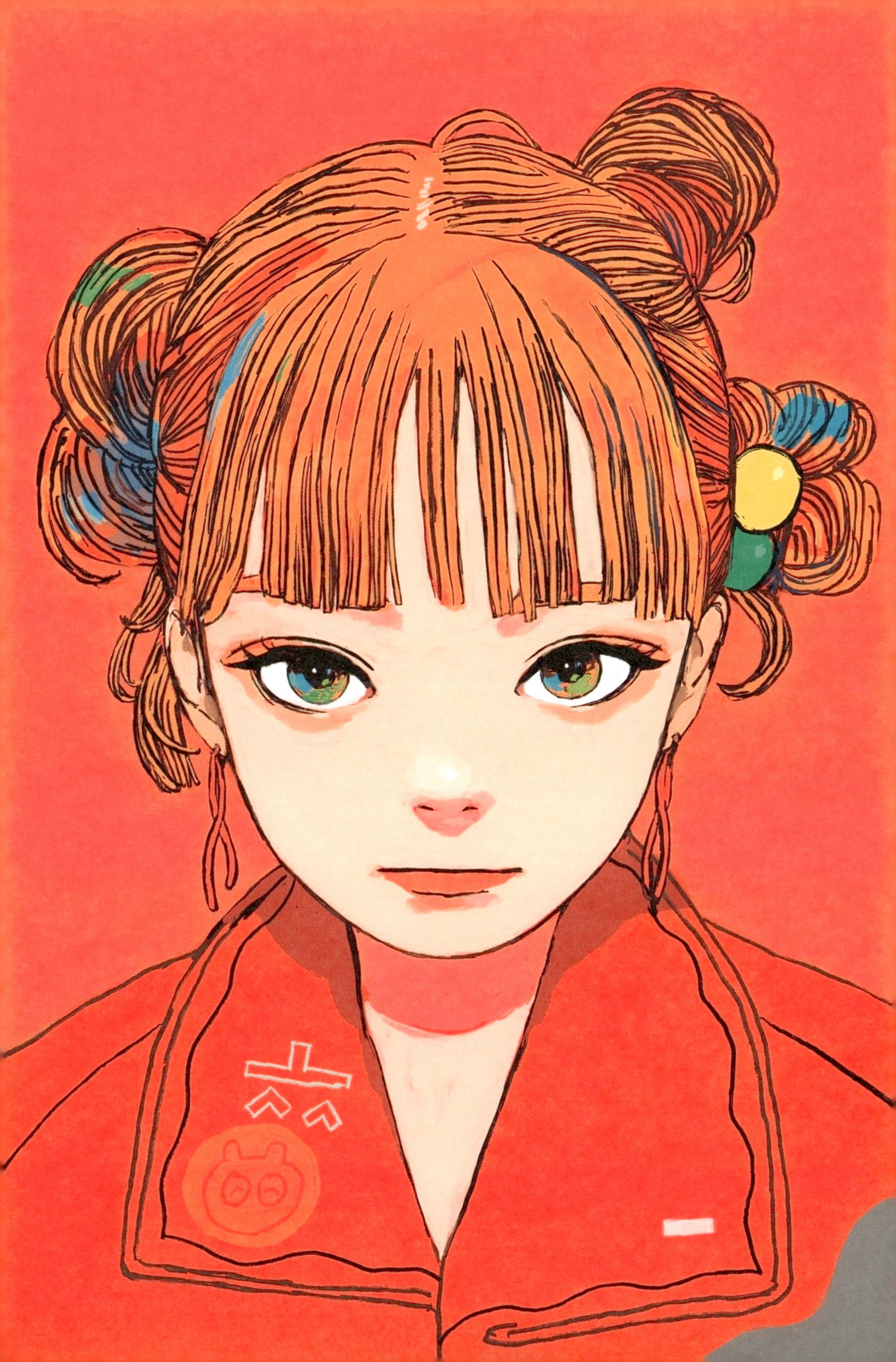

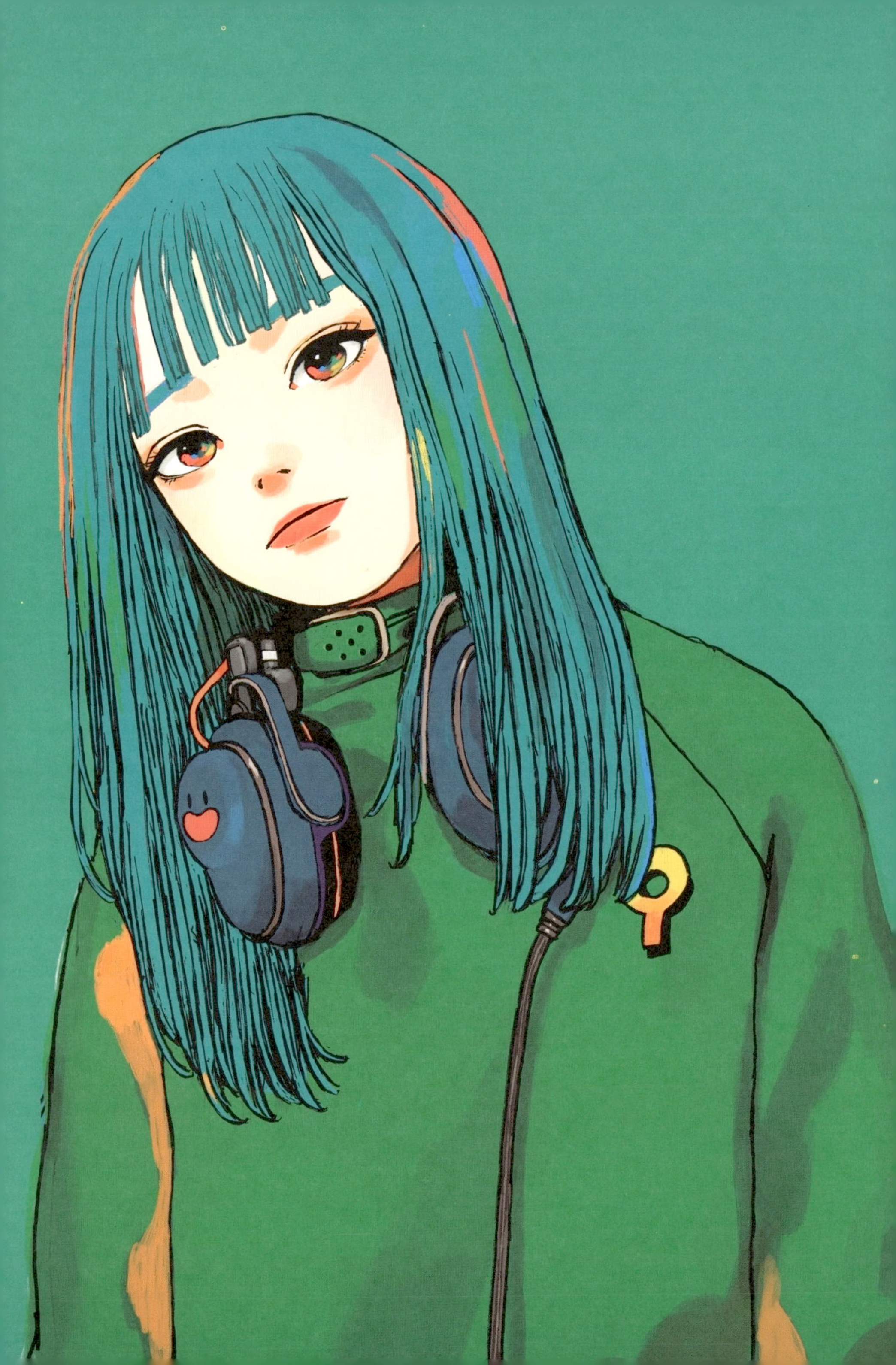

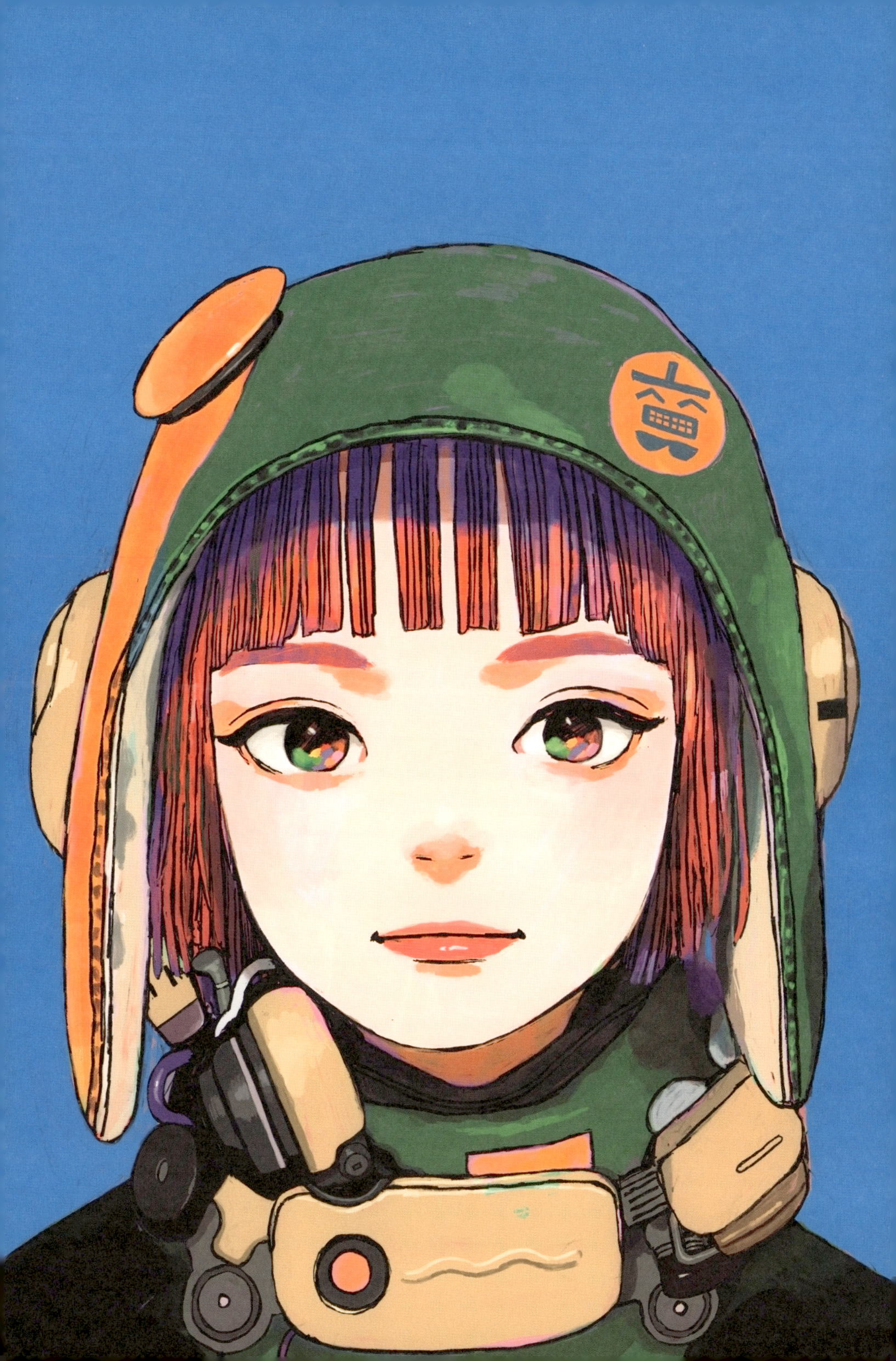

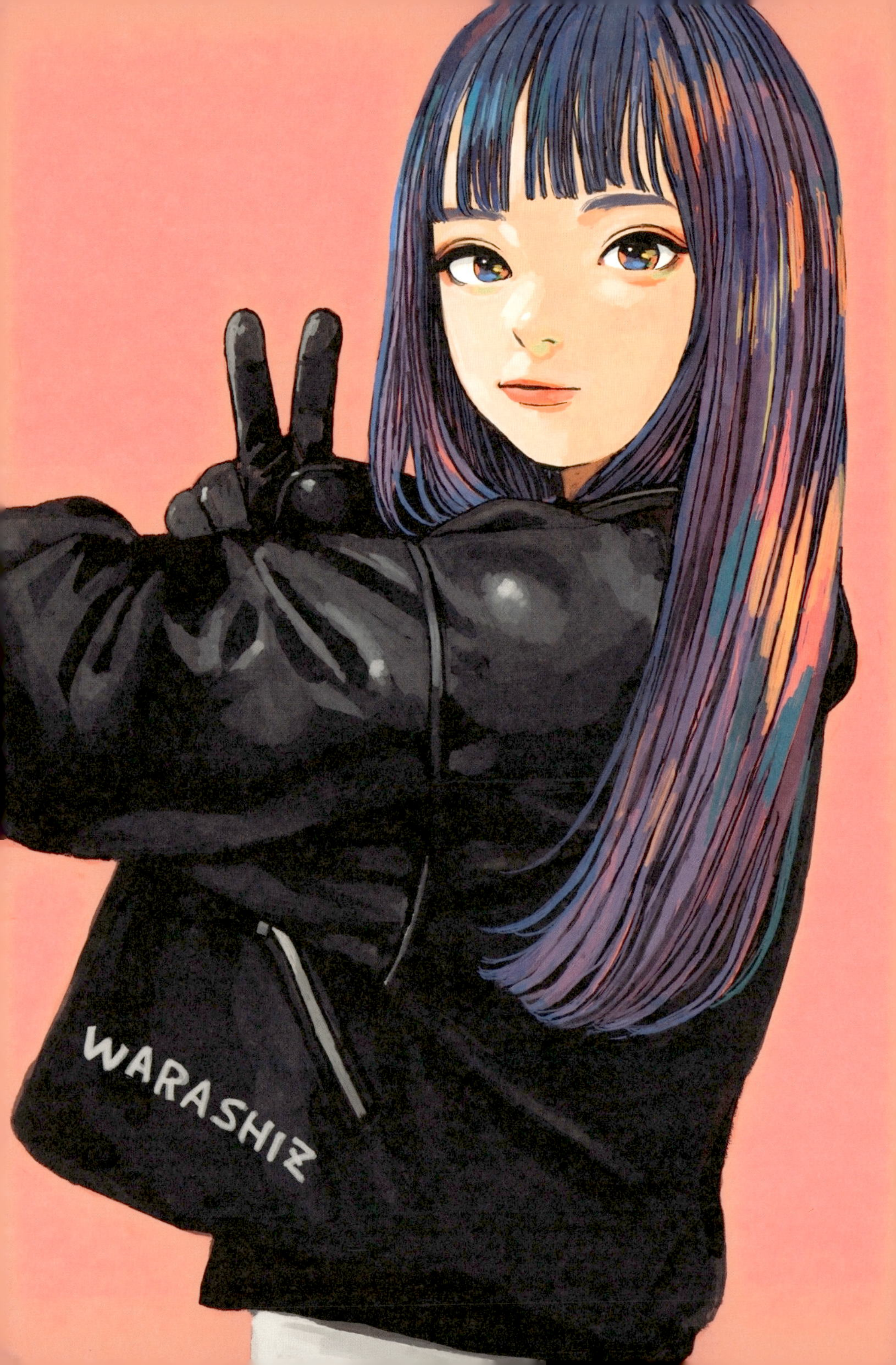
WARASHIZ

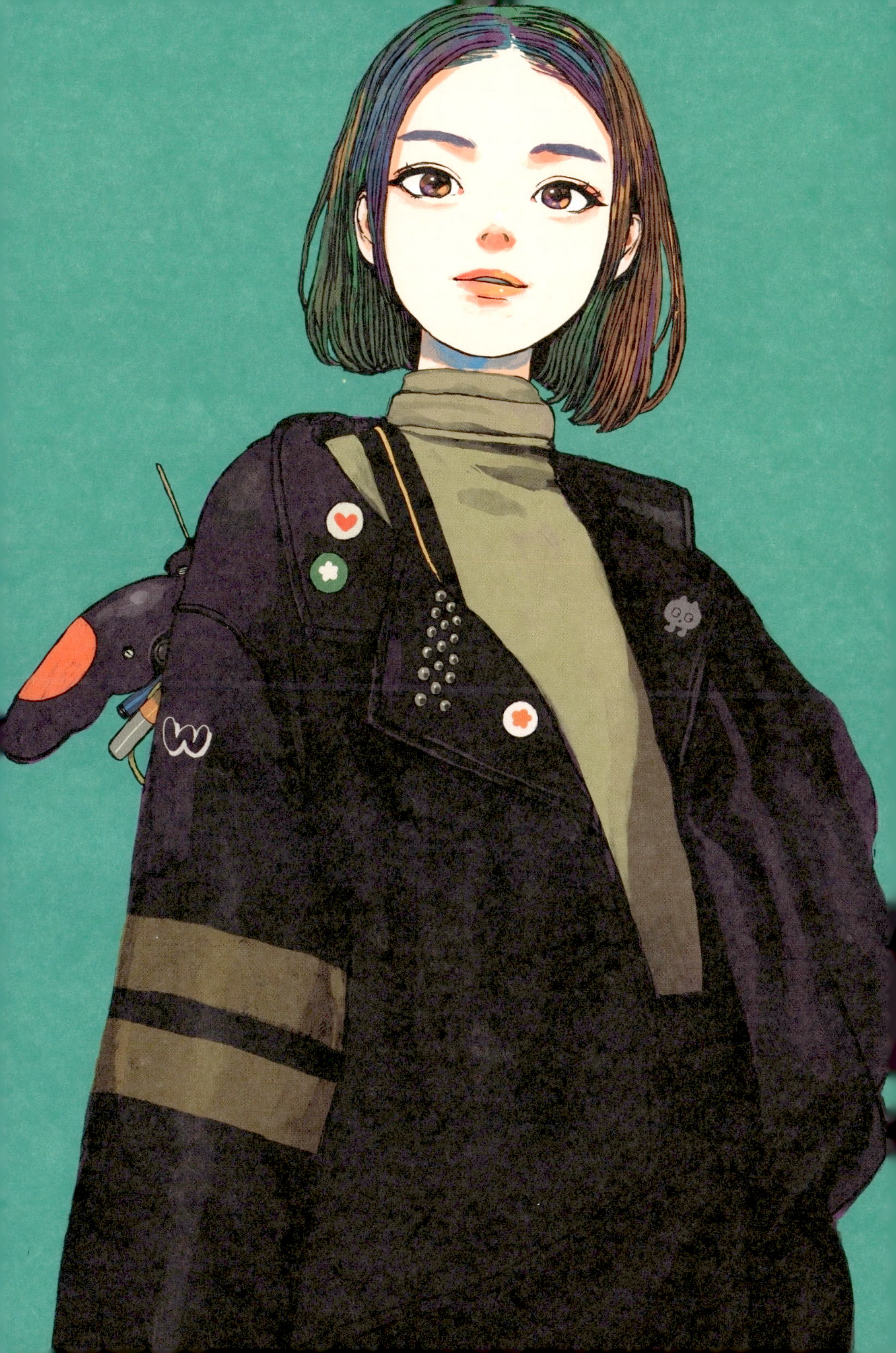

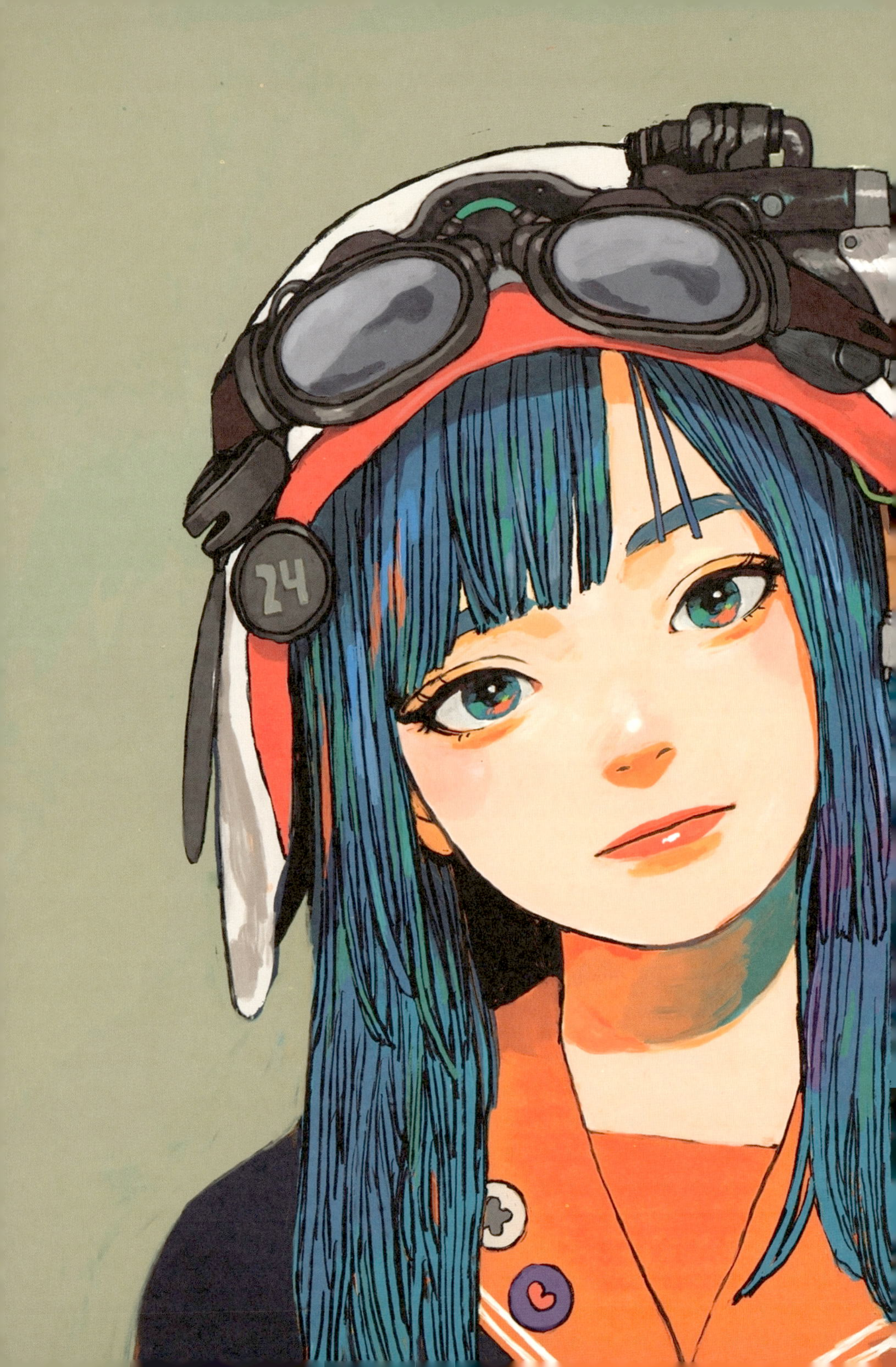
24

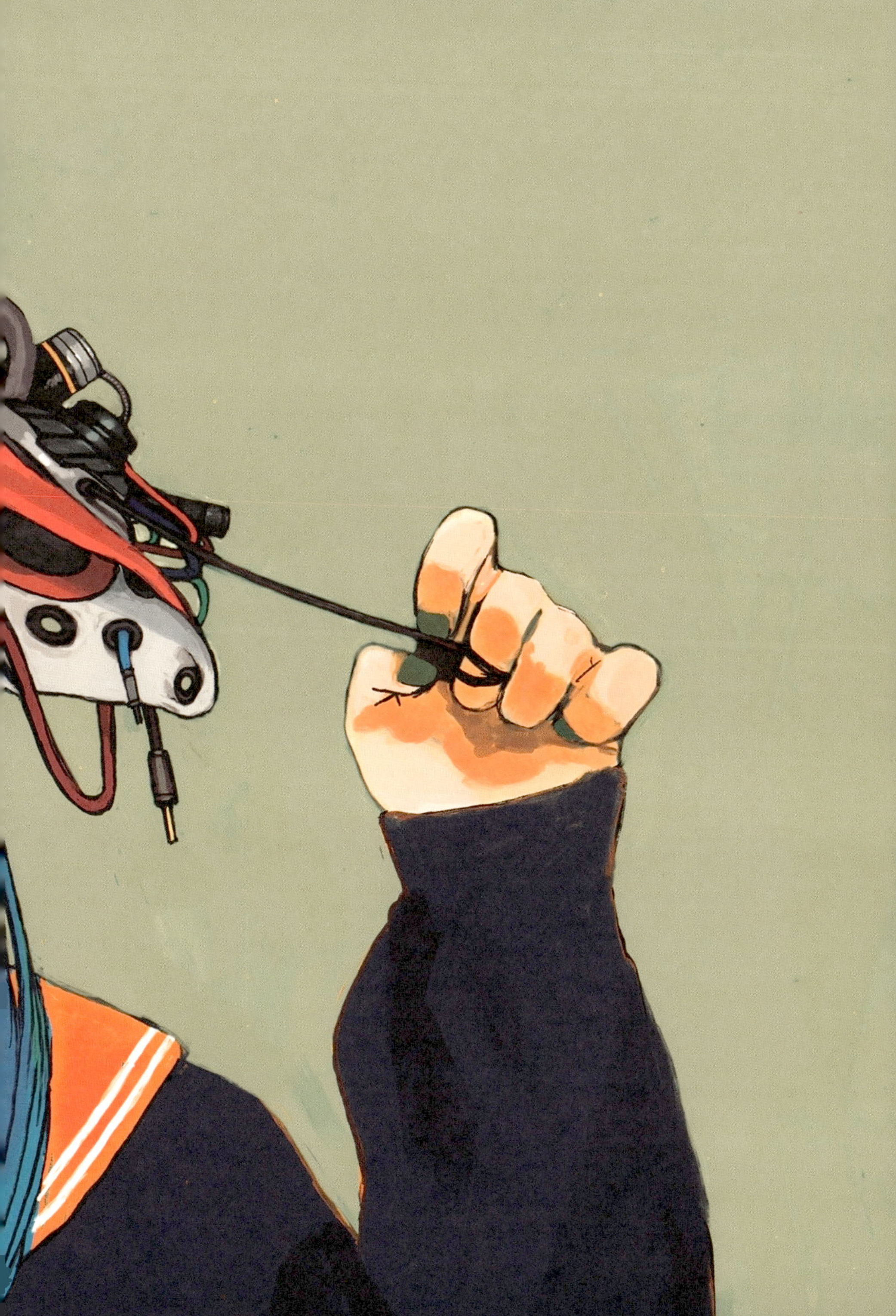

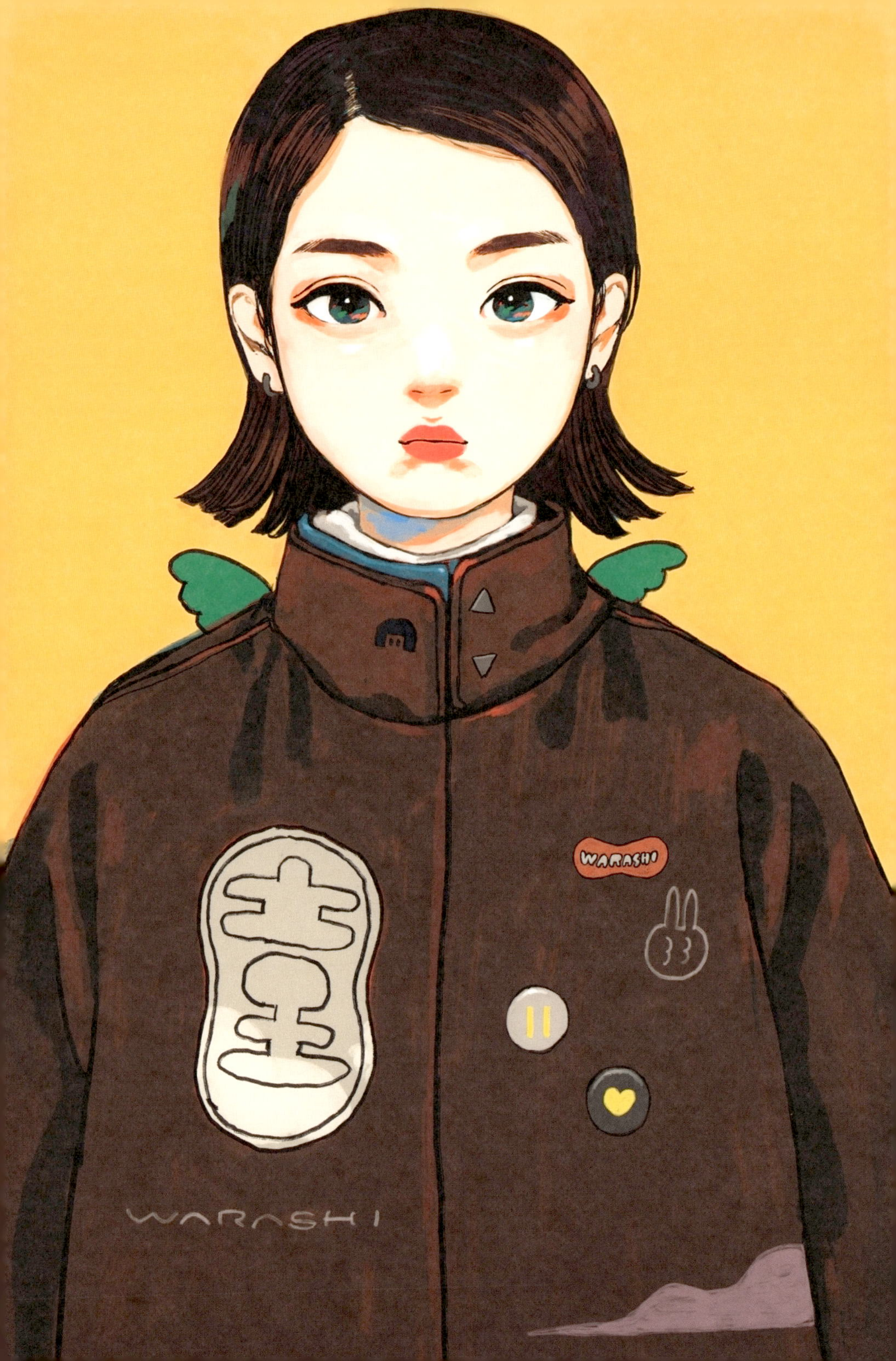
WARASHI
WARASHI

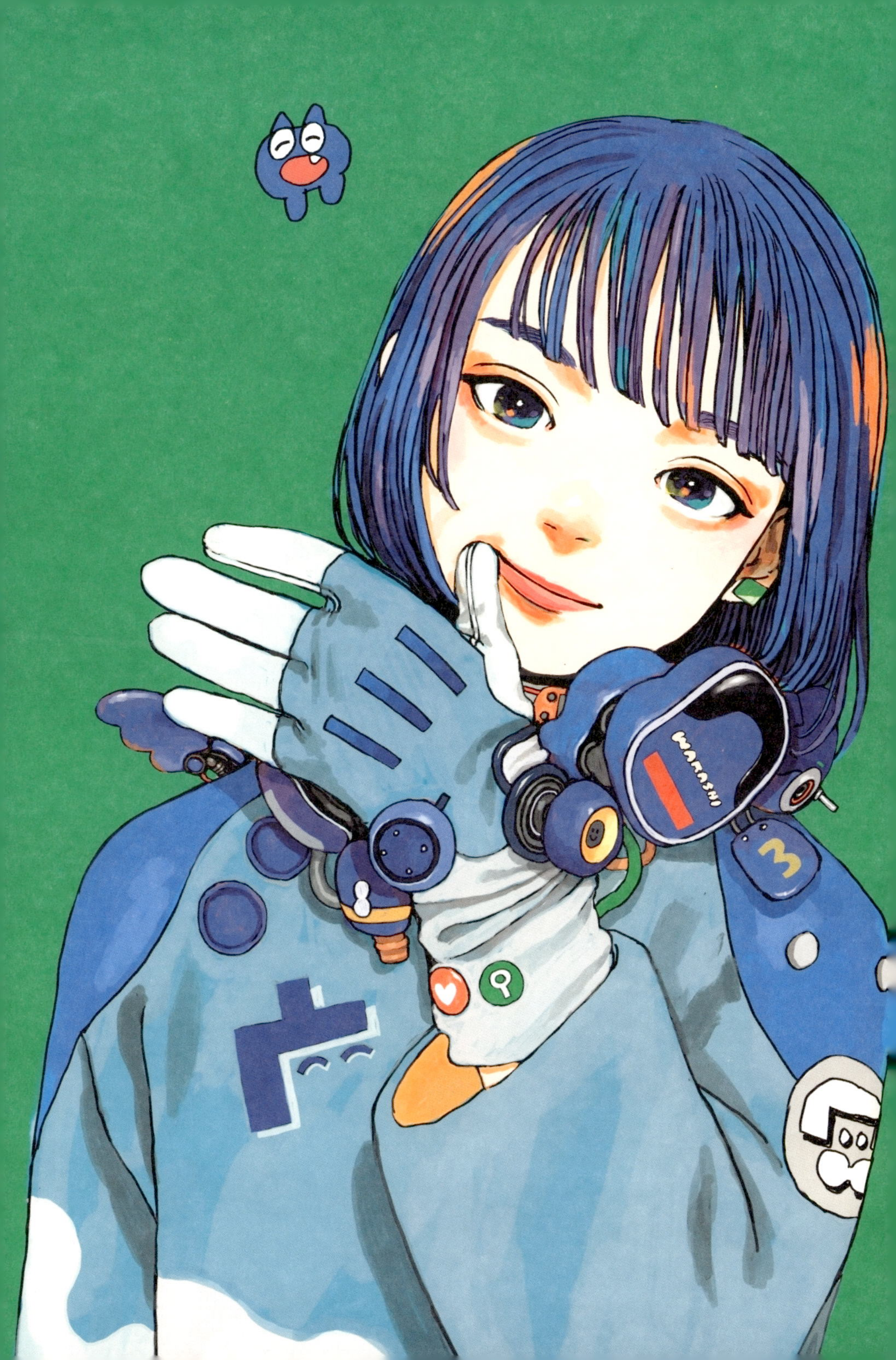
WARASHI
3

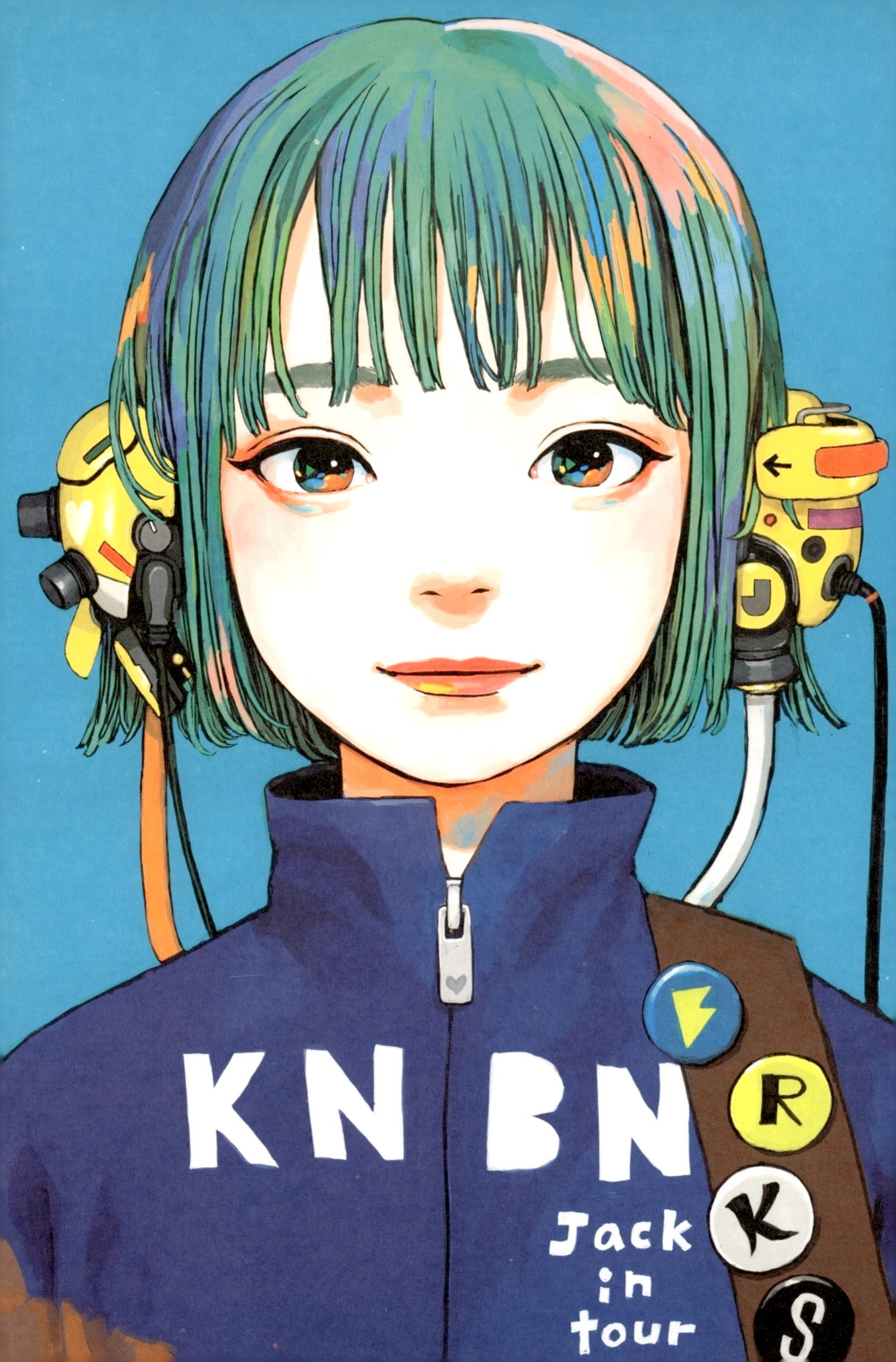
KN BN
Jack
in
tour
R
K
S

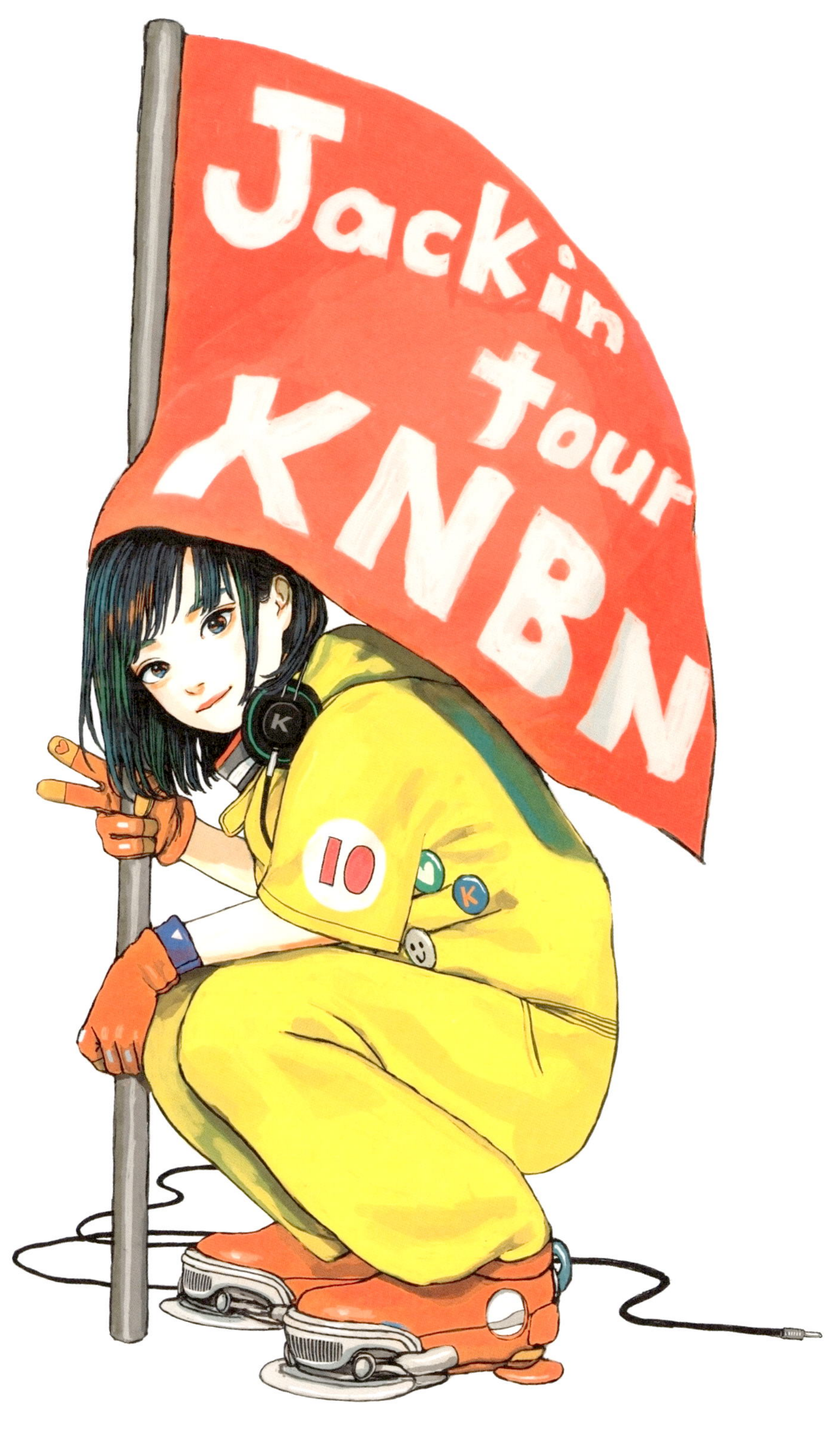
Jackin tour
KNBN
10

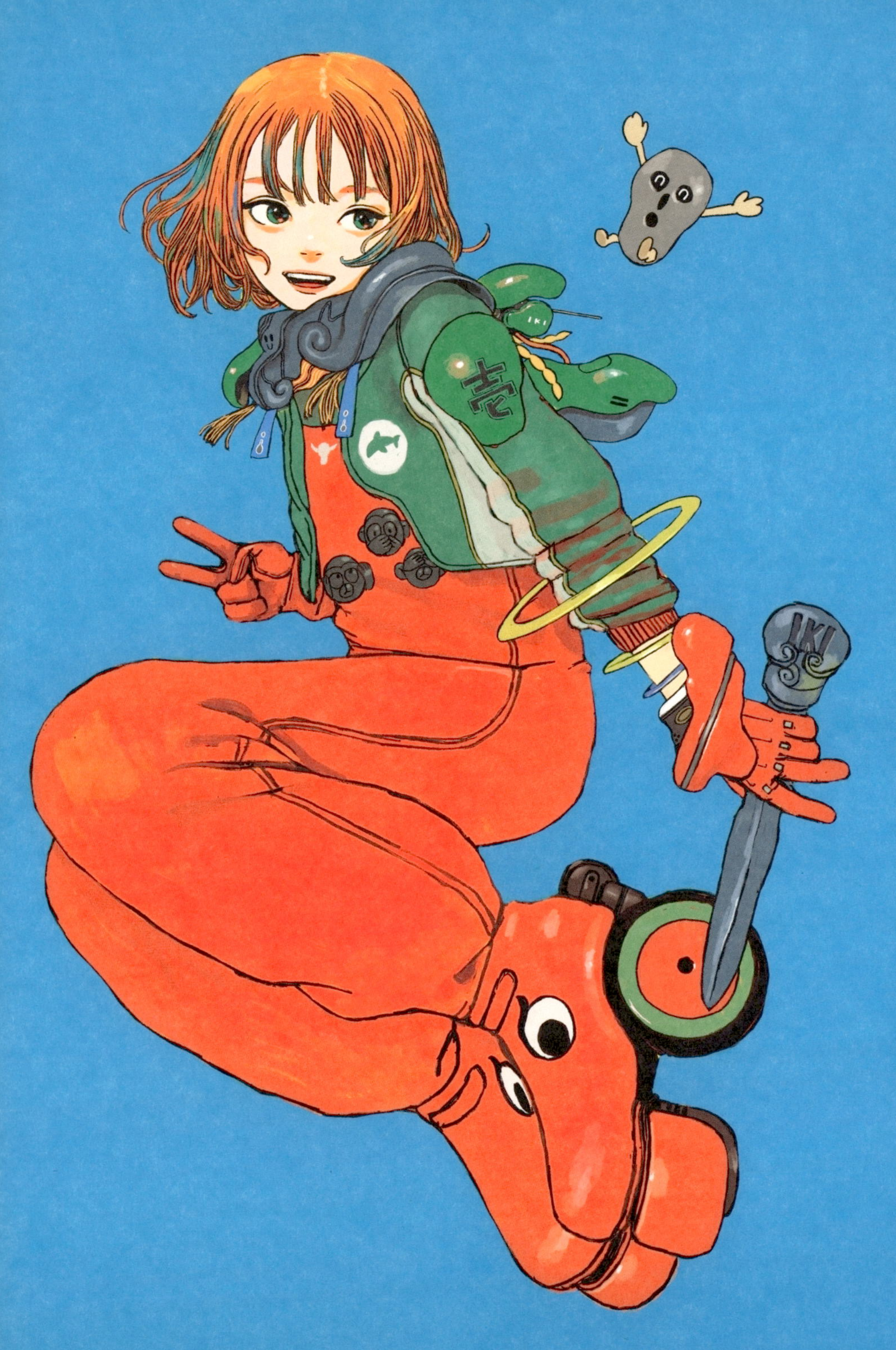
壱
IKI

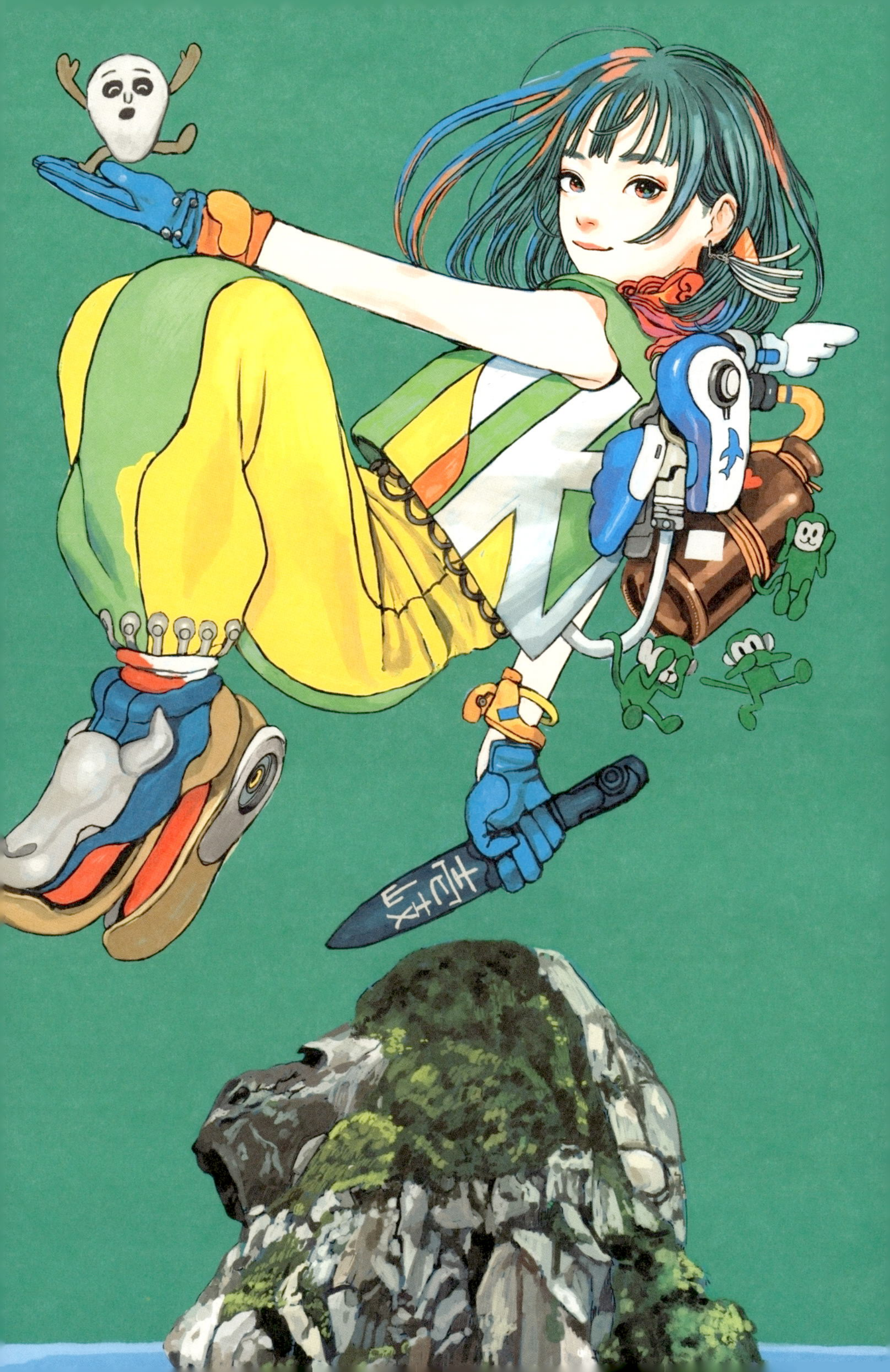
壱岐

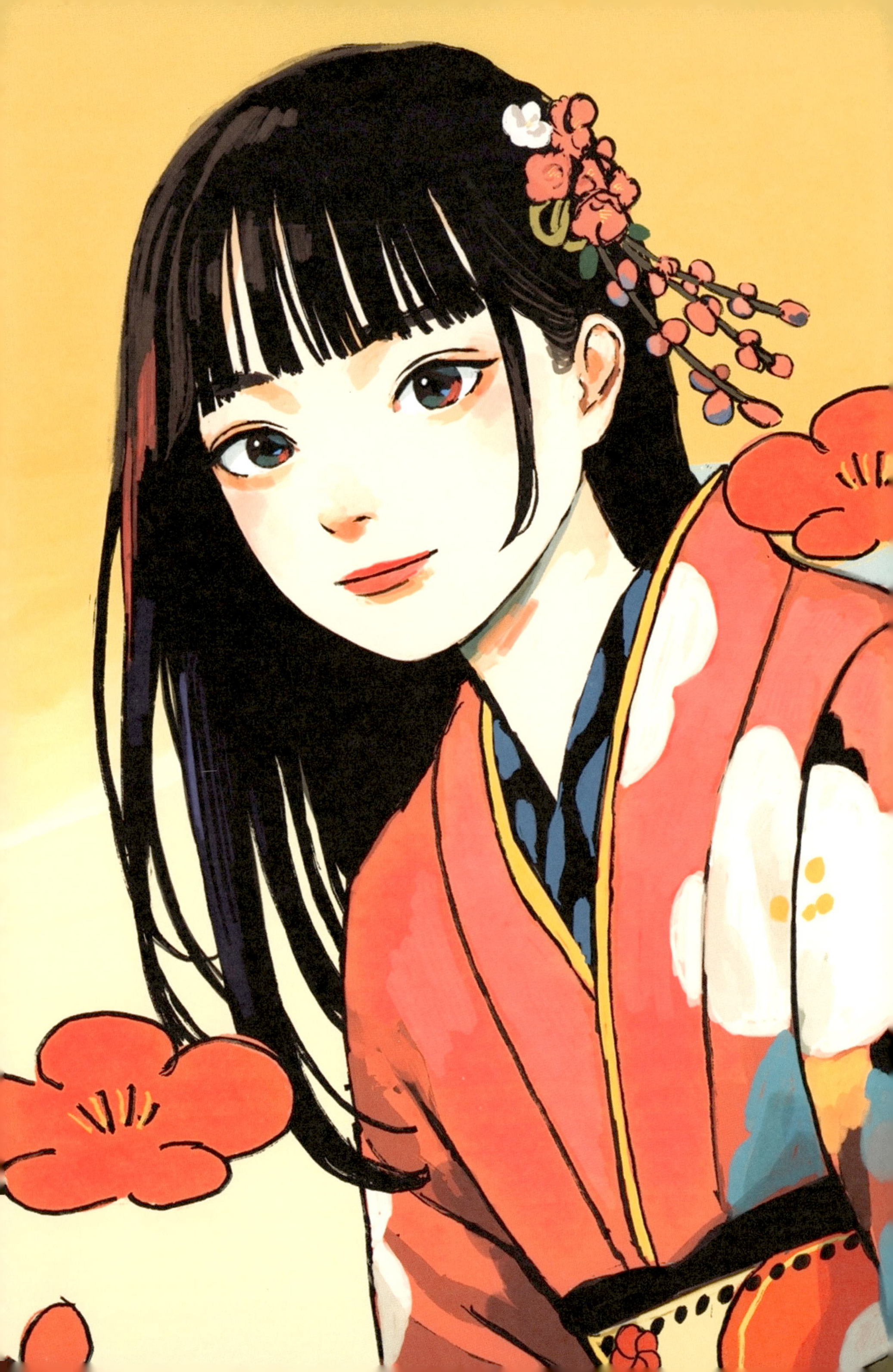

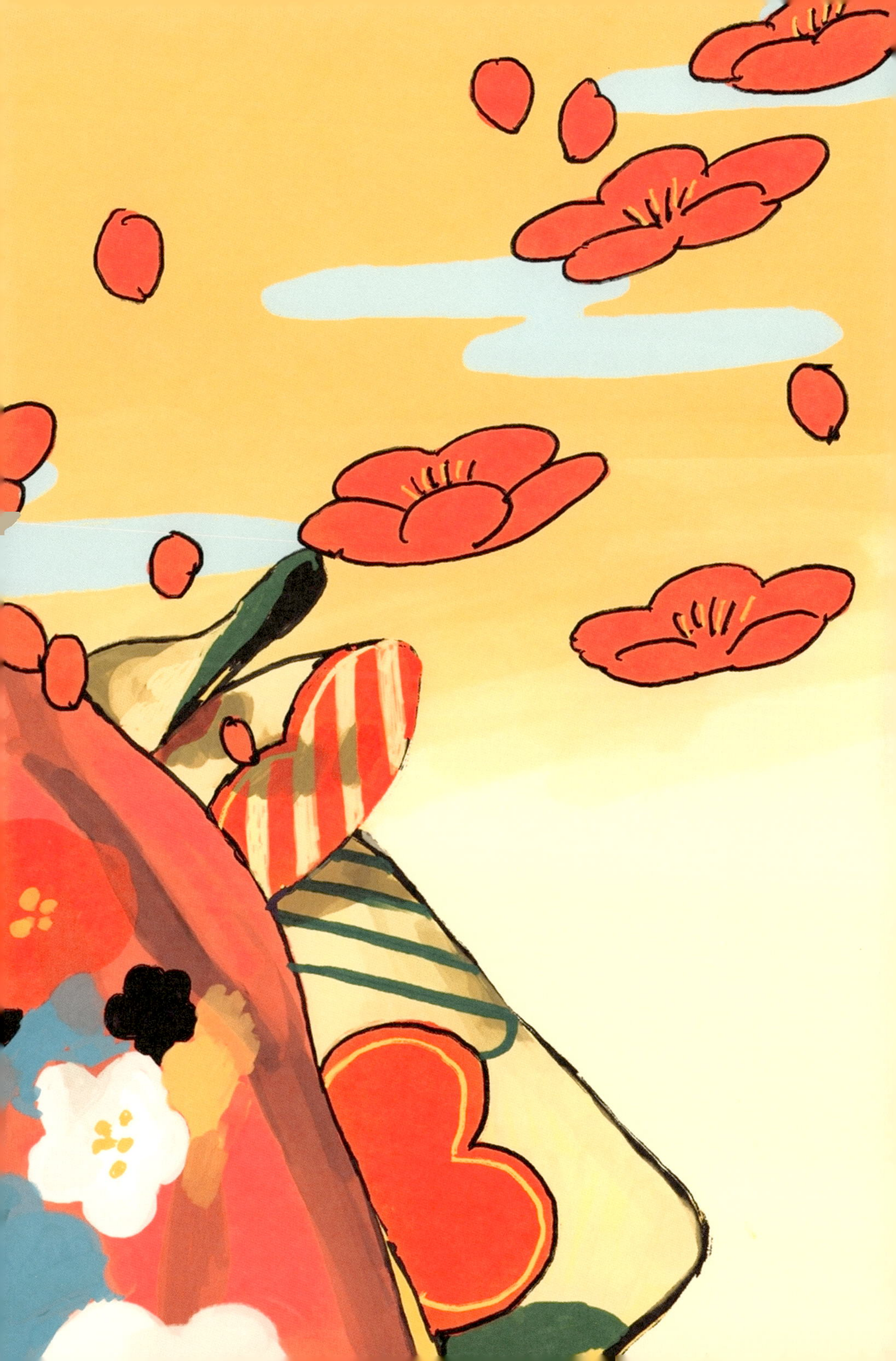

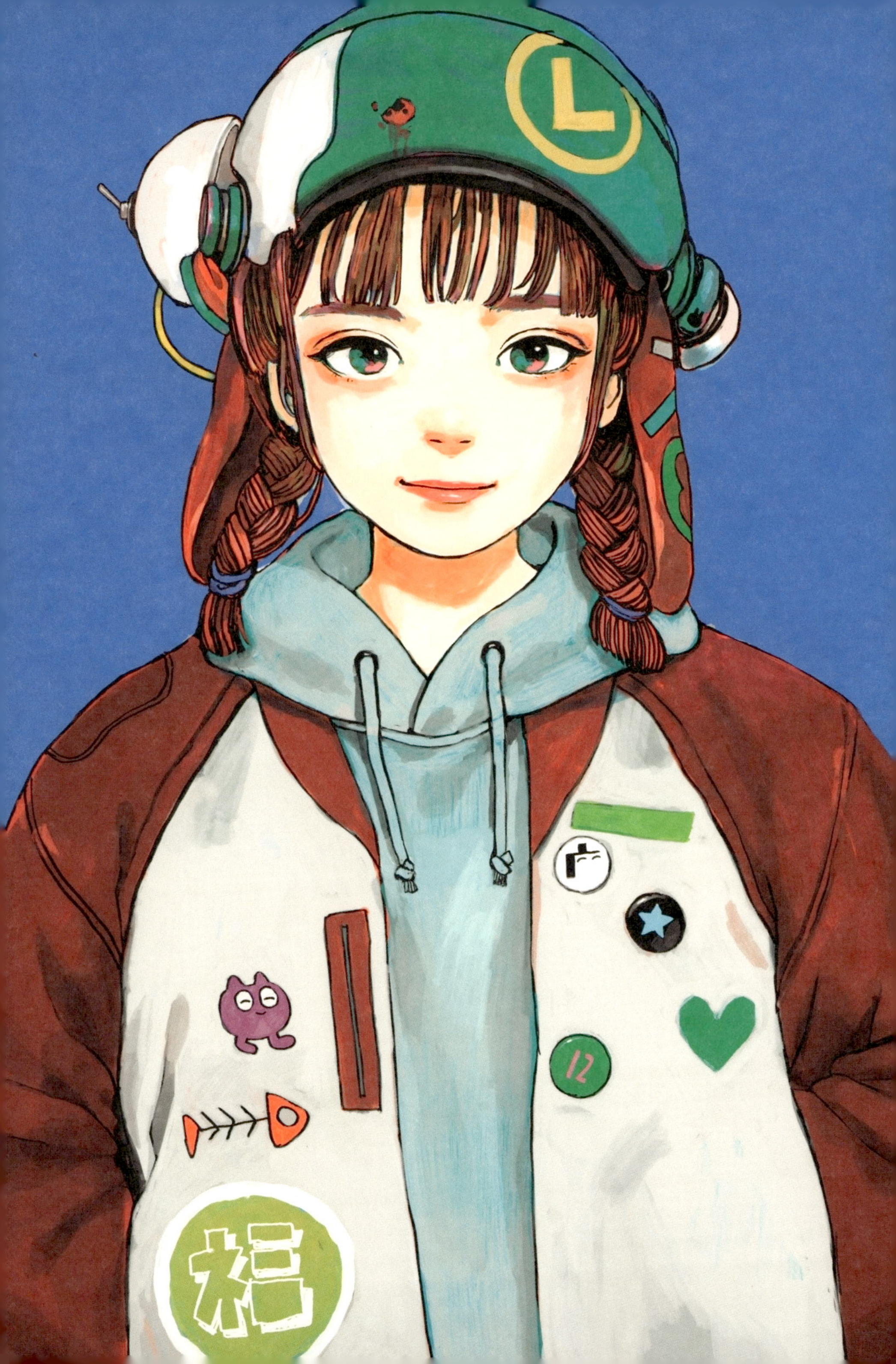
L
12

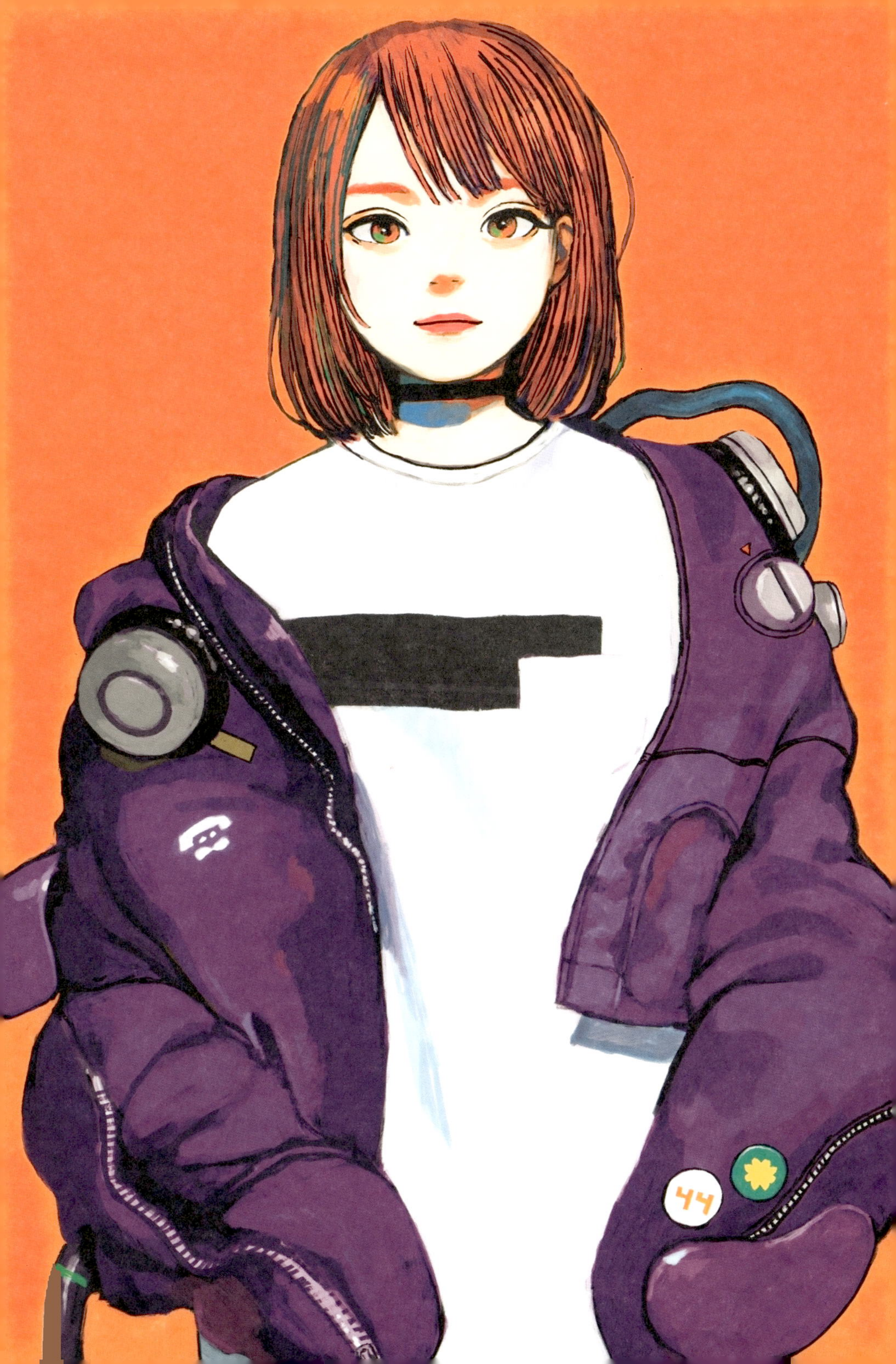
44

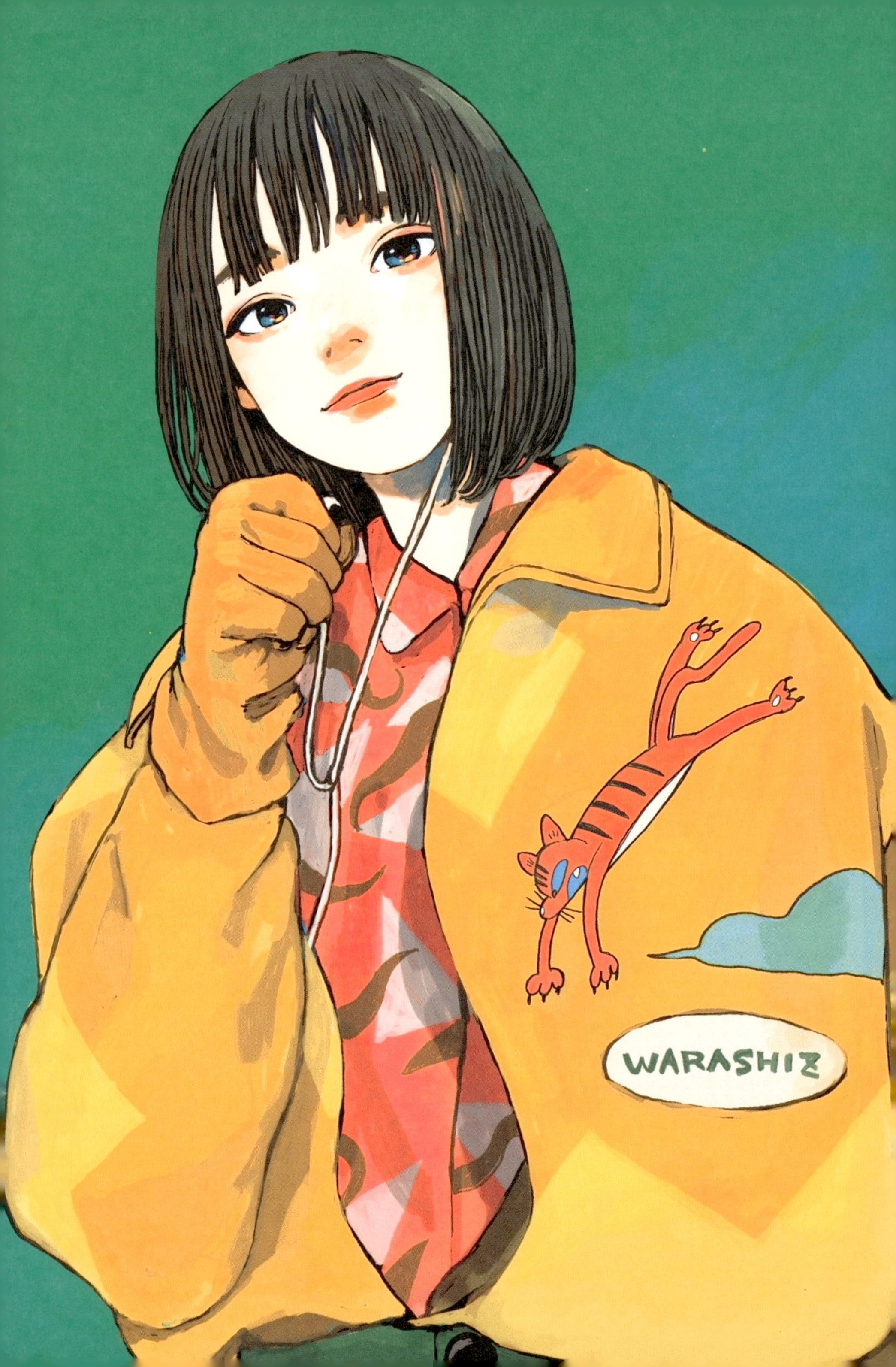
WARASHIZ

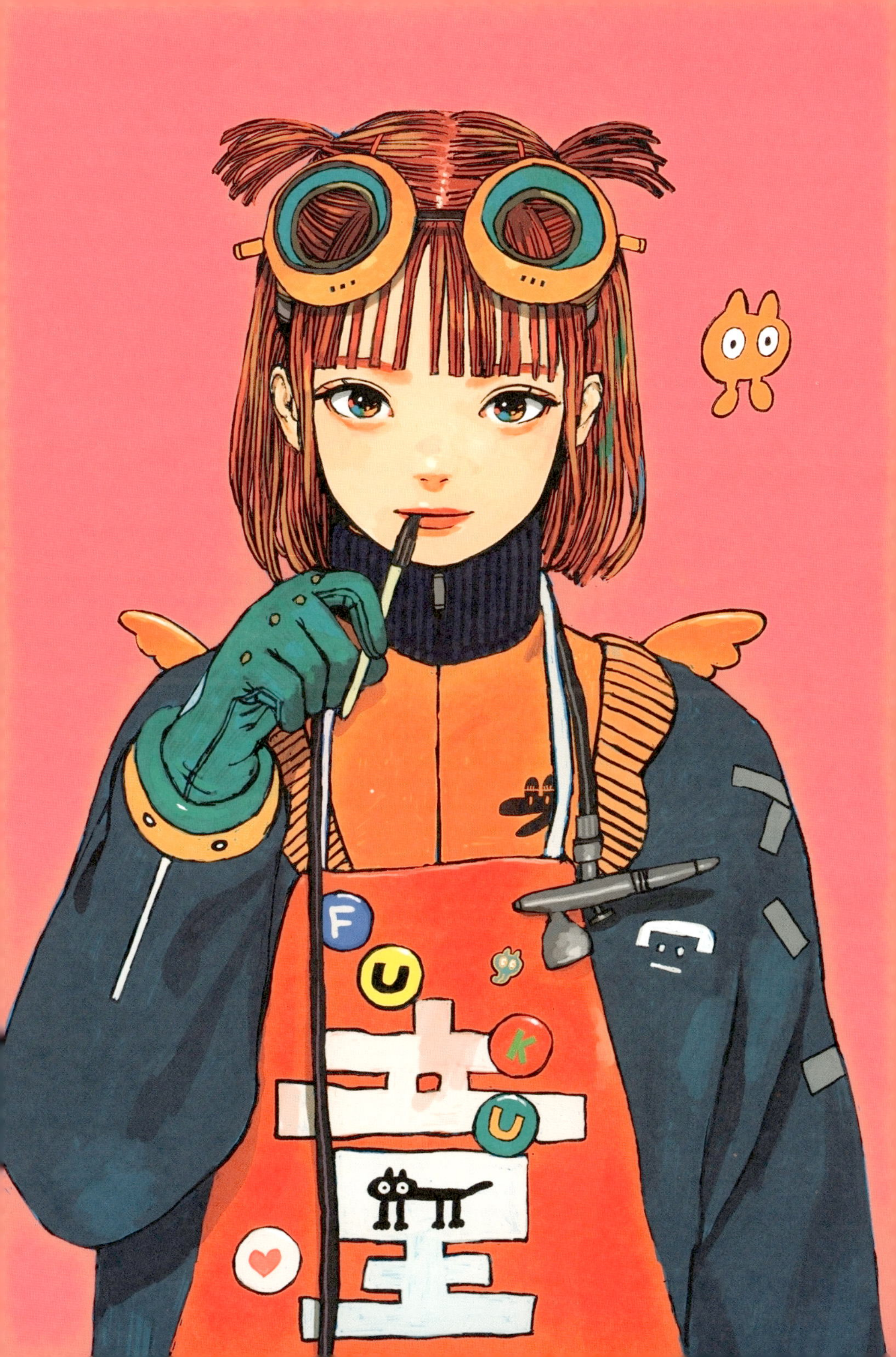
F
U
K
U

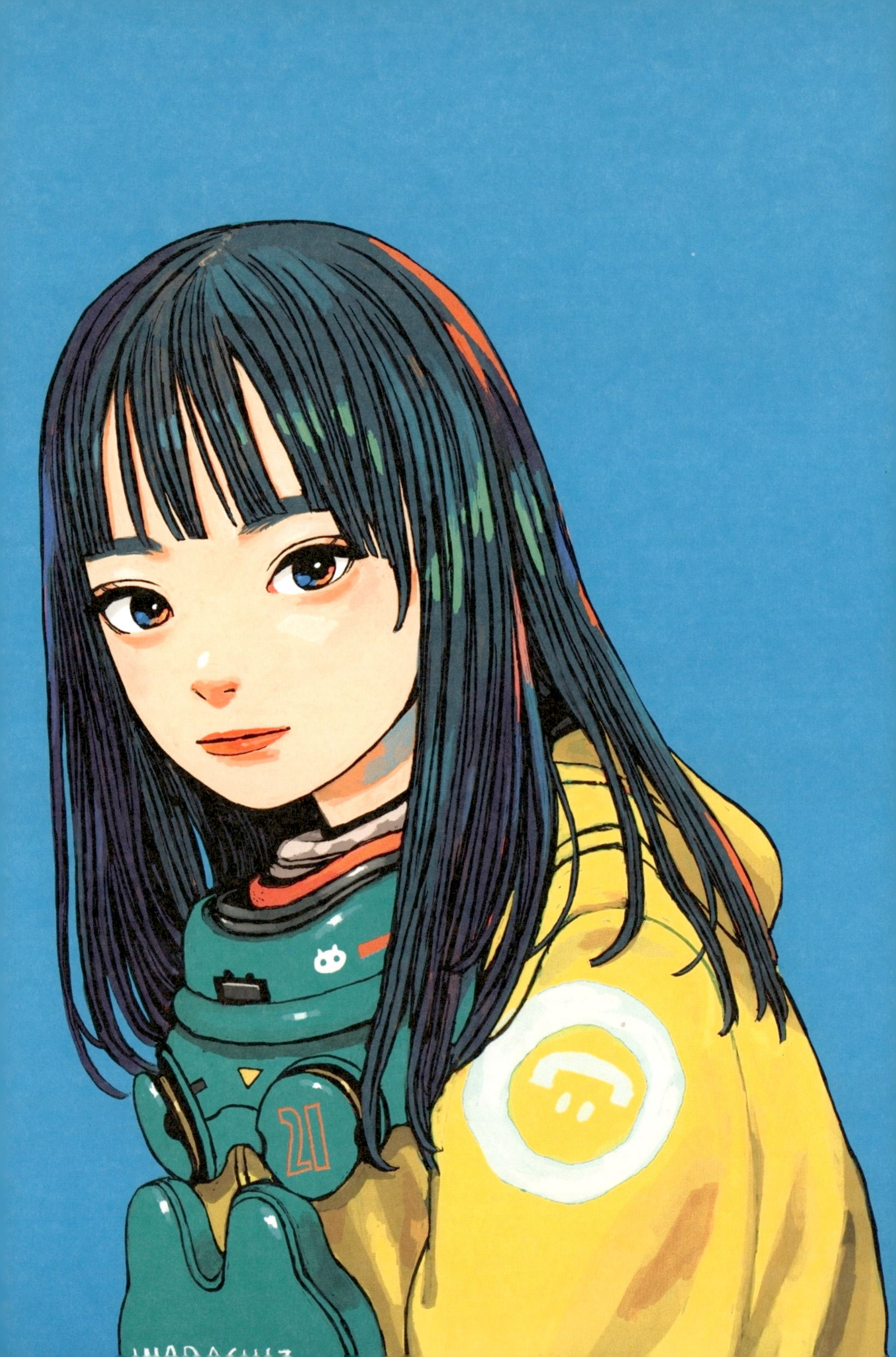
21

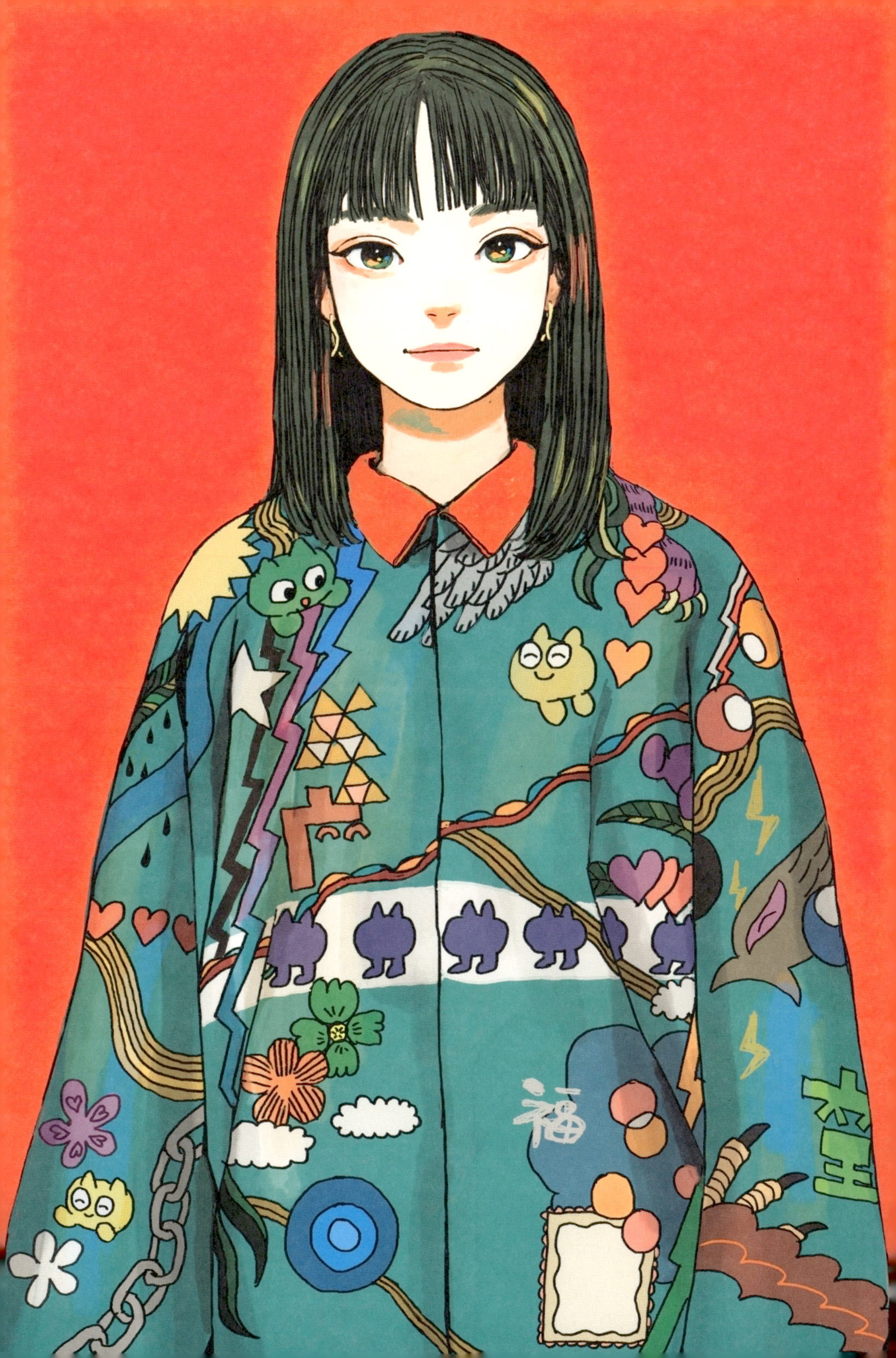
福

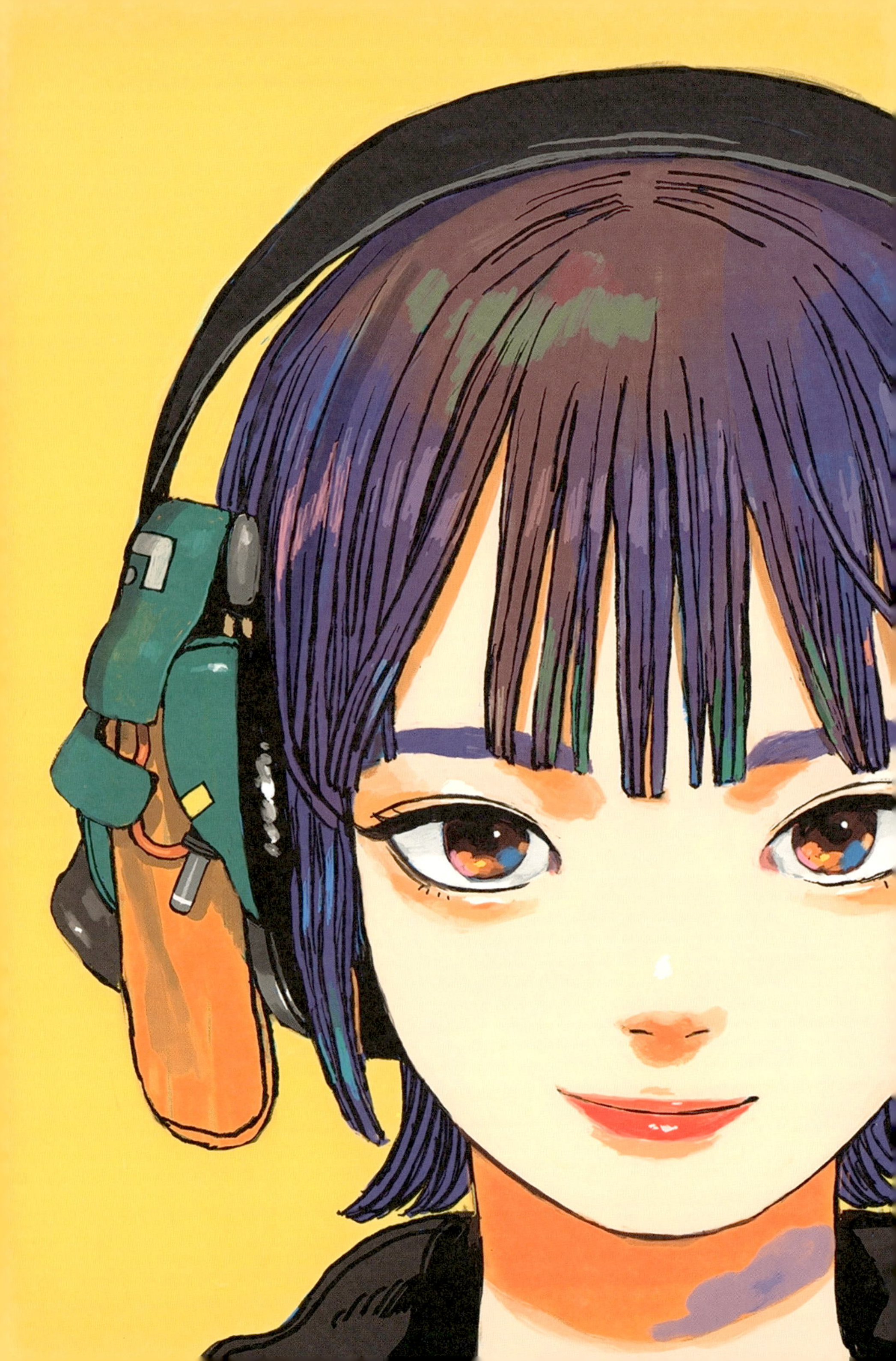

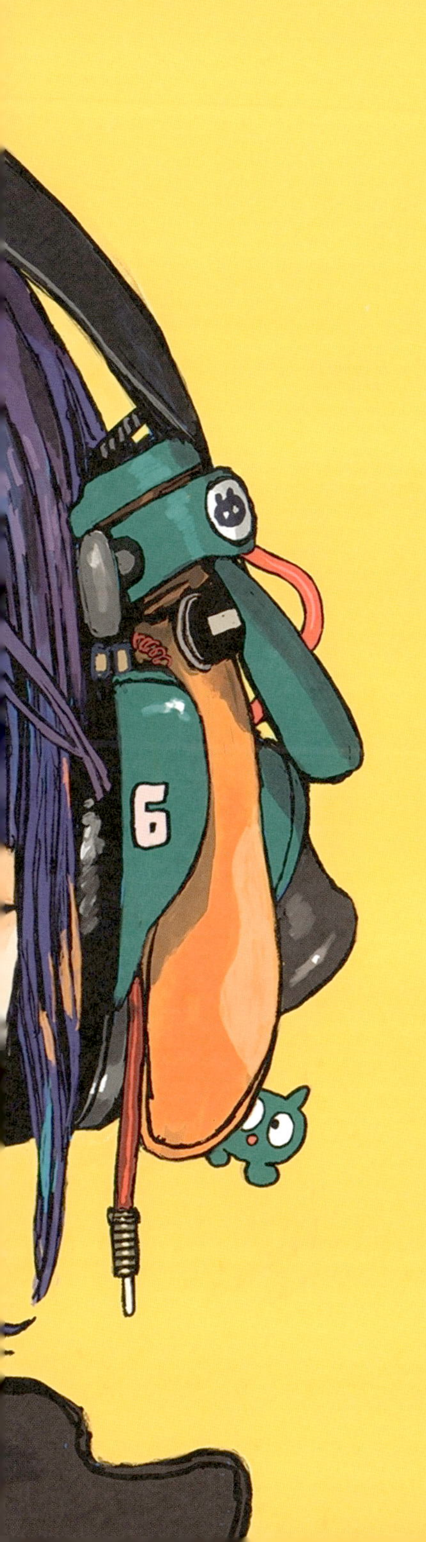

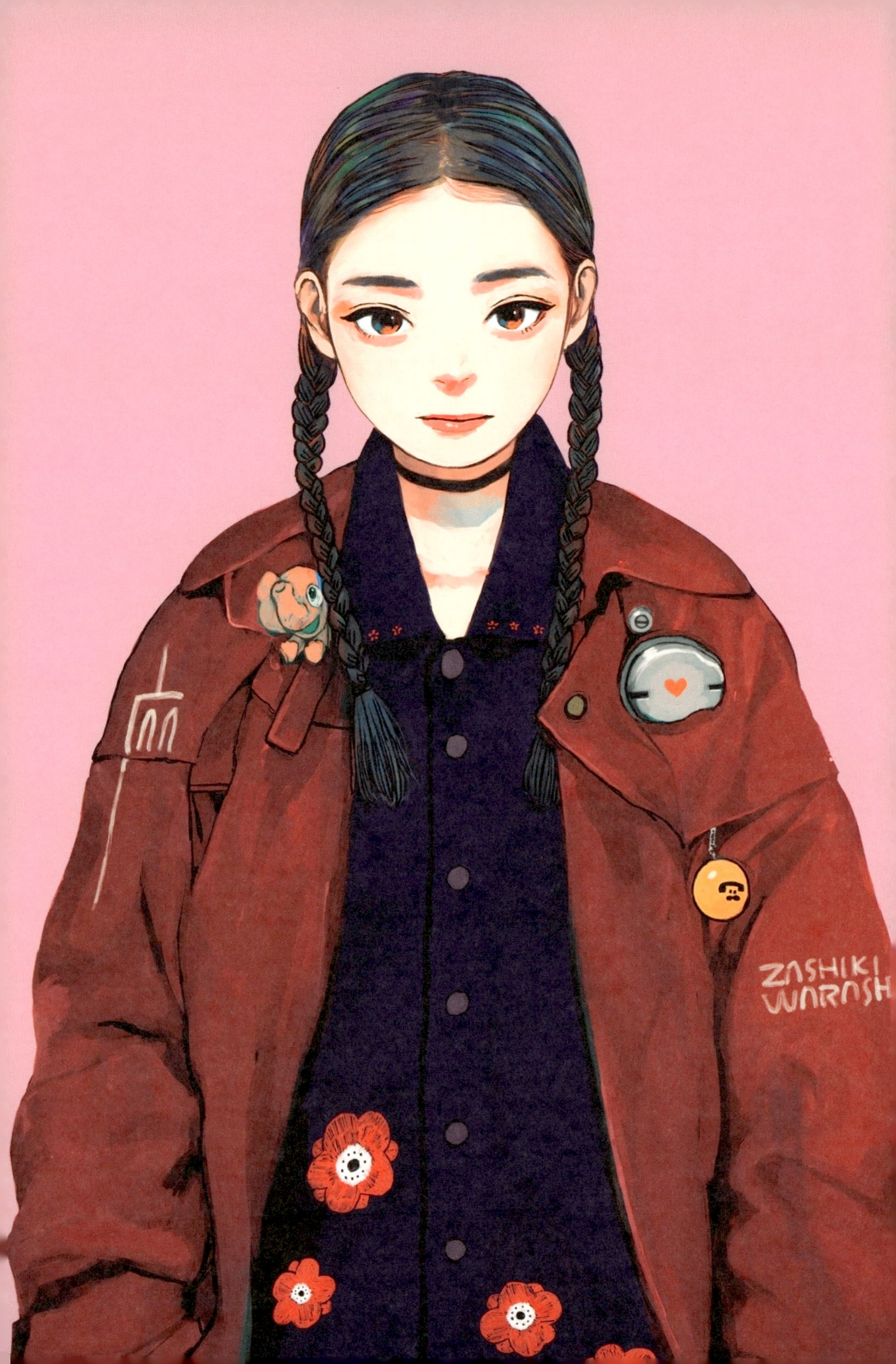
ZASHIKI
WARASH

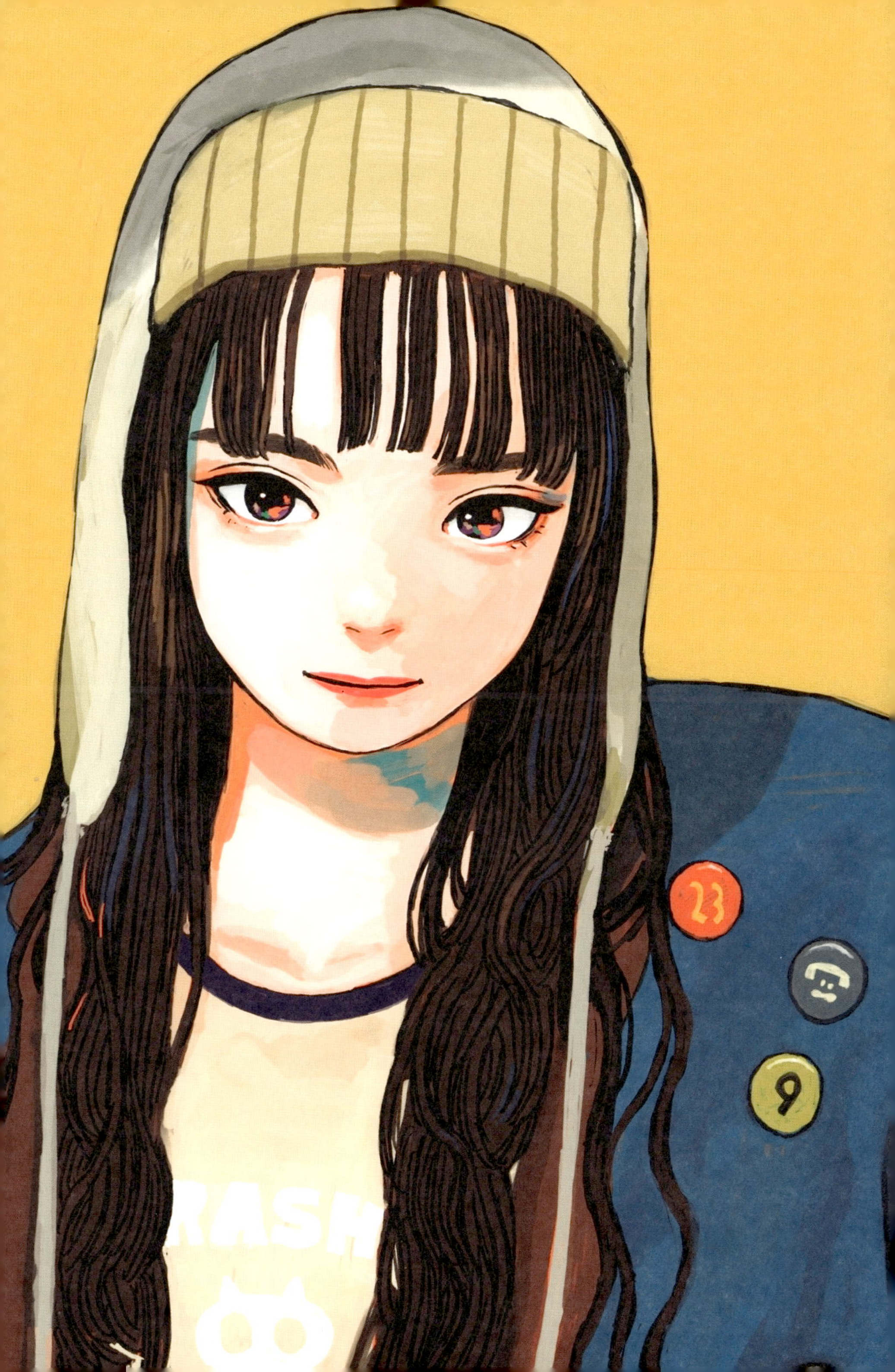
23
9
RASH

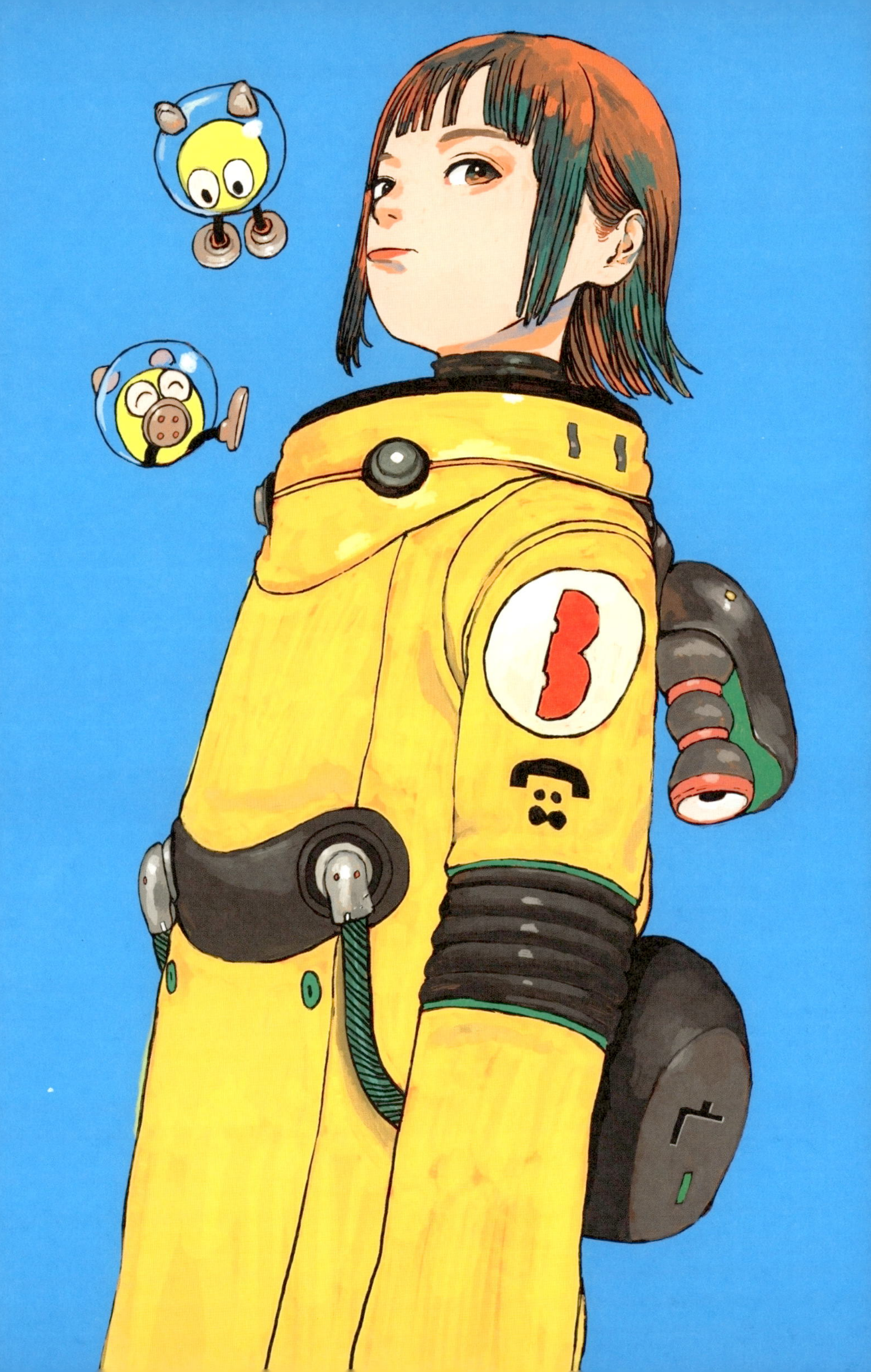

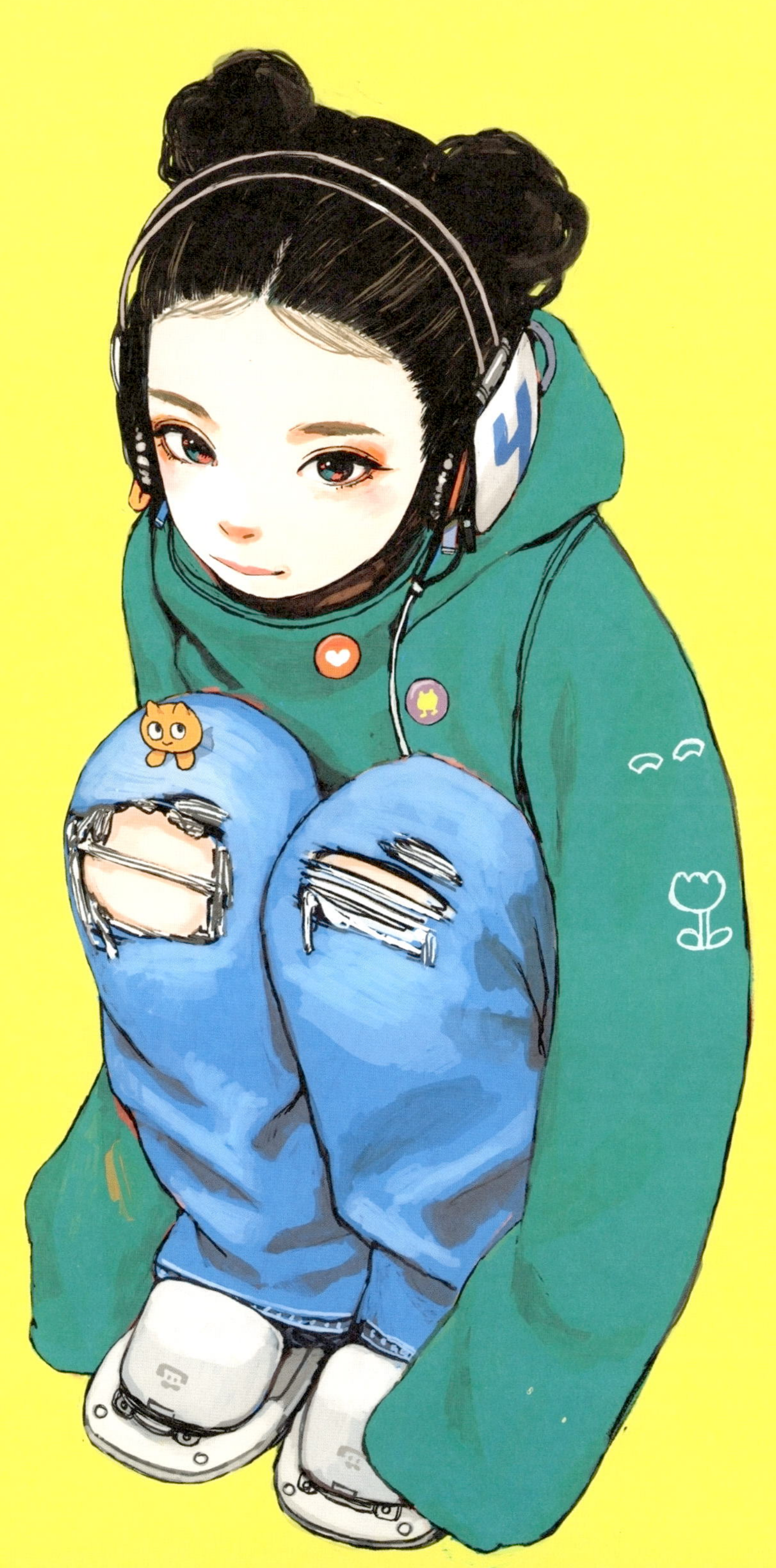

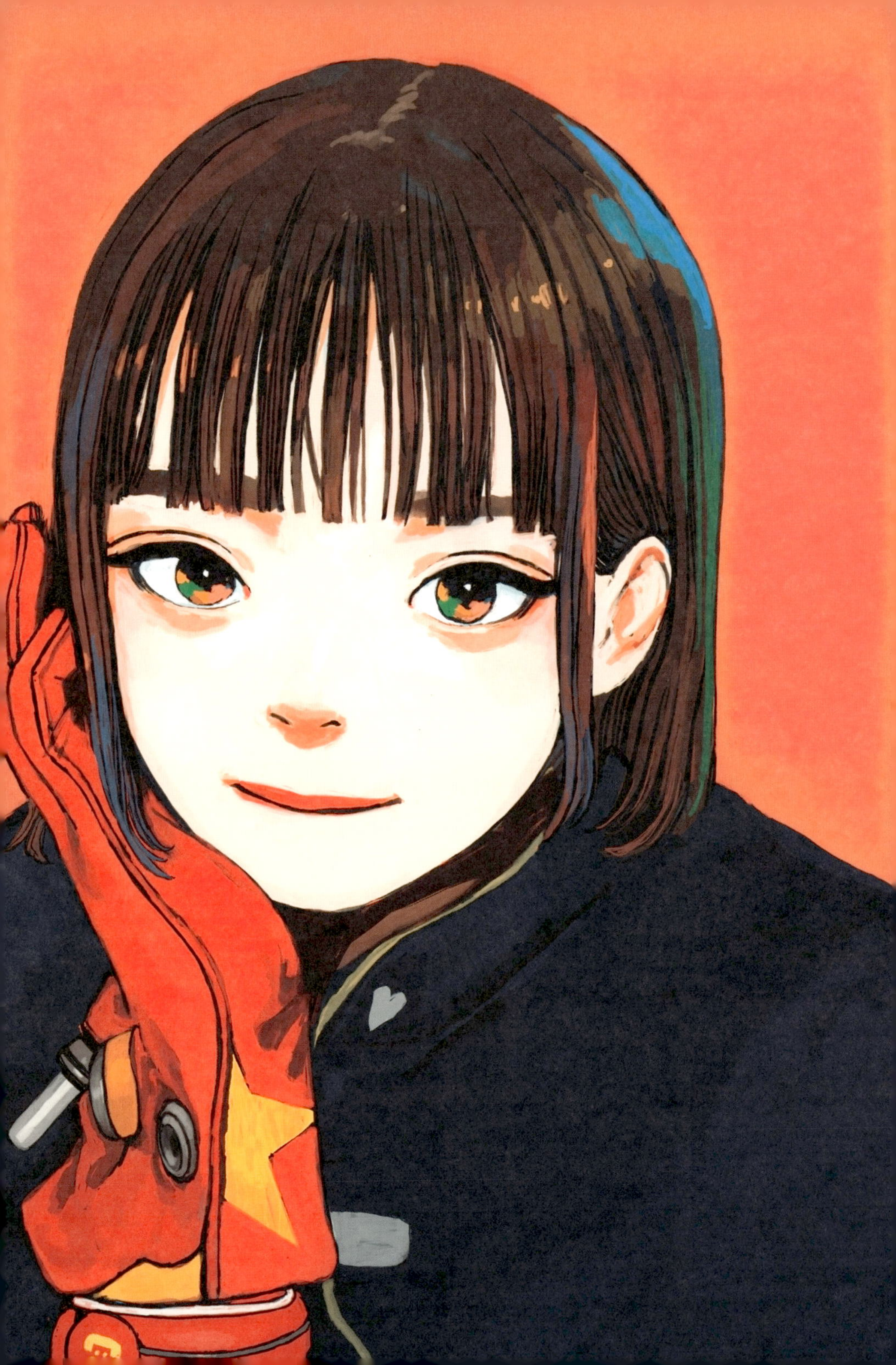

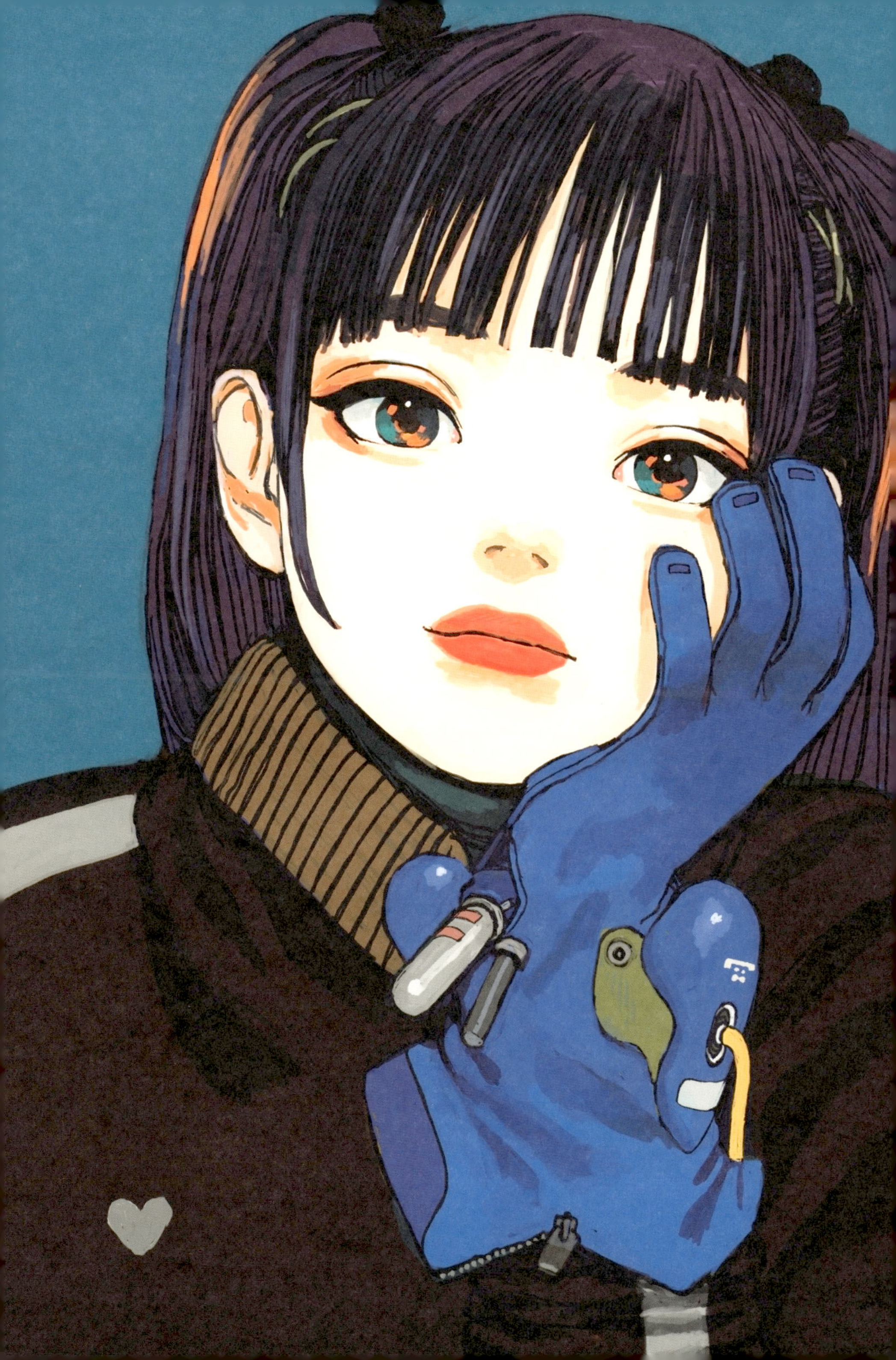

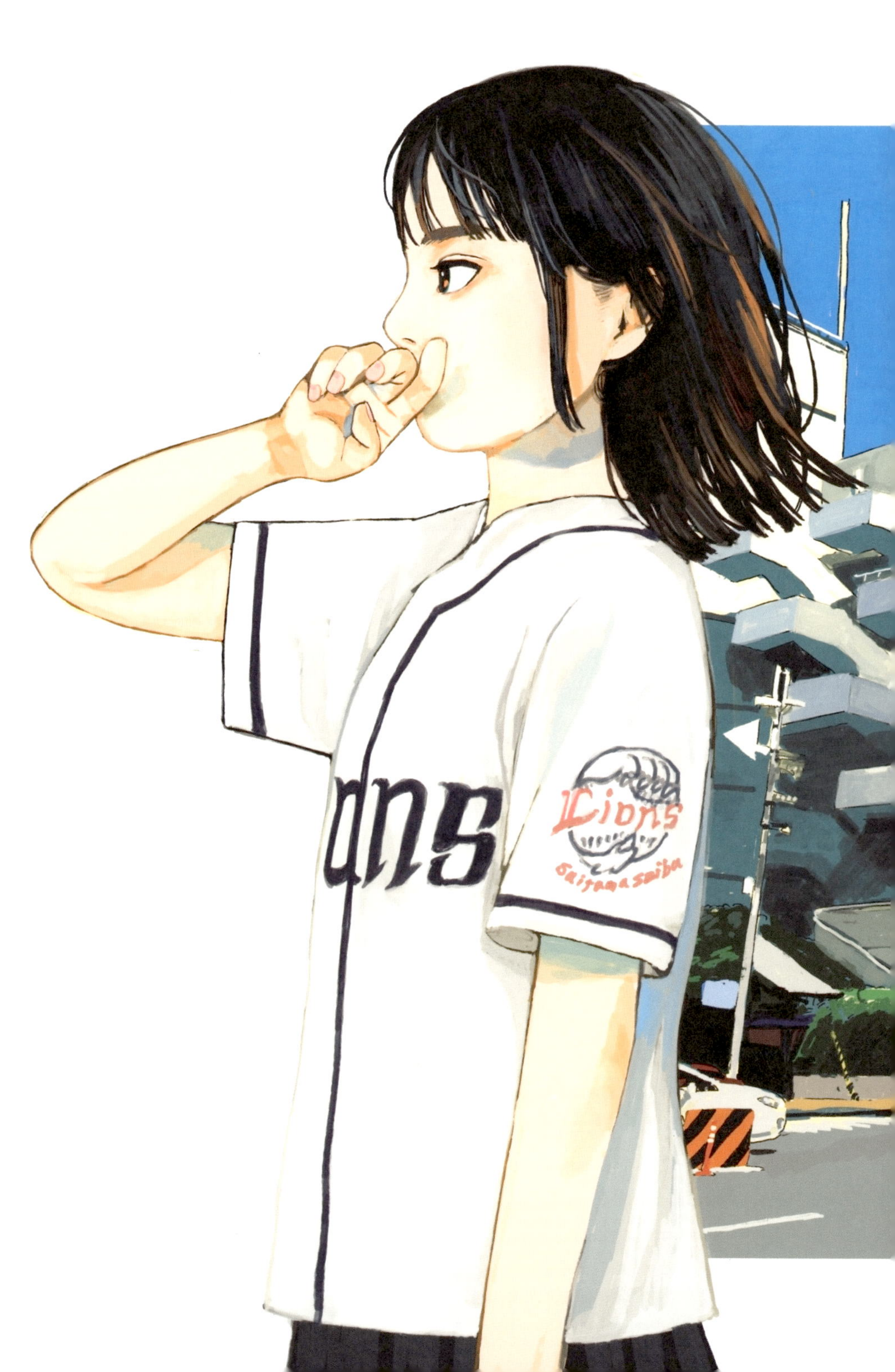
Lions
Saitama seibu

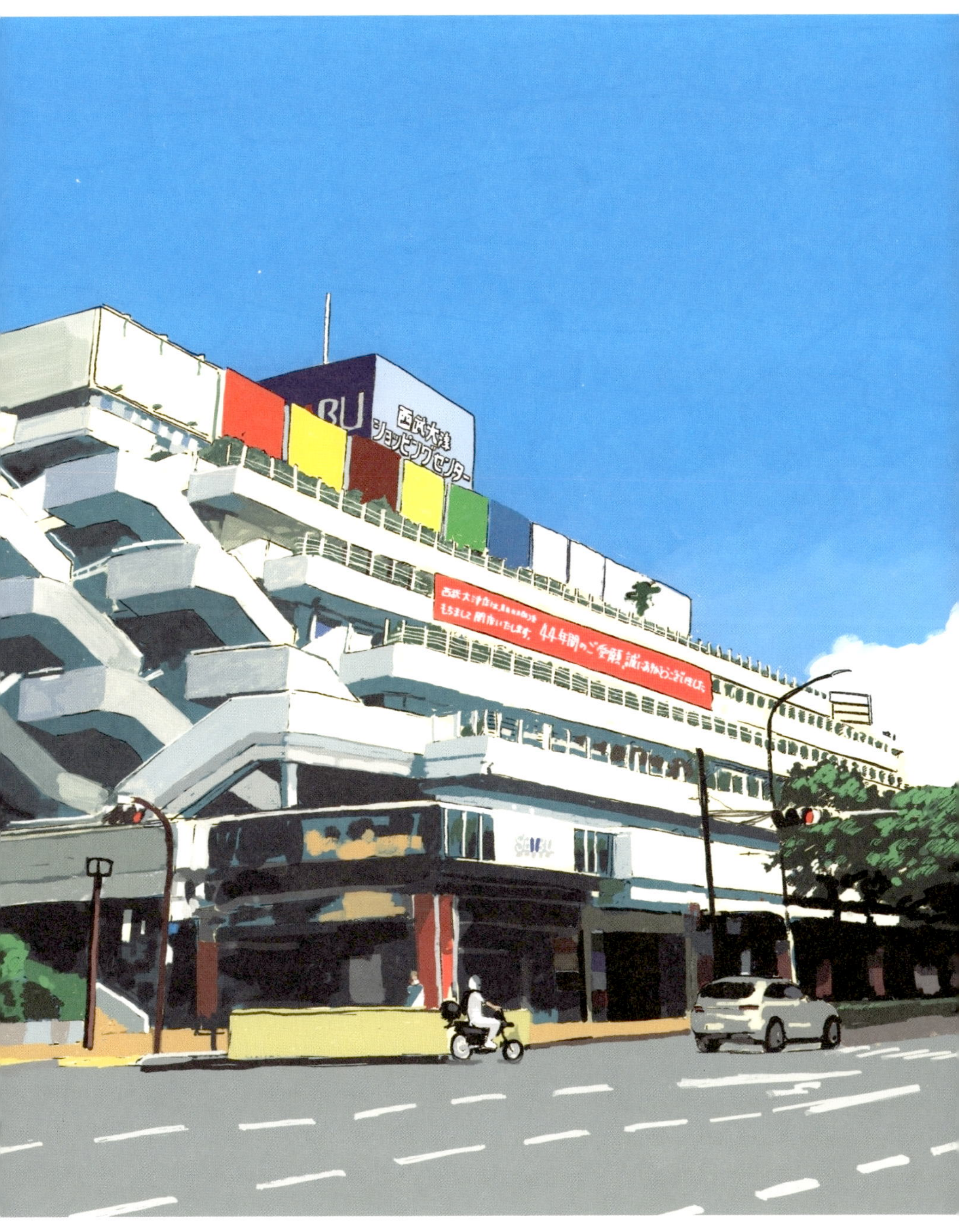

西武大津
ショッピングセンター

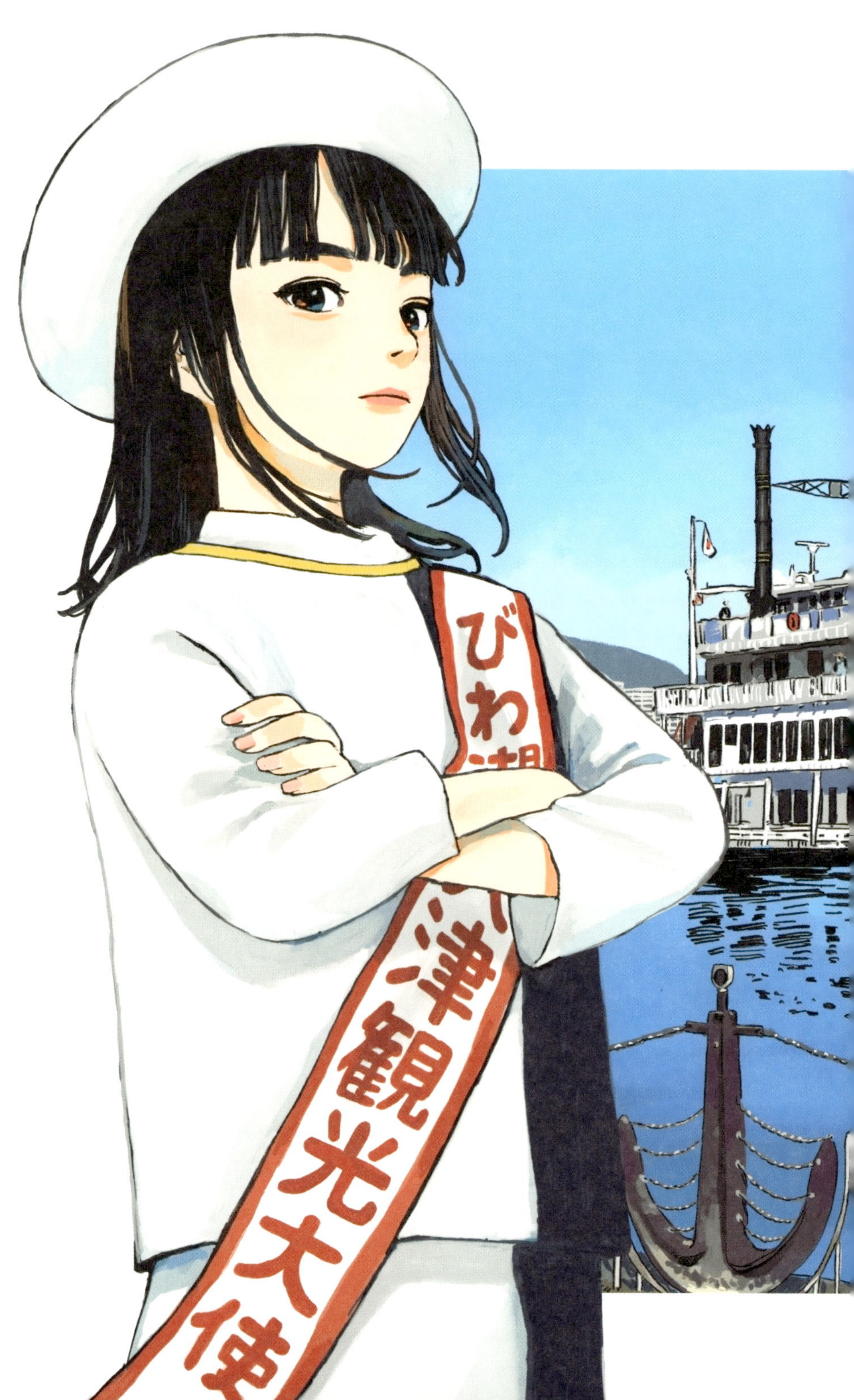
びわ
津観光大使

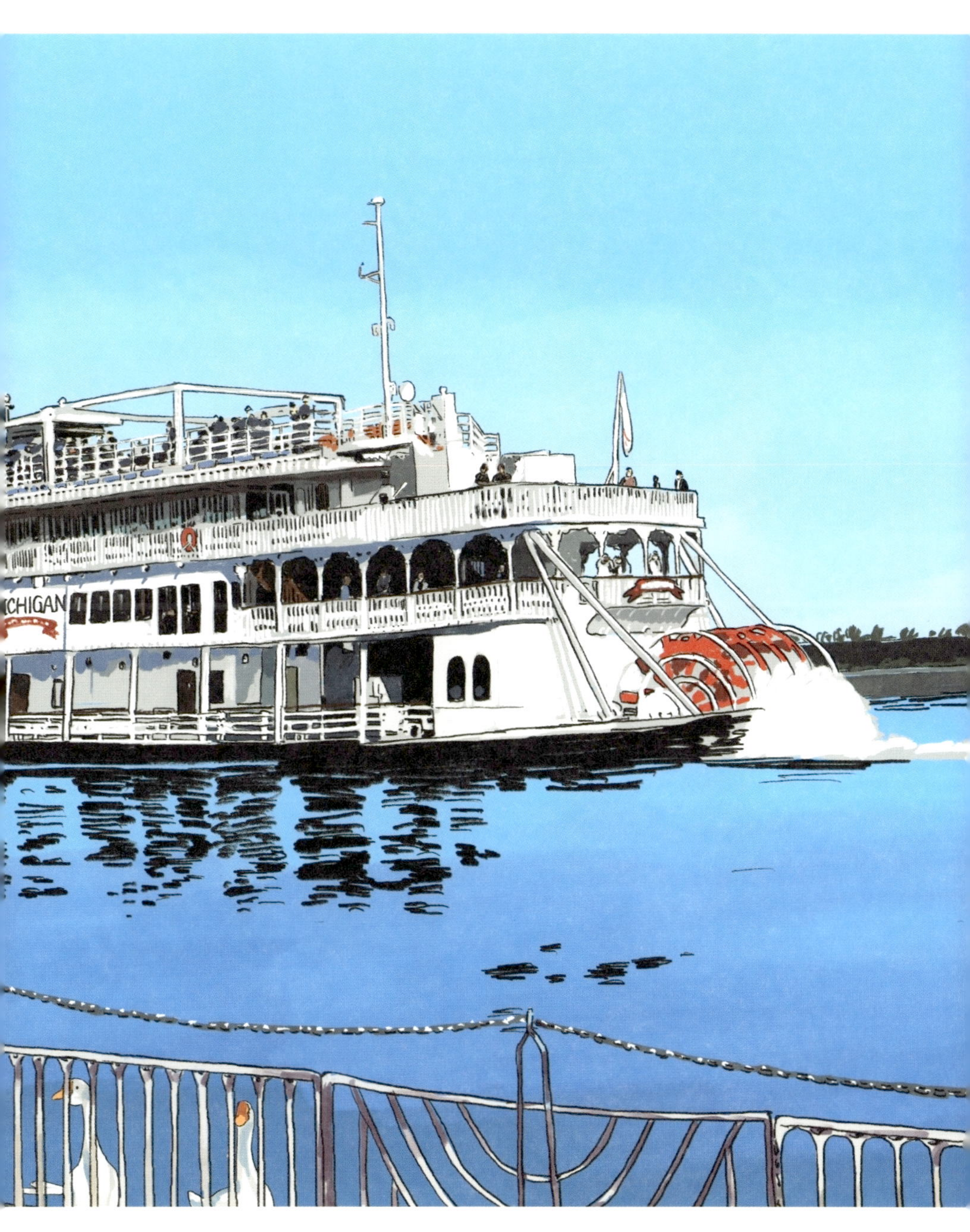
ICHIGAN

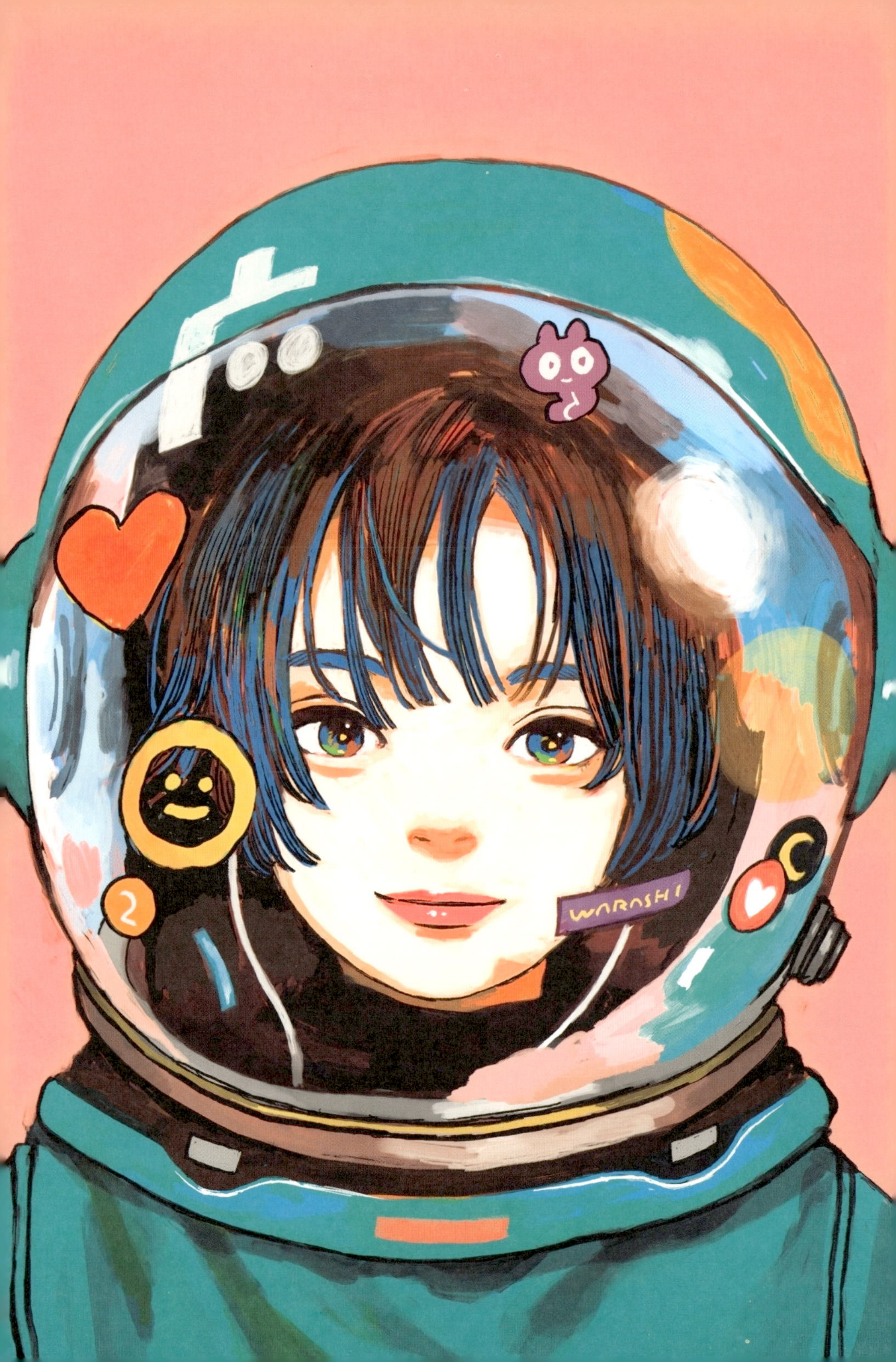
2
WARASHI

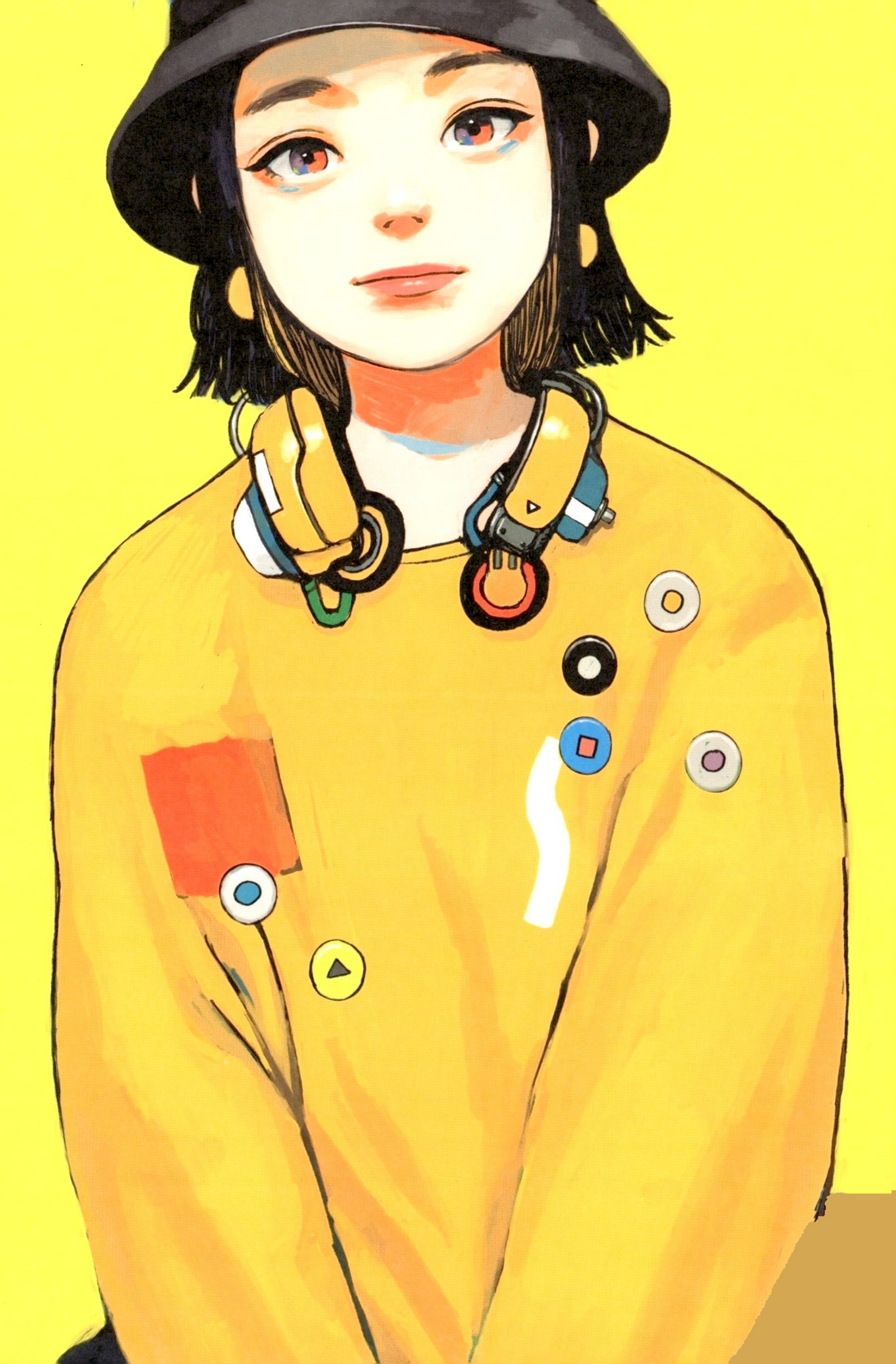

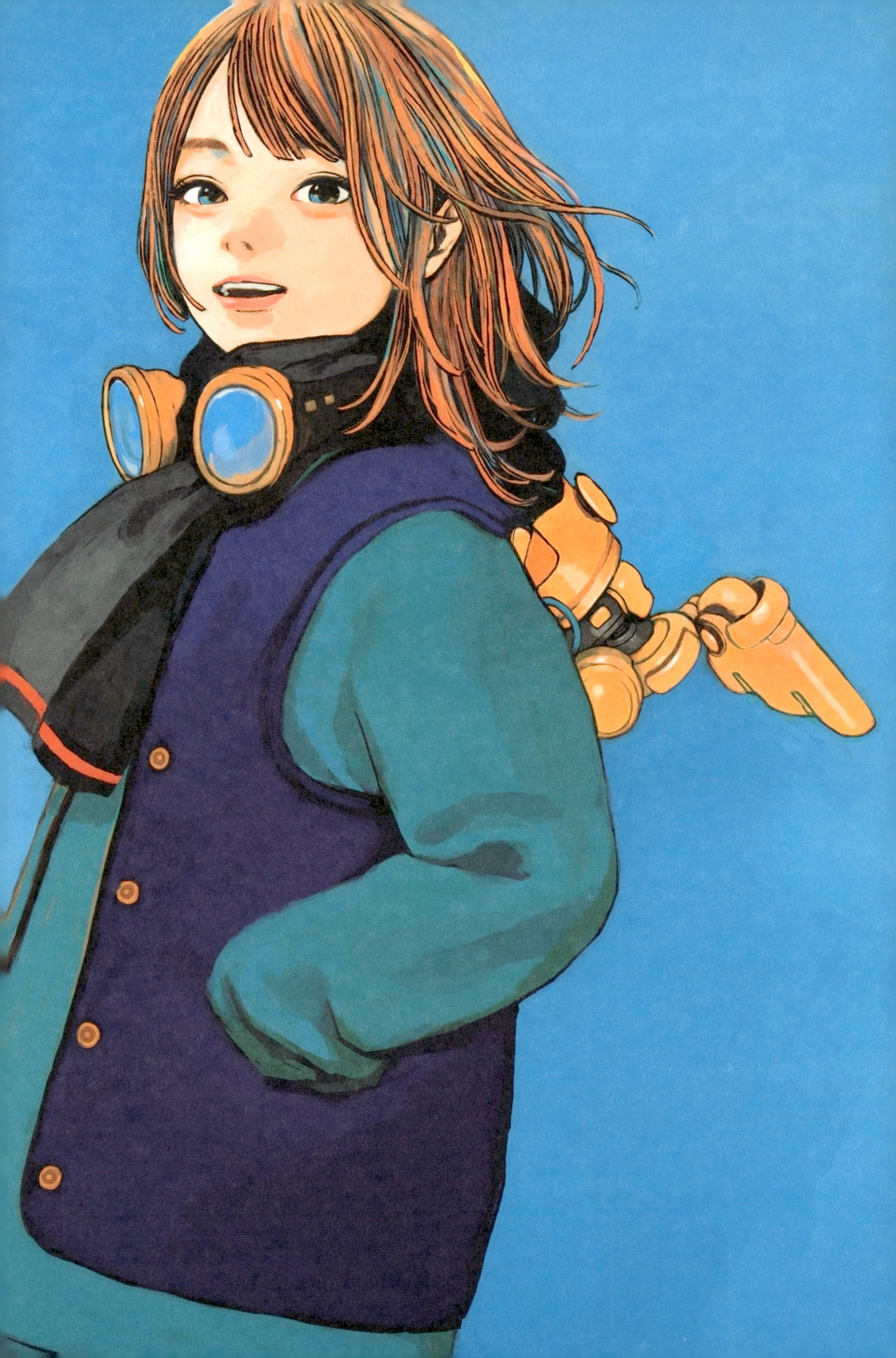

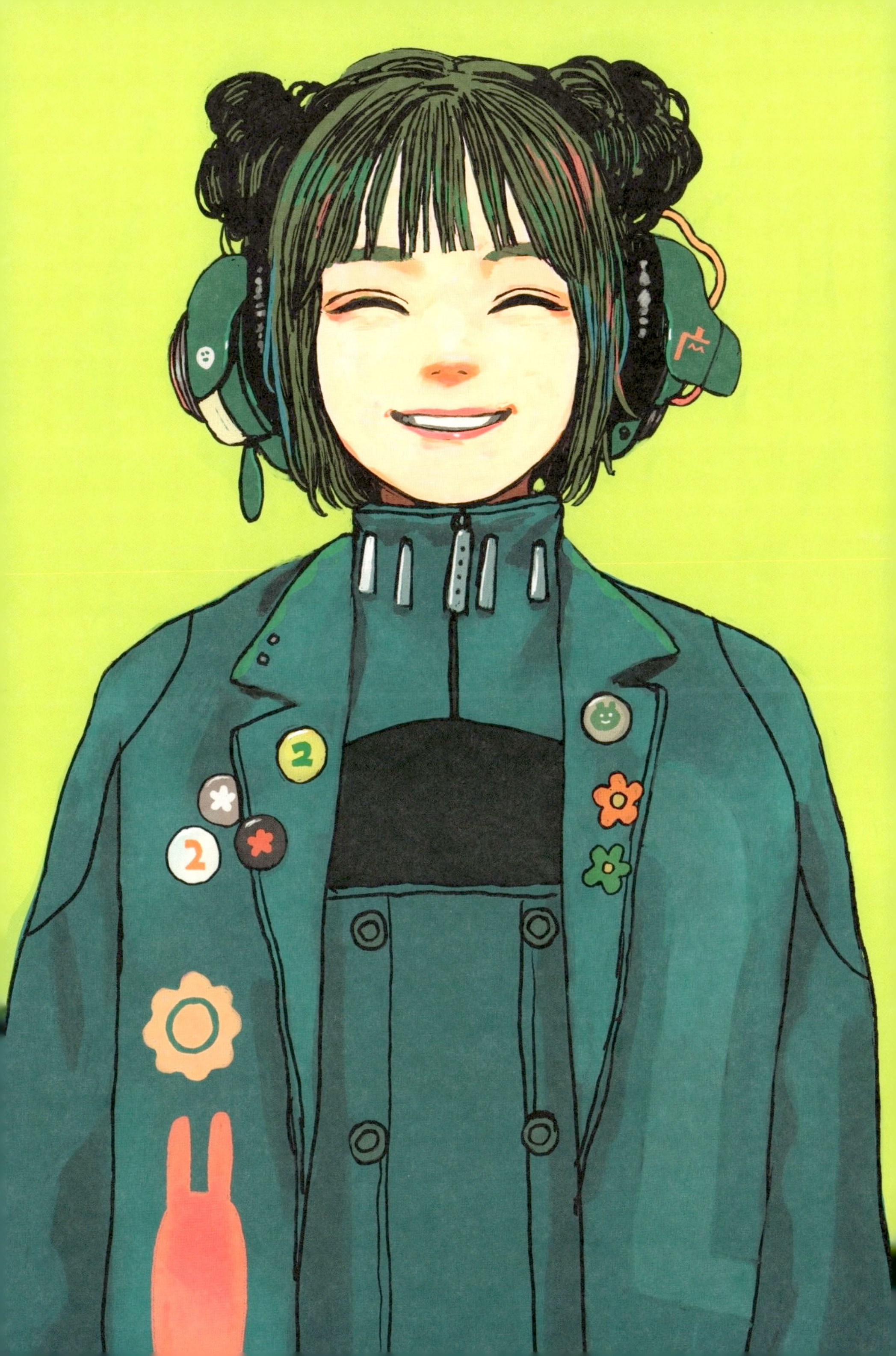

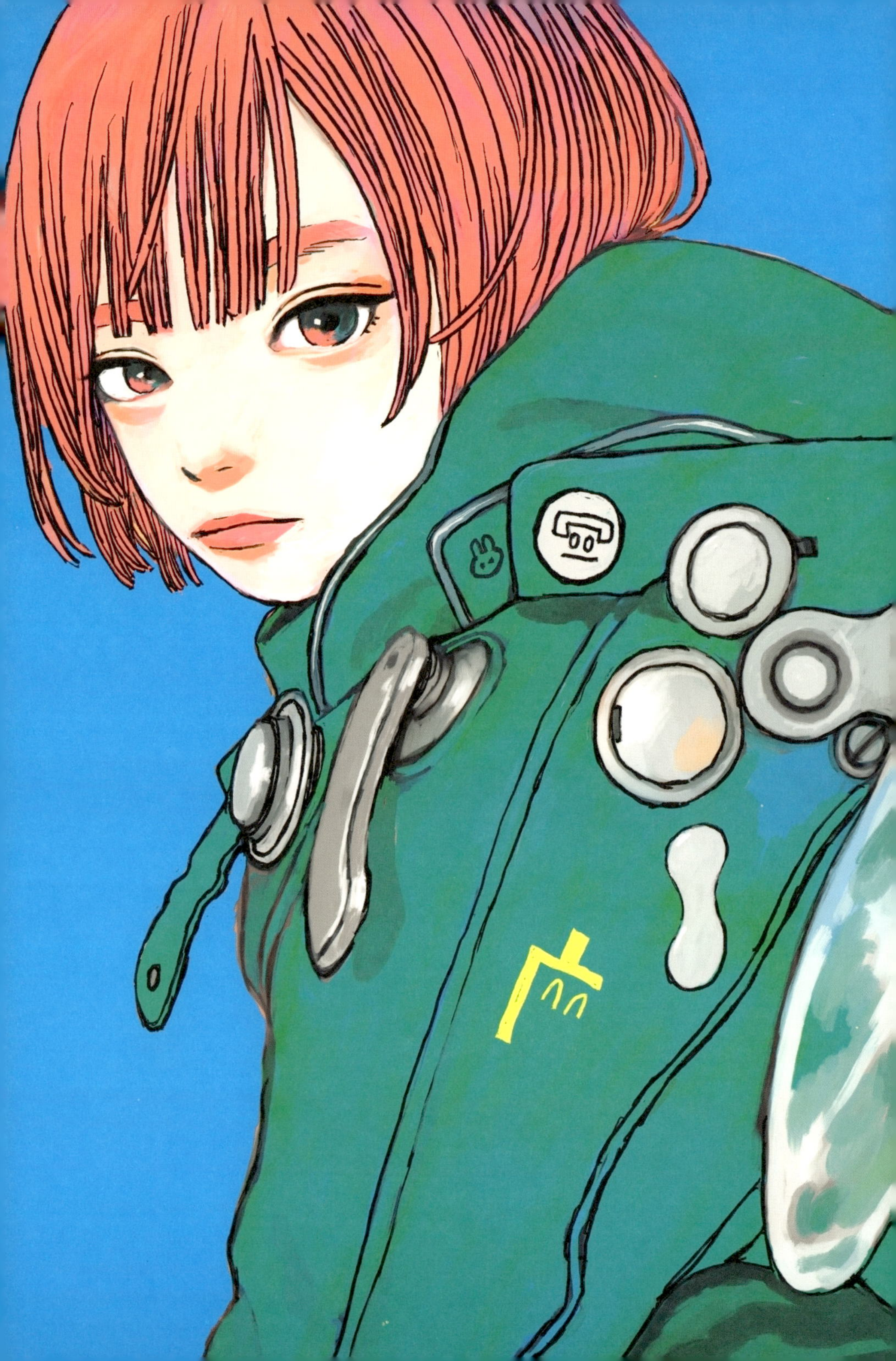

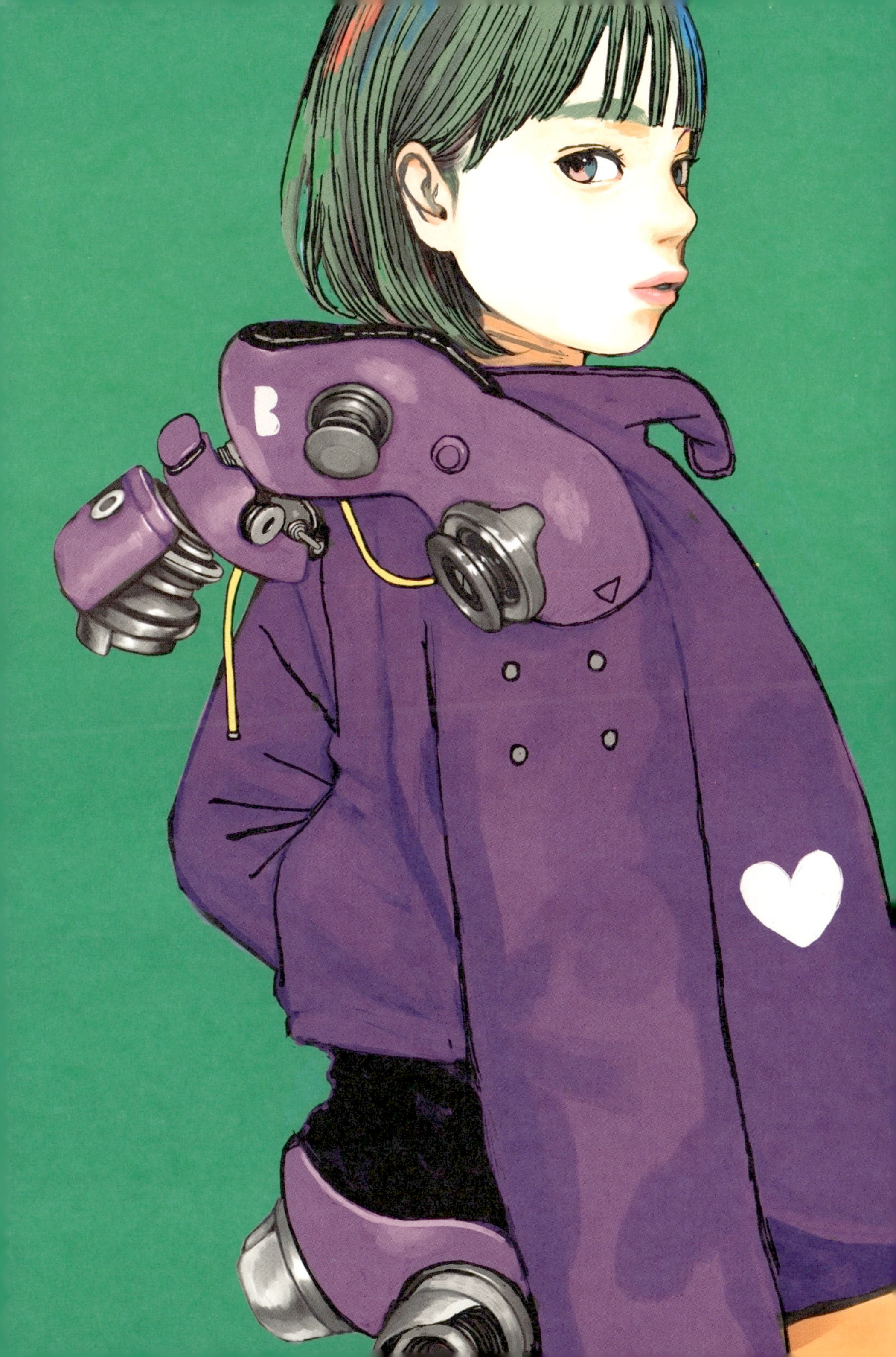
B

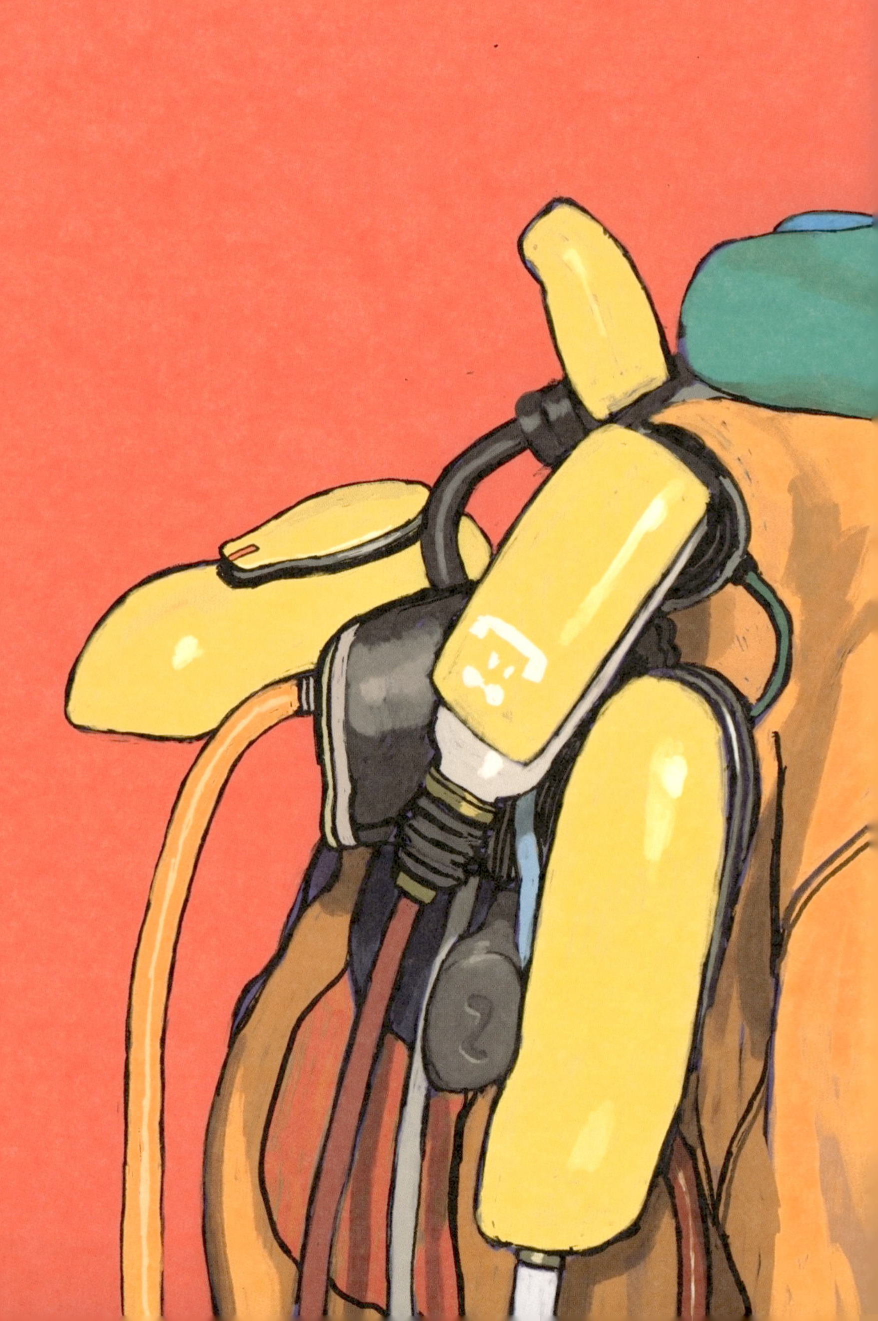

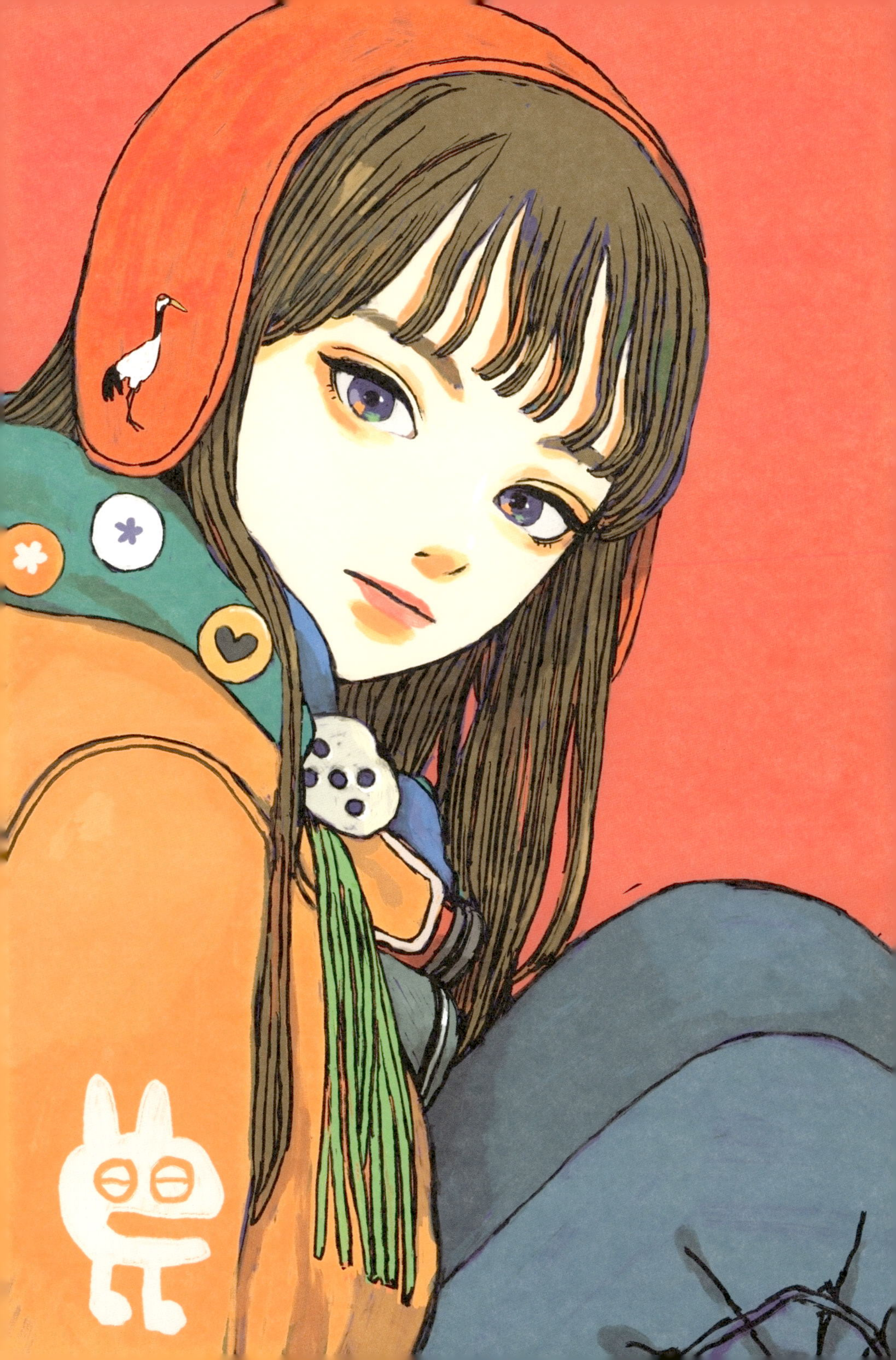

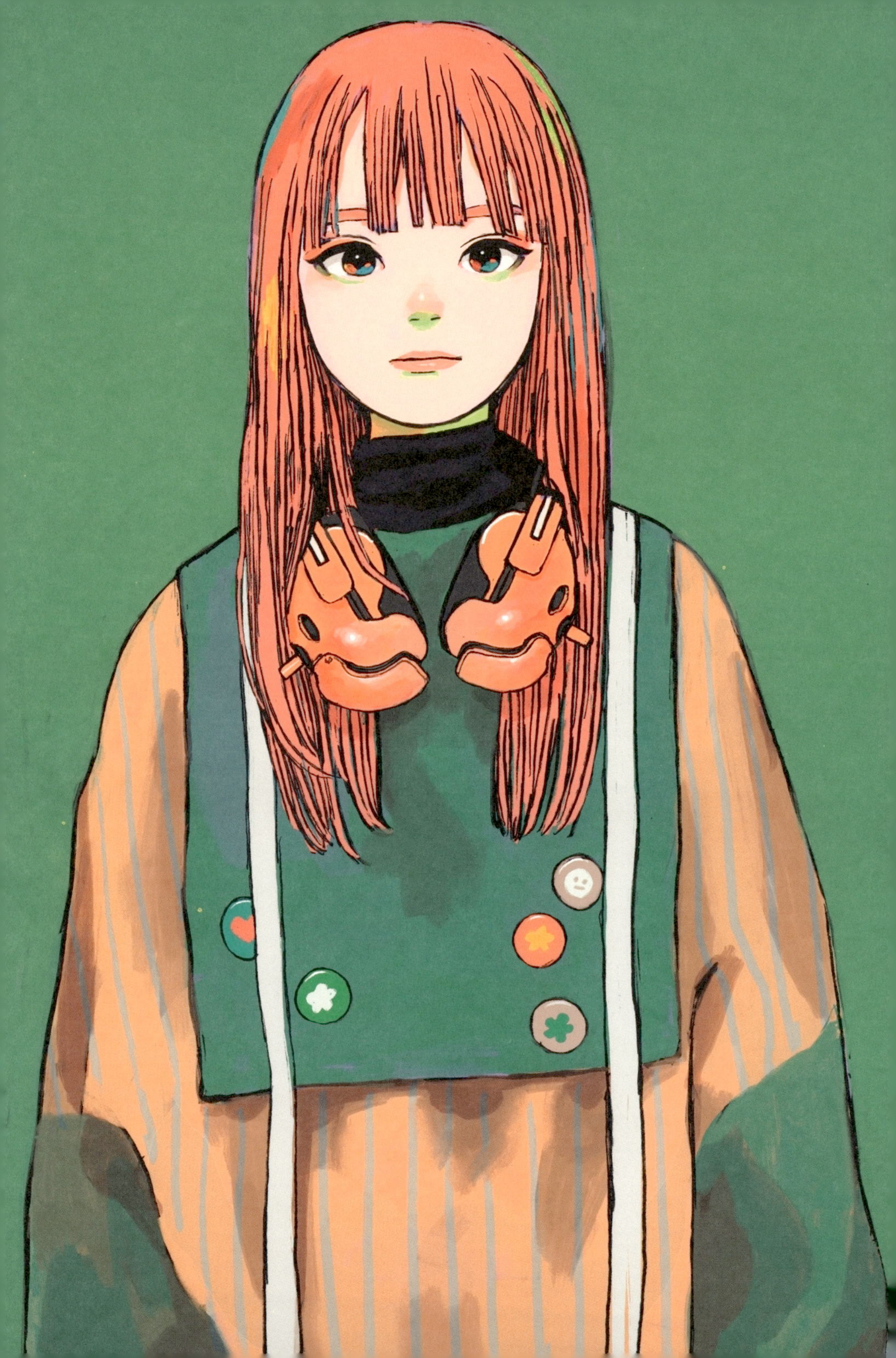

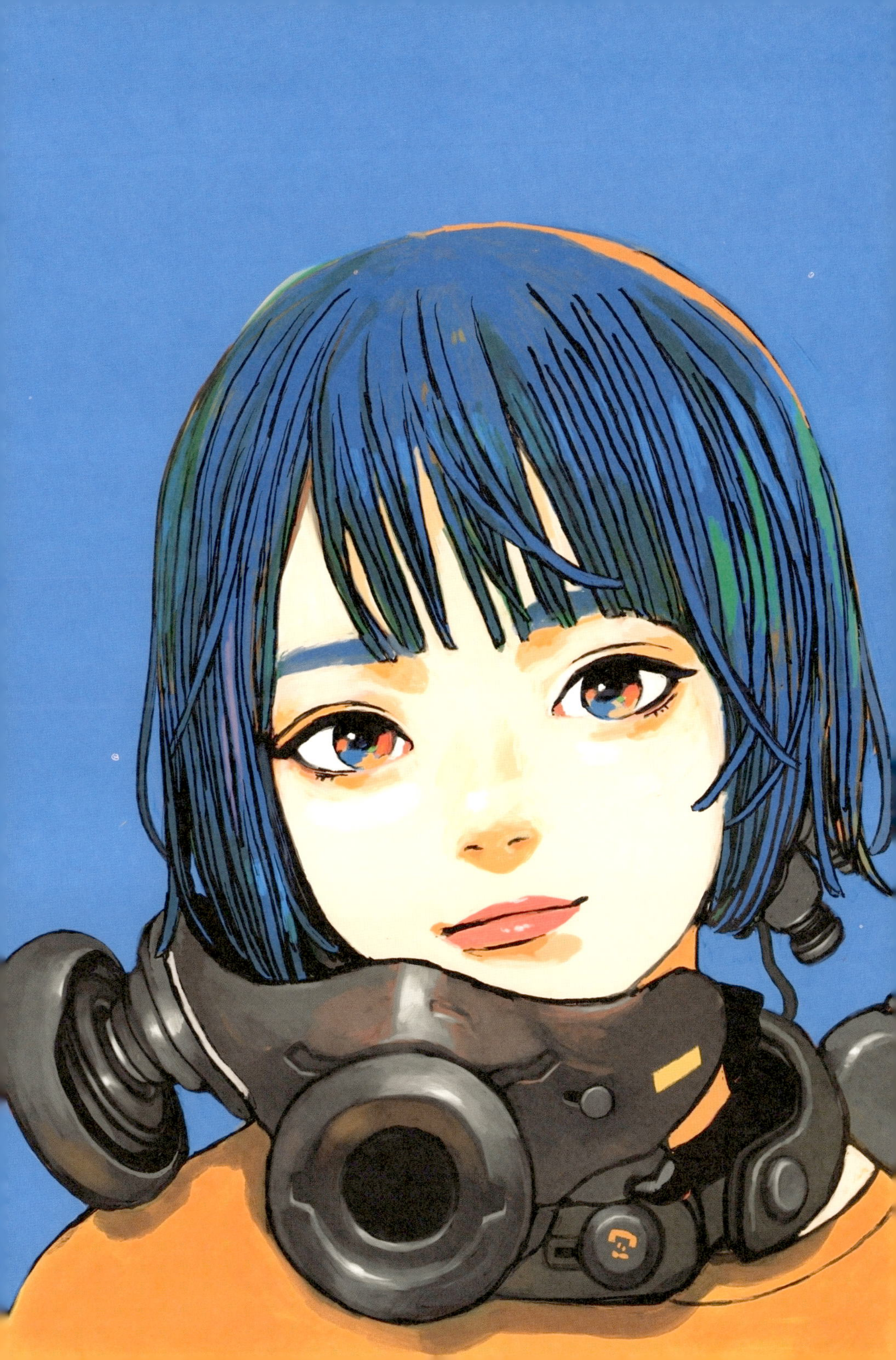

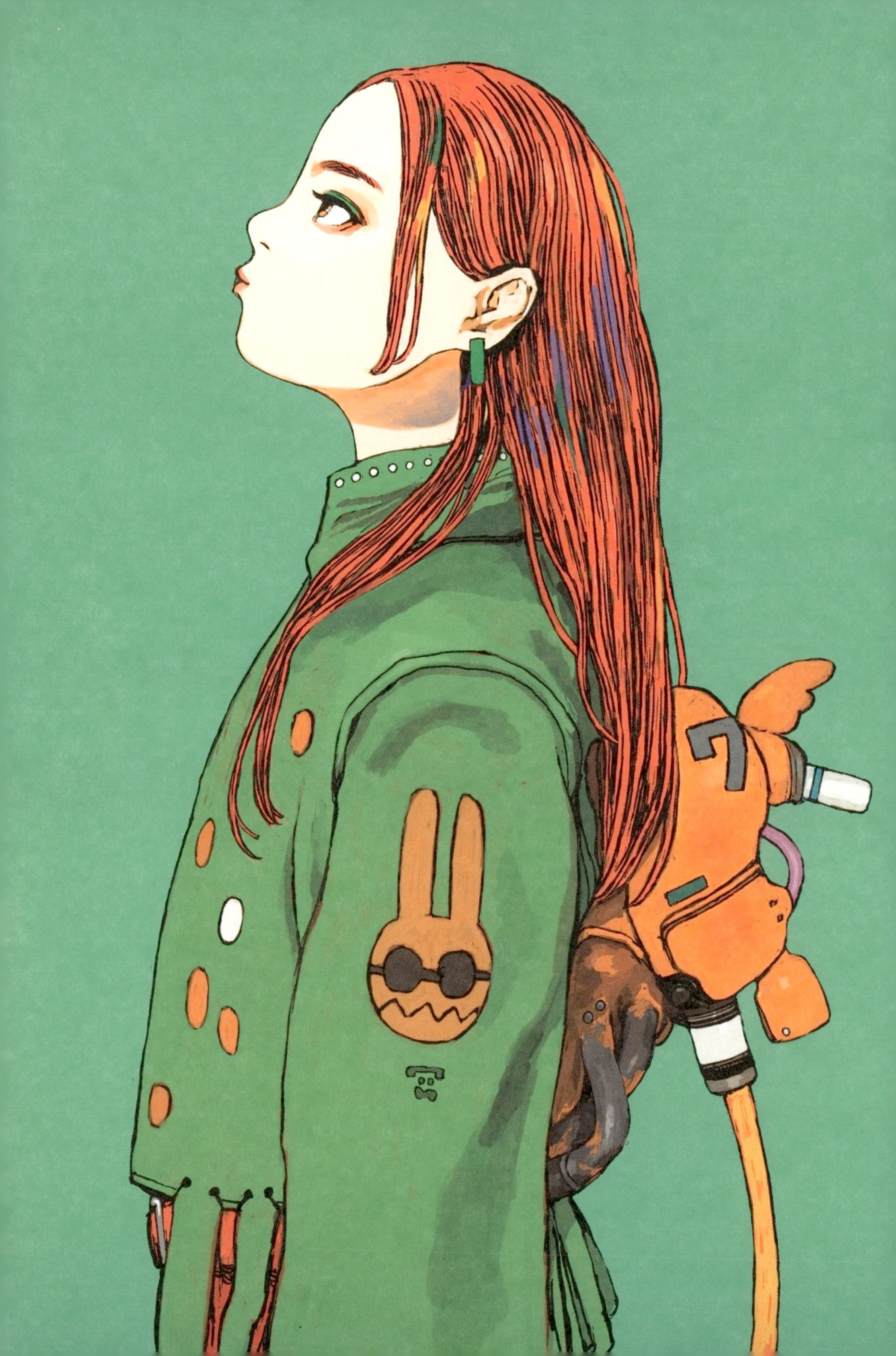

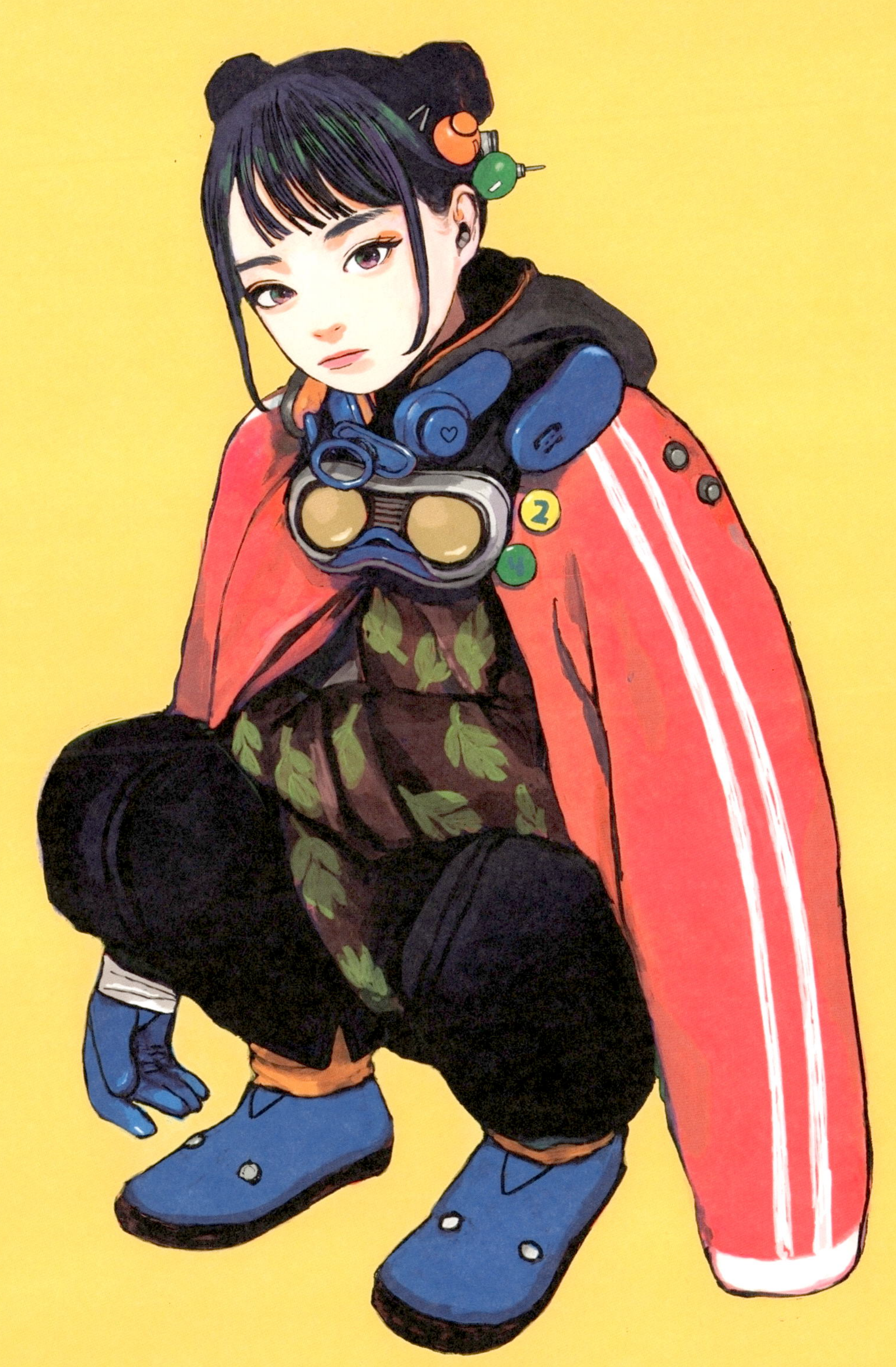

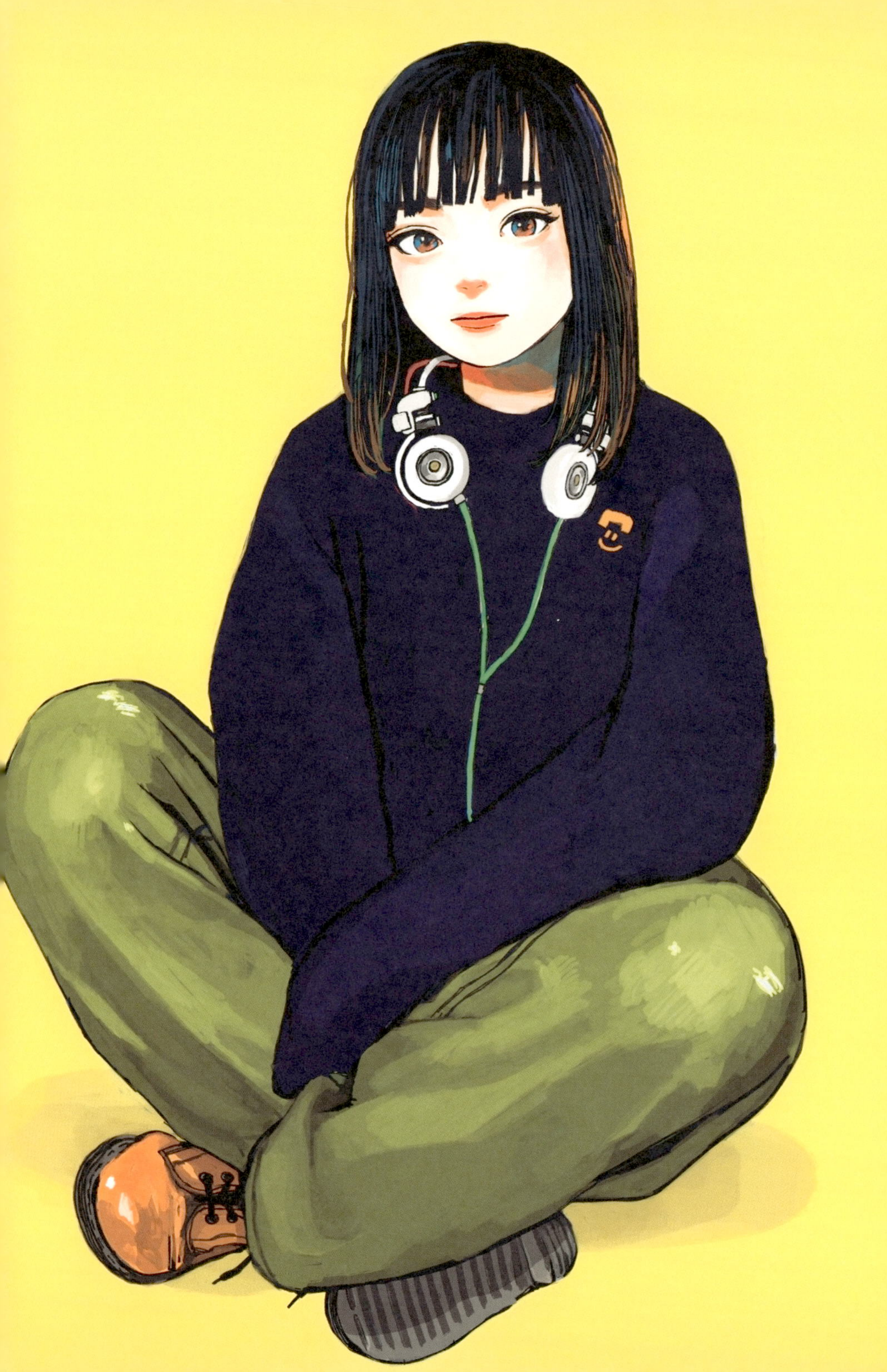

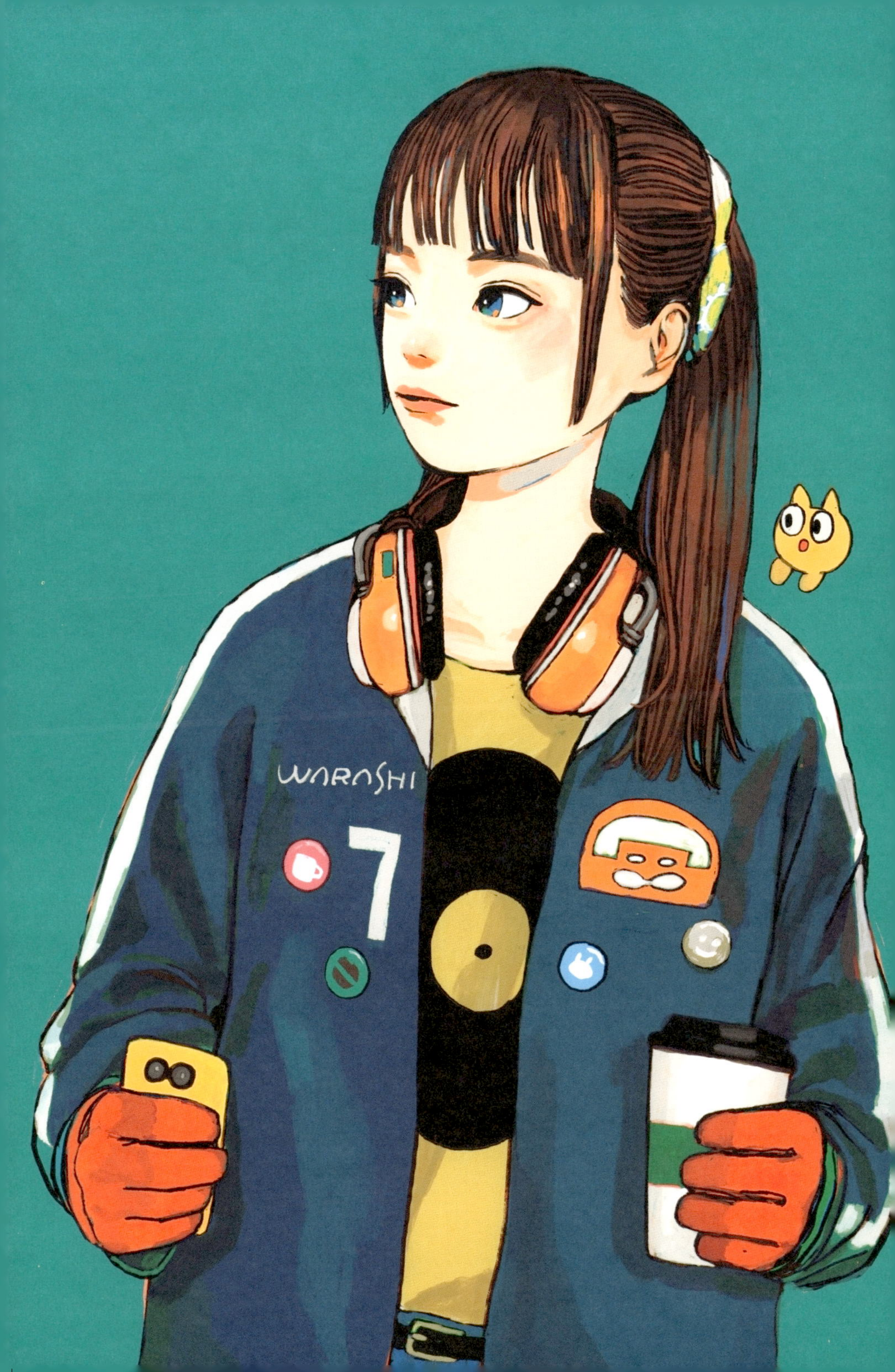
WARASHI
7

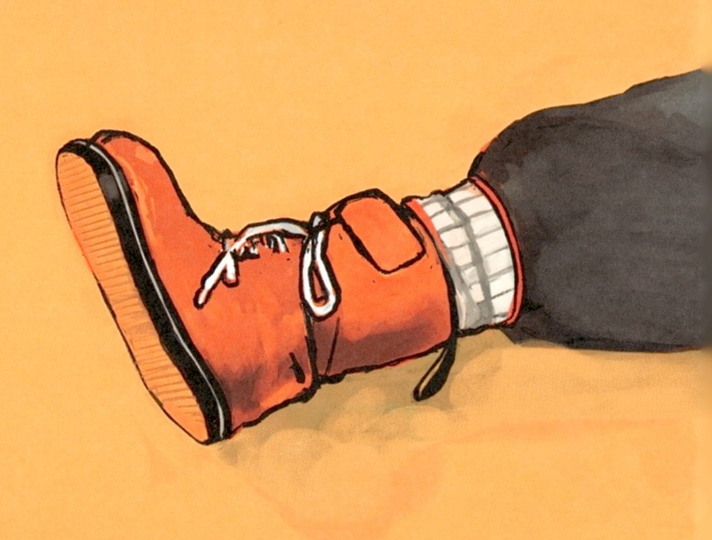

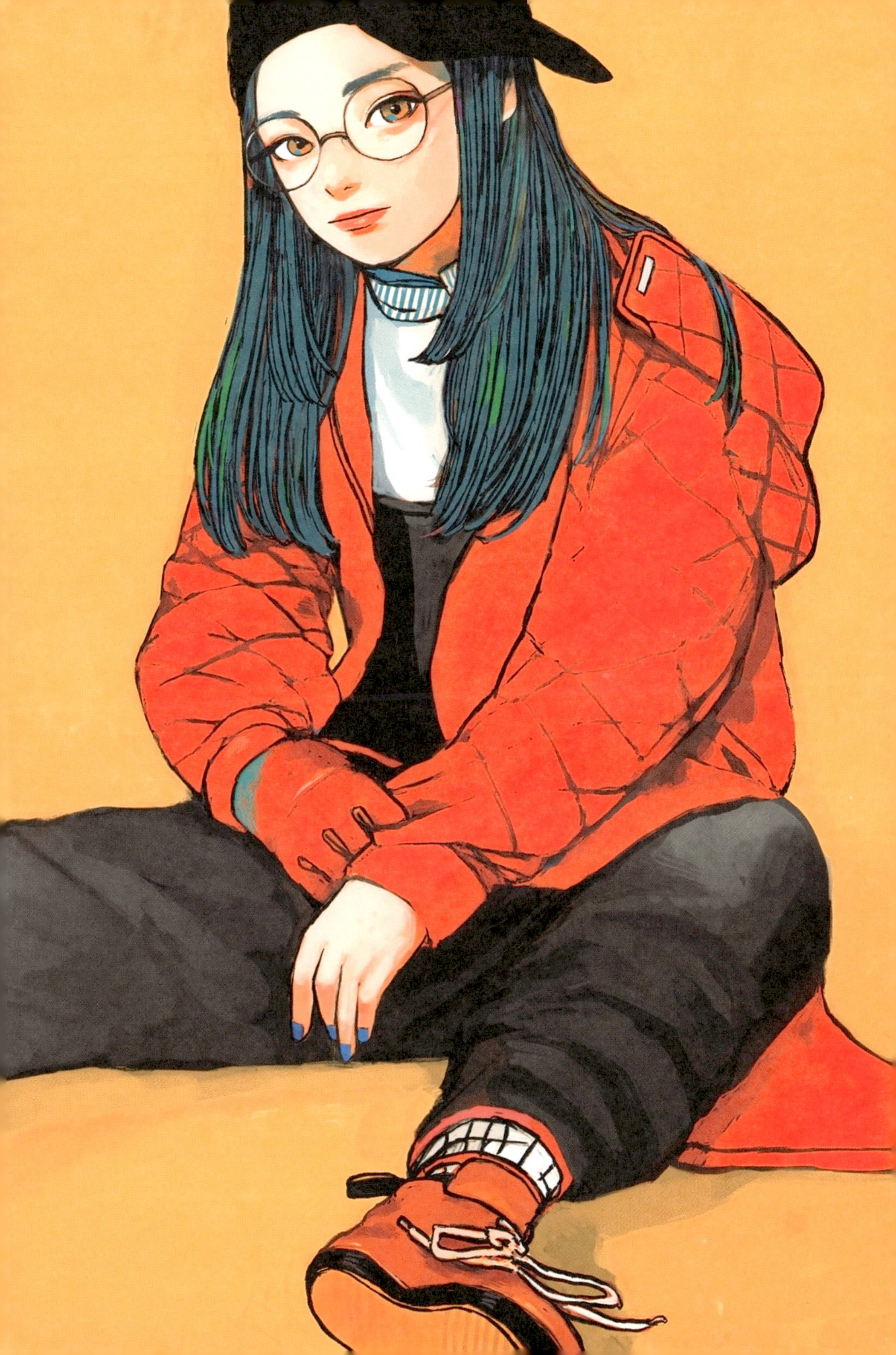

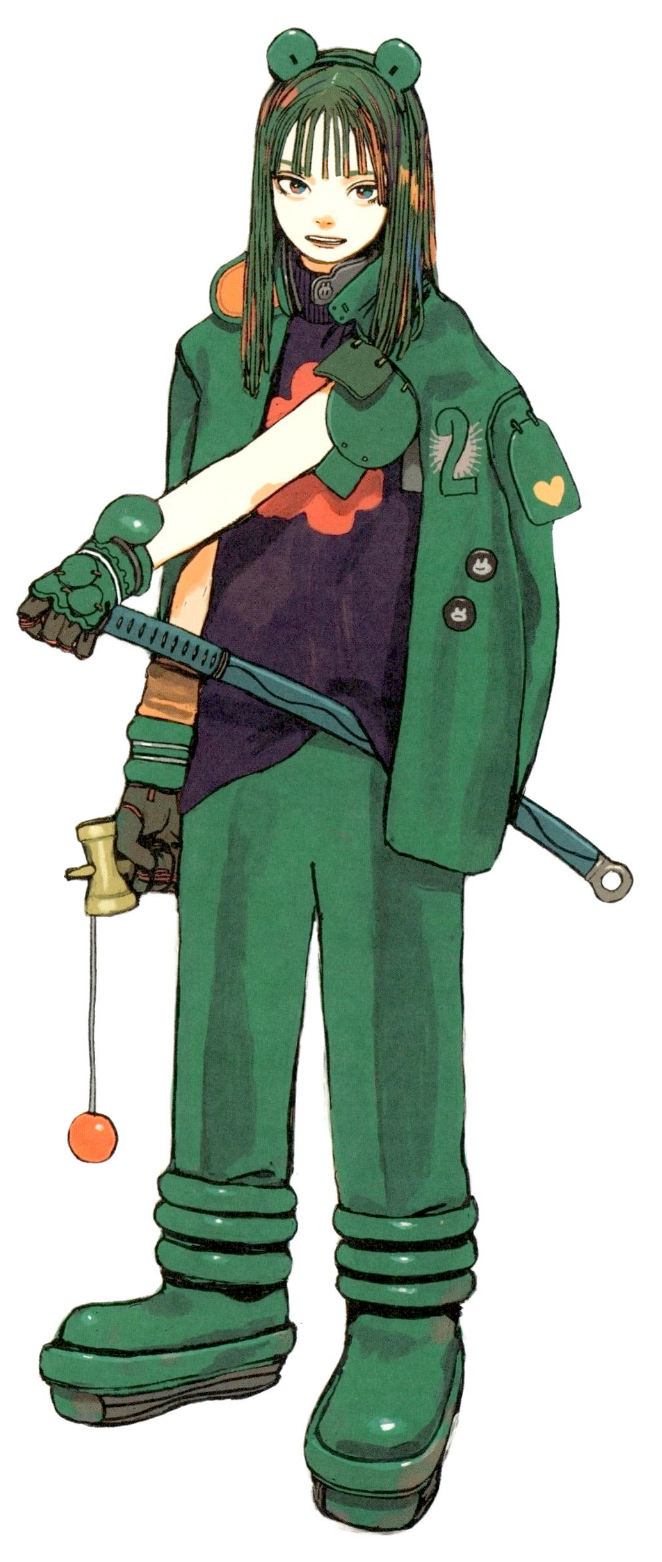

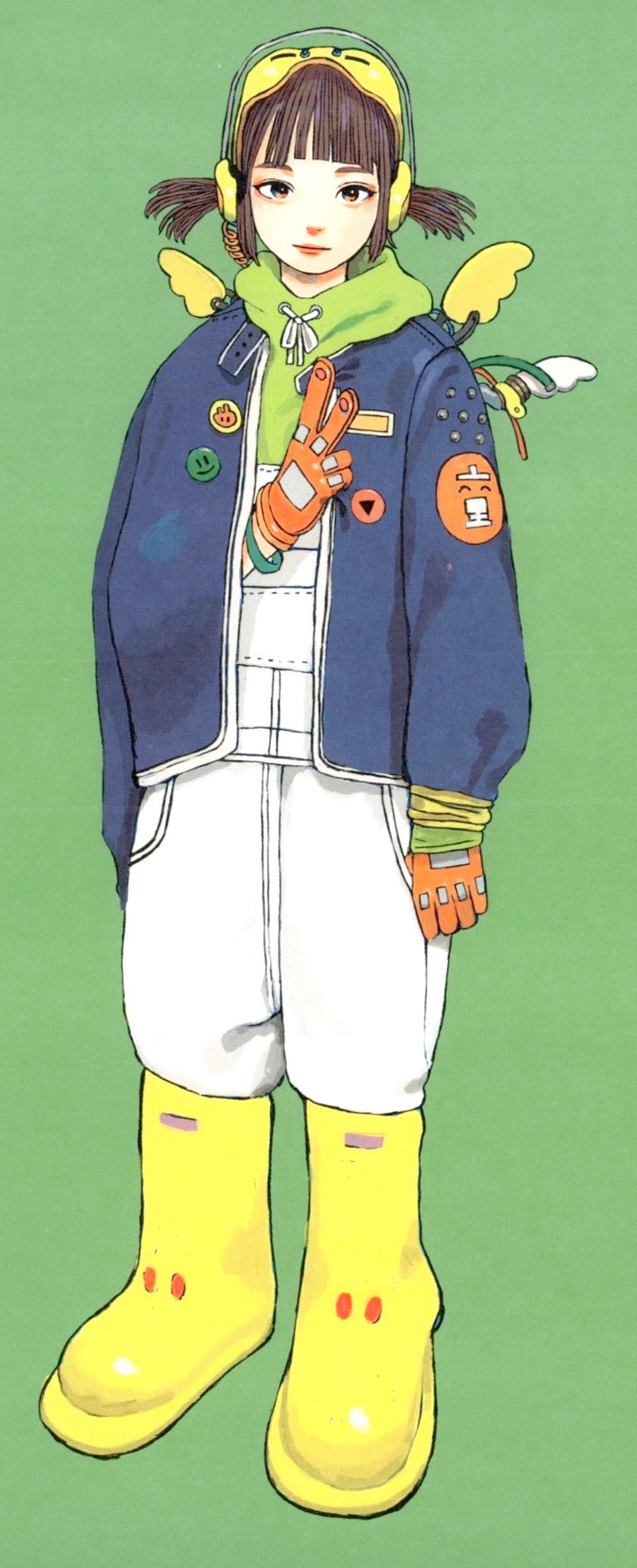

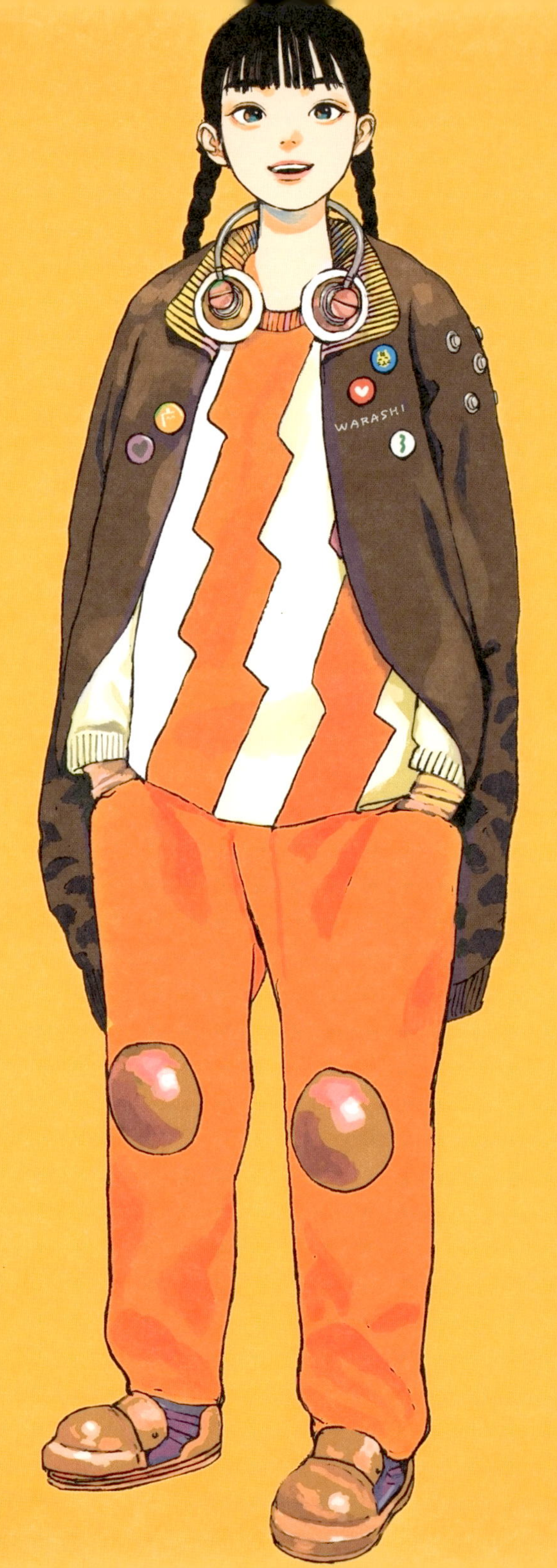
WARASHI

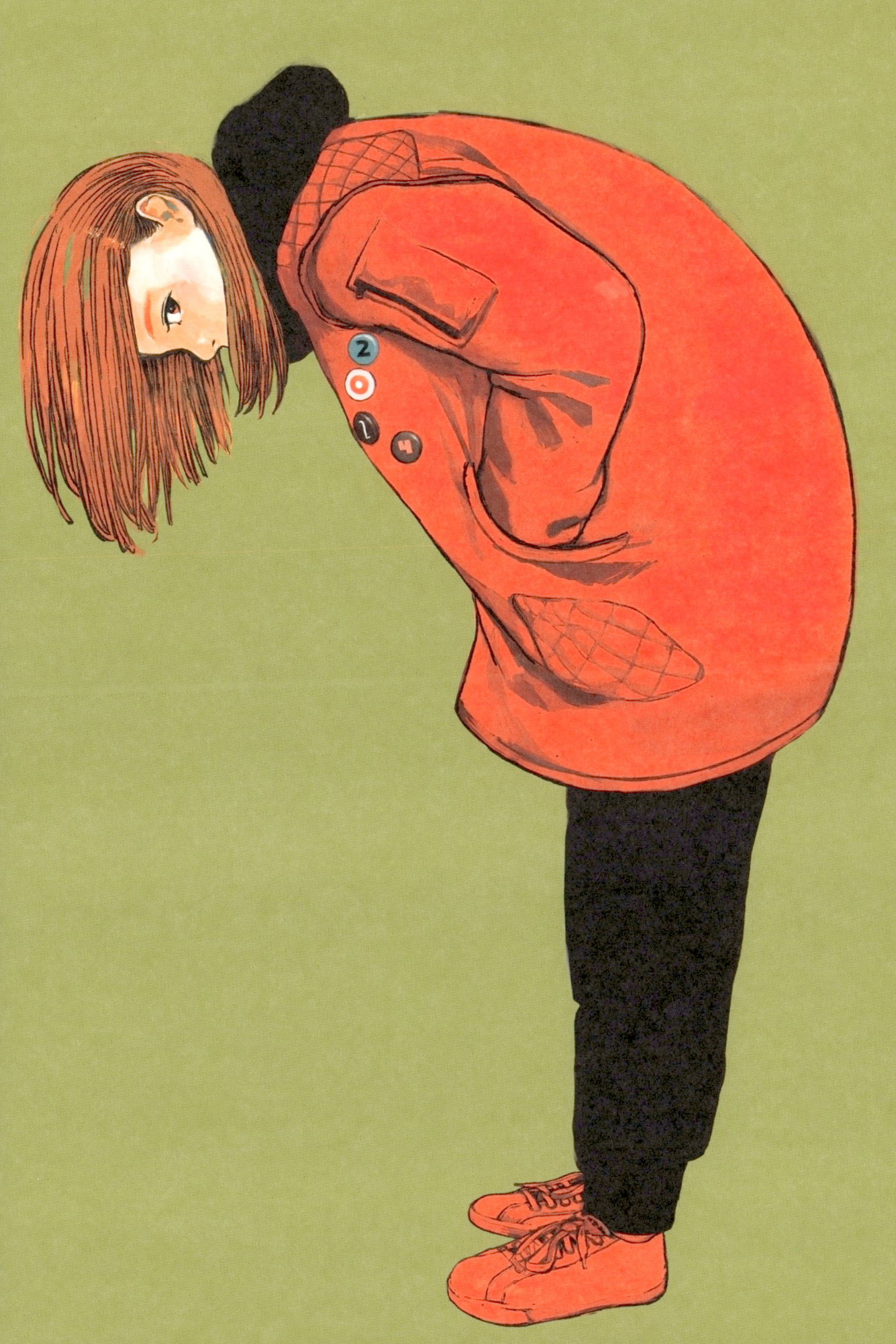

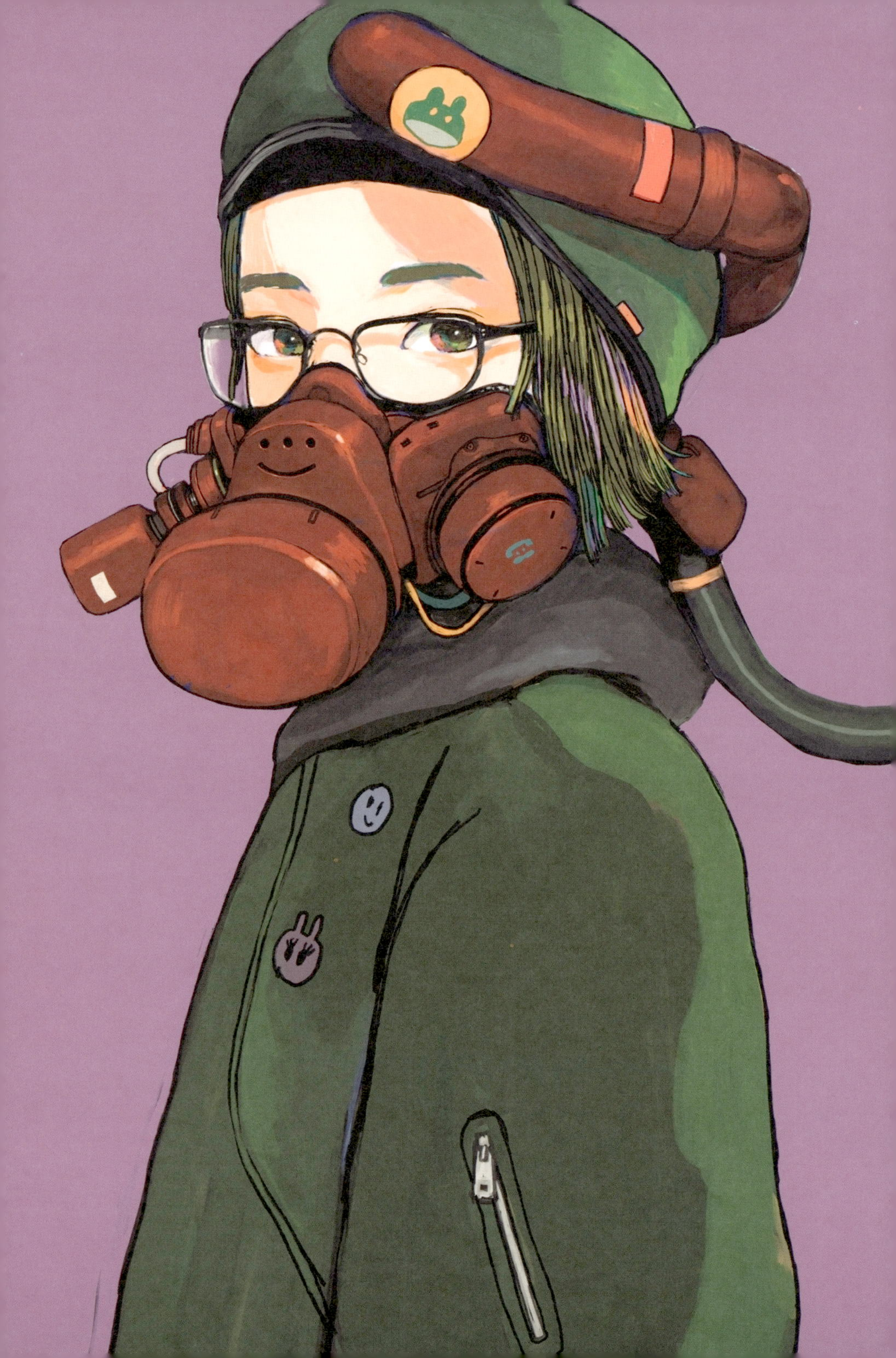

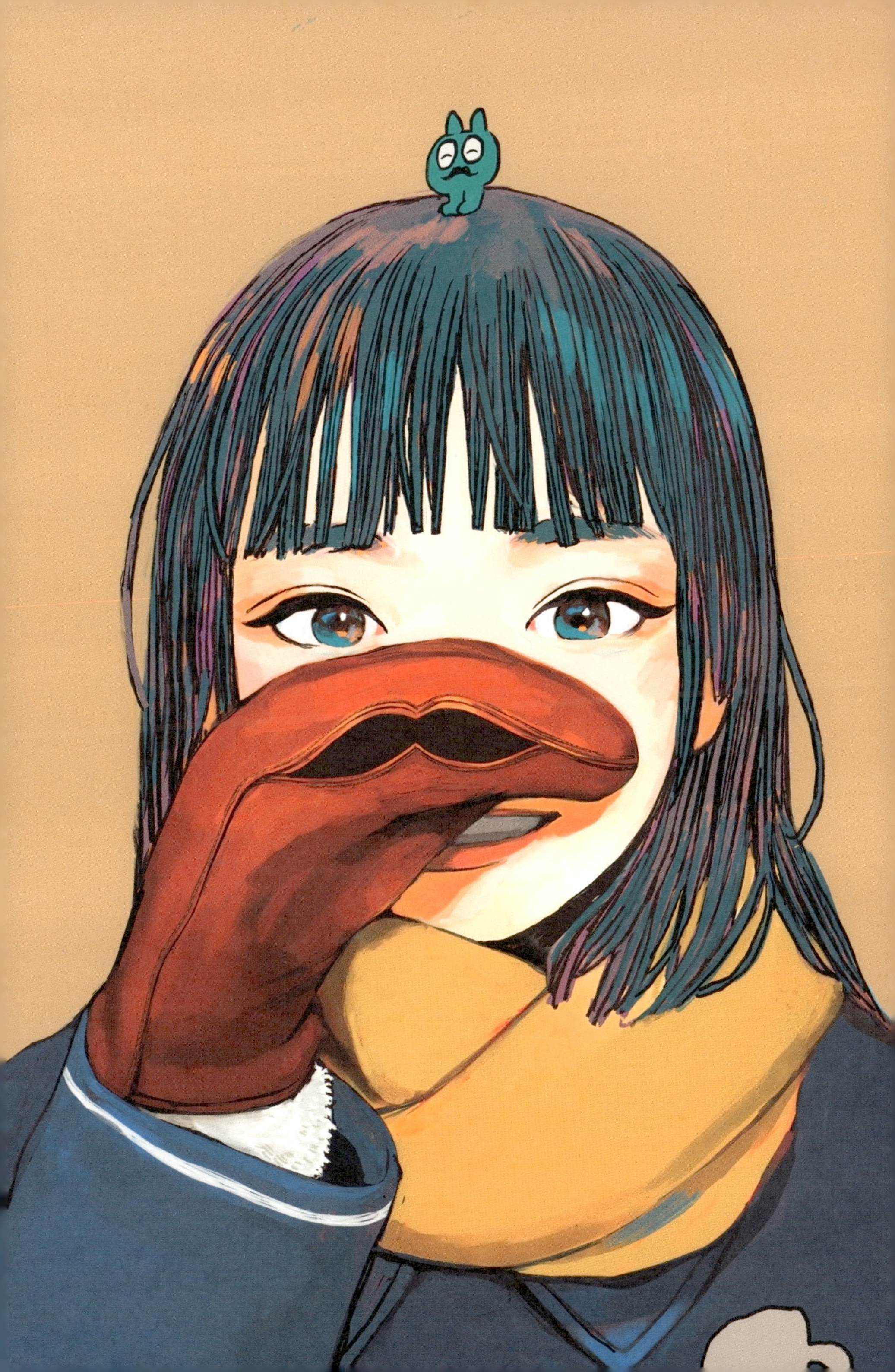

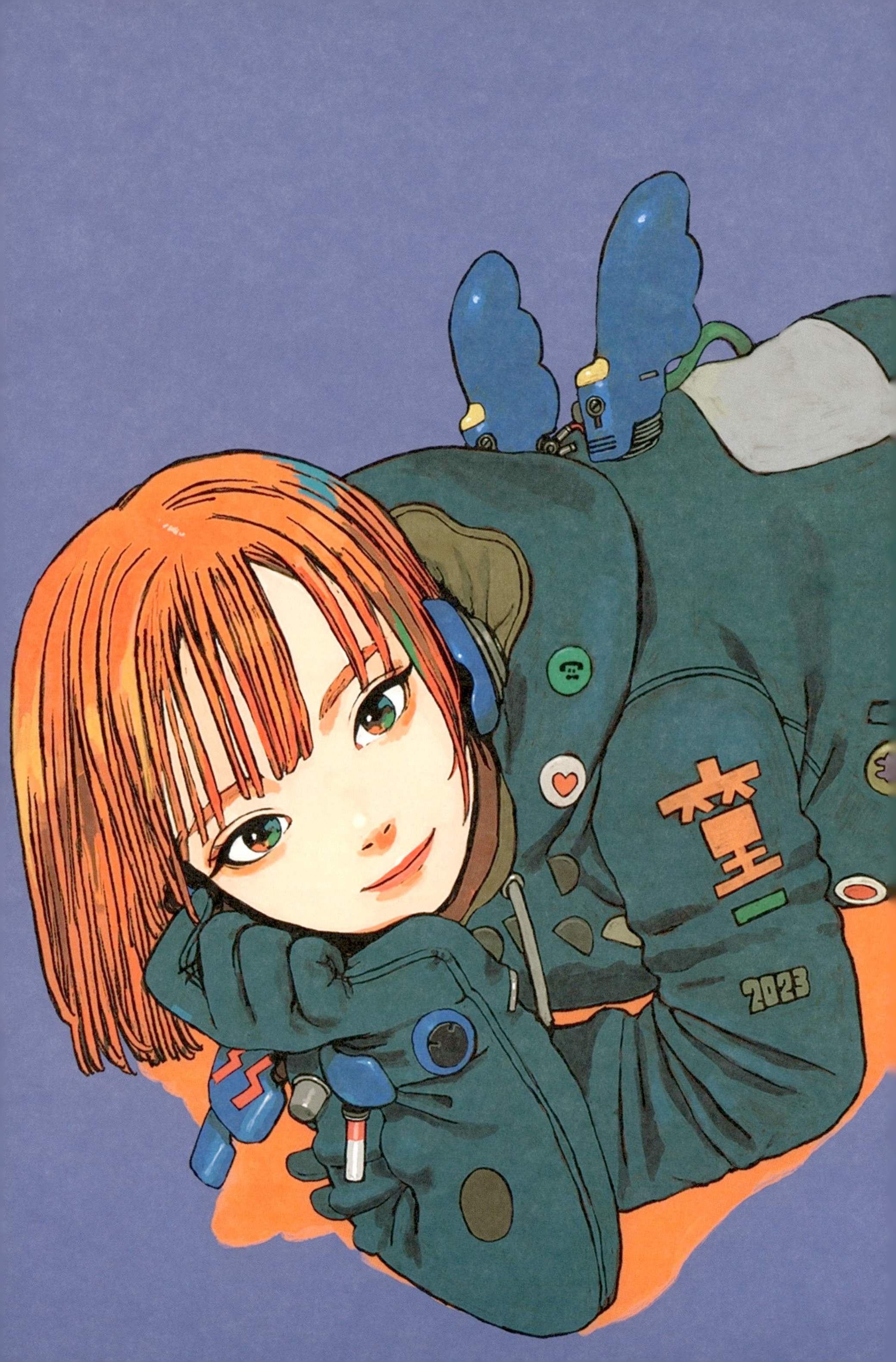
2023

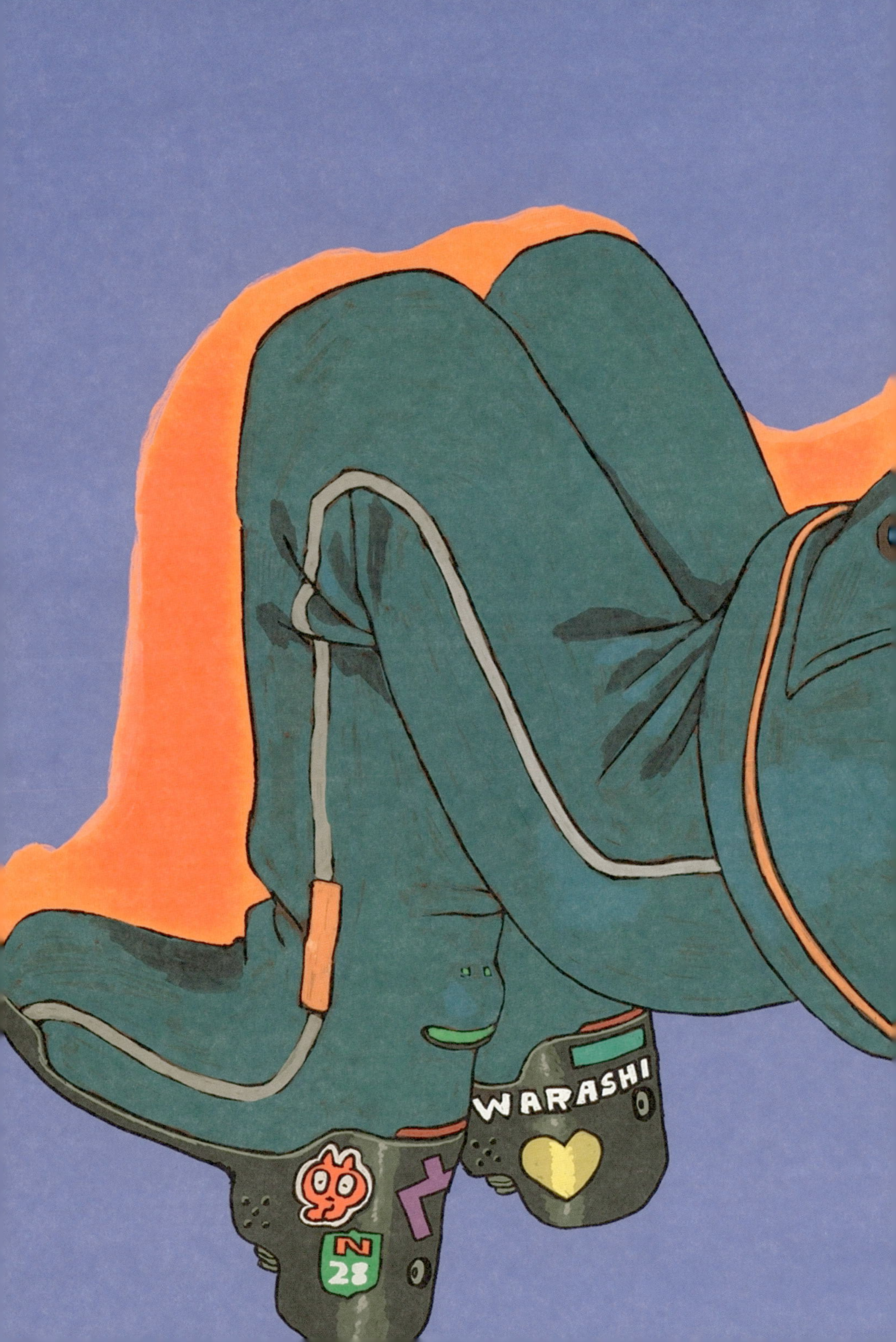
WARASHI
N
28

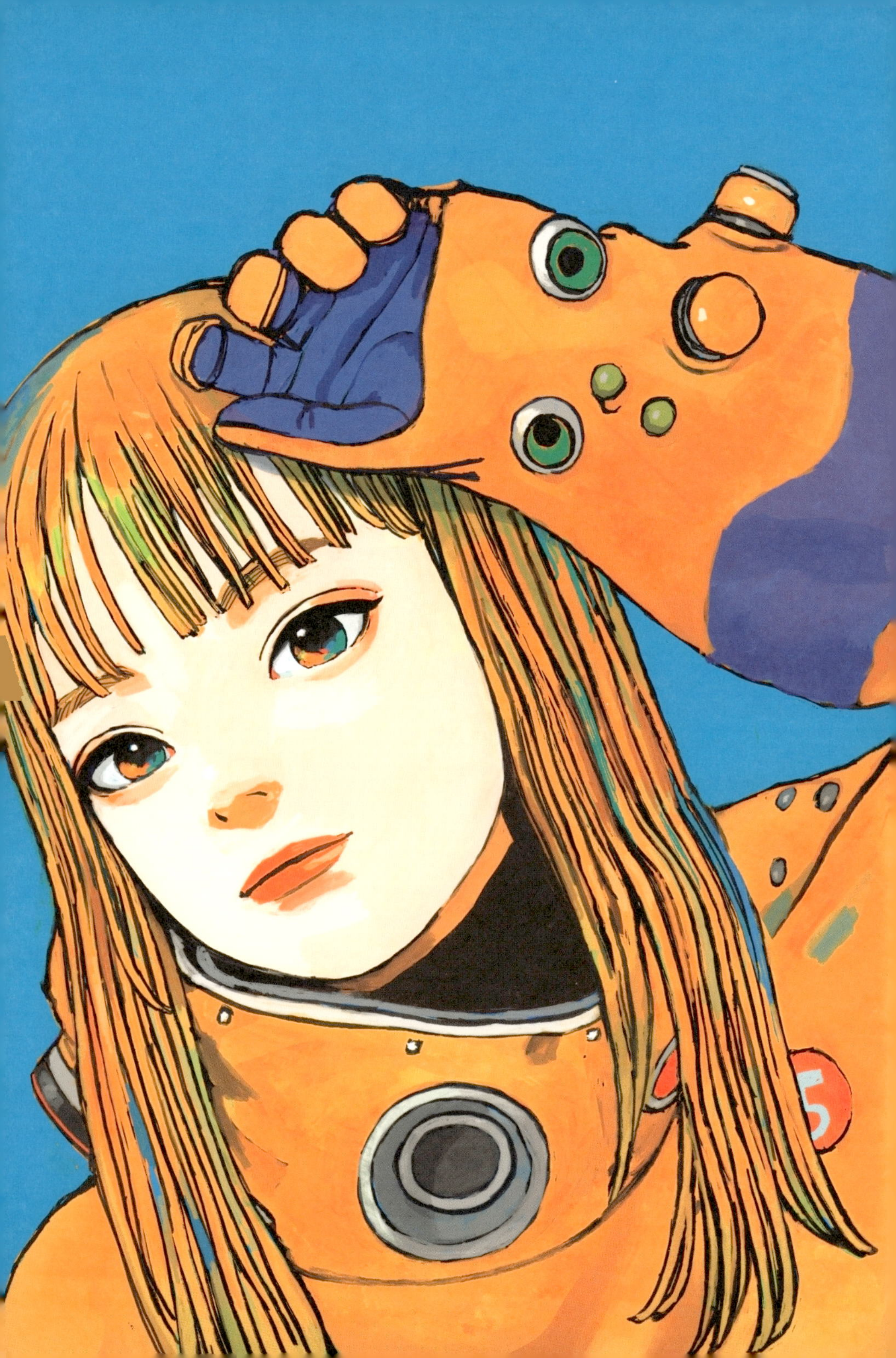

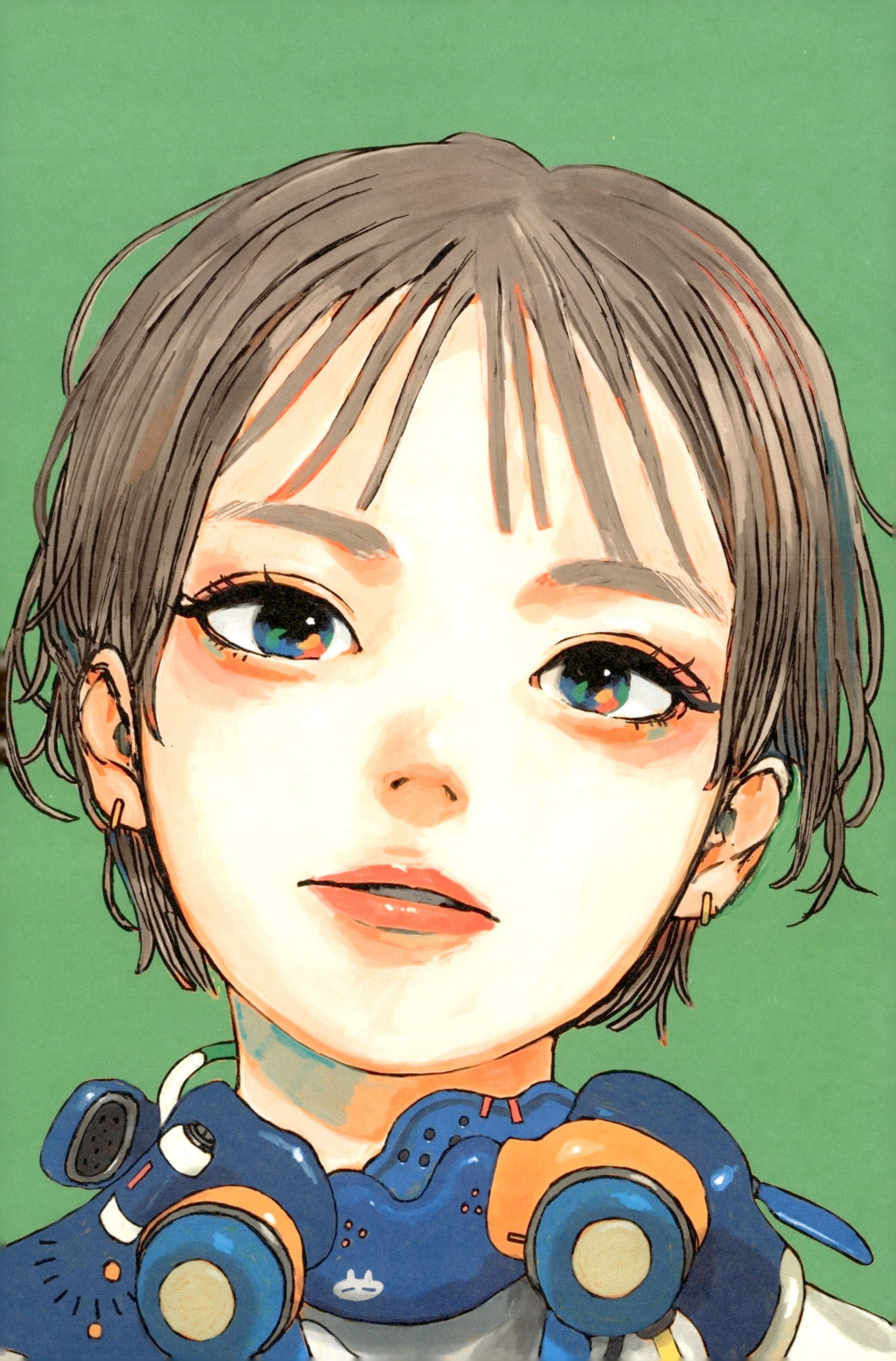

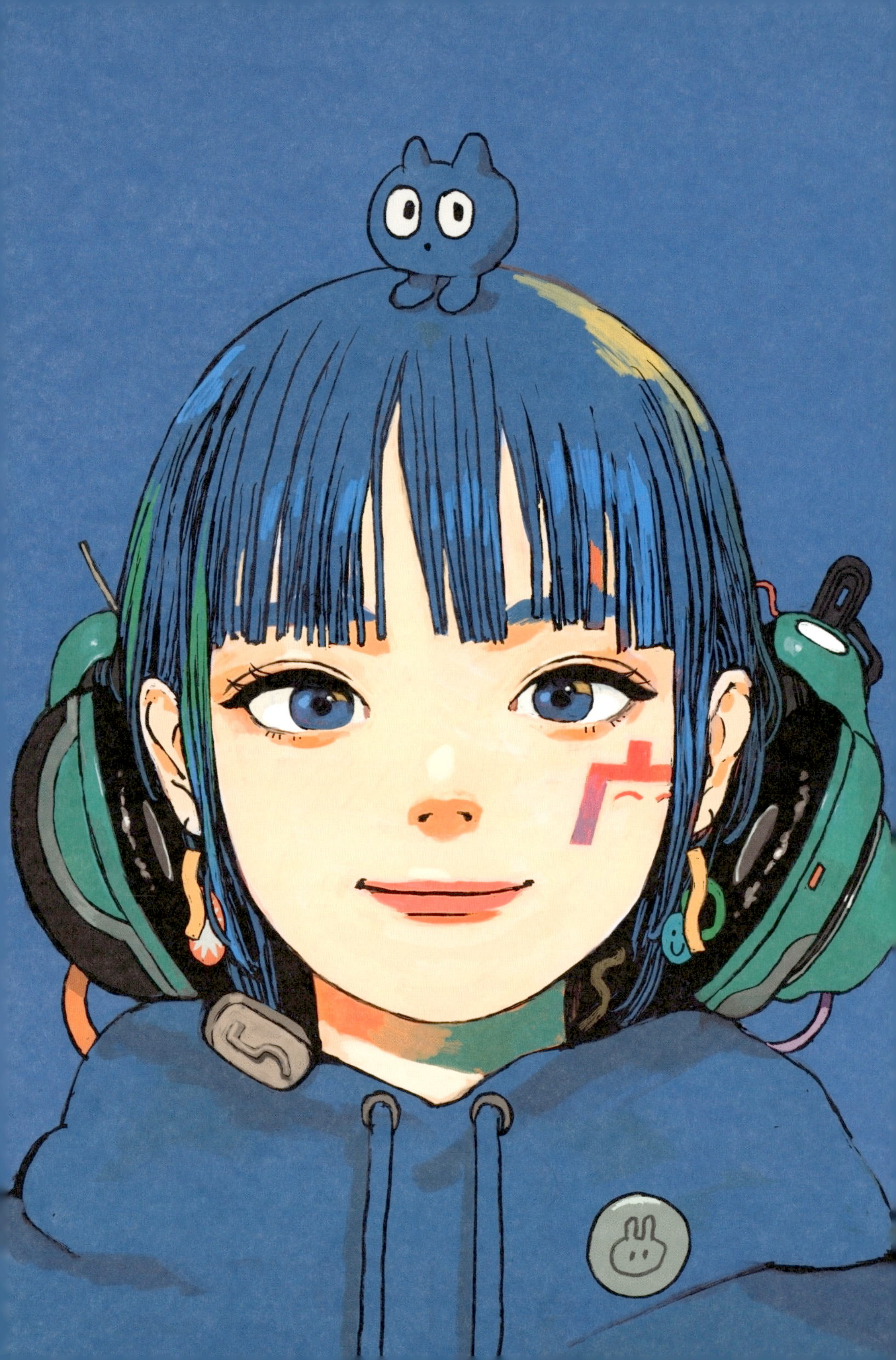

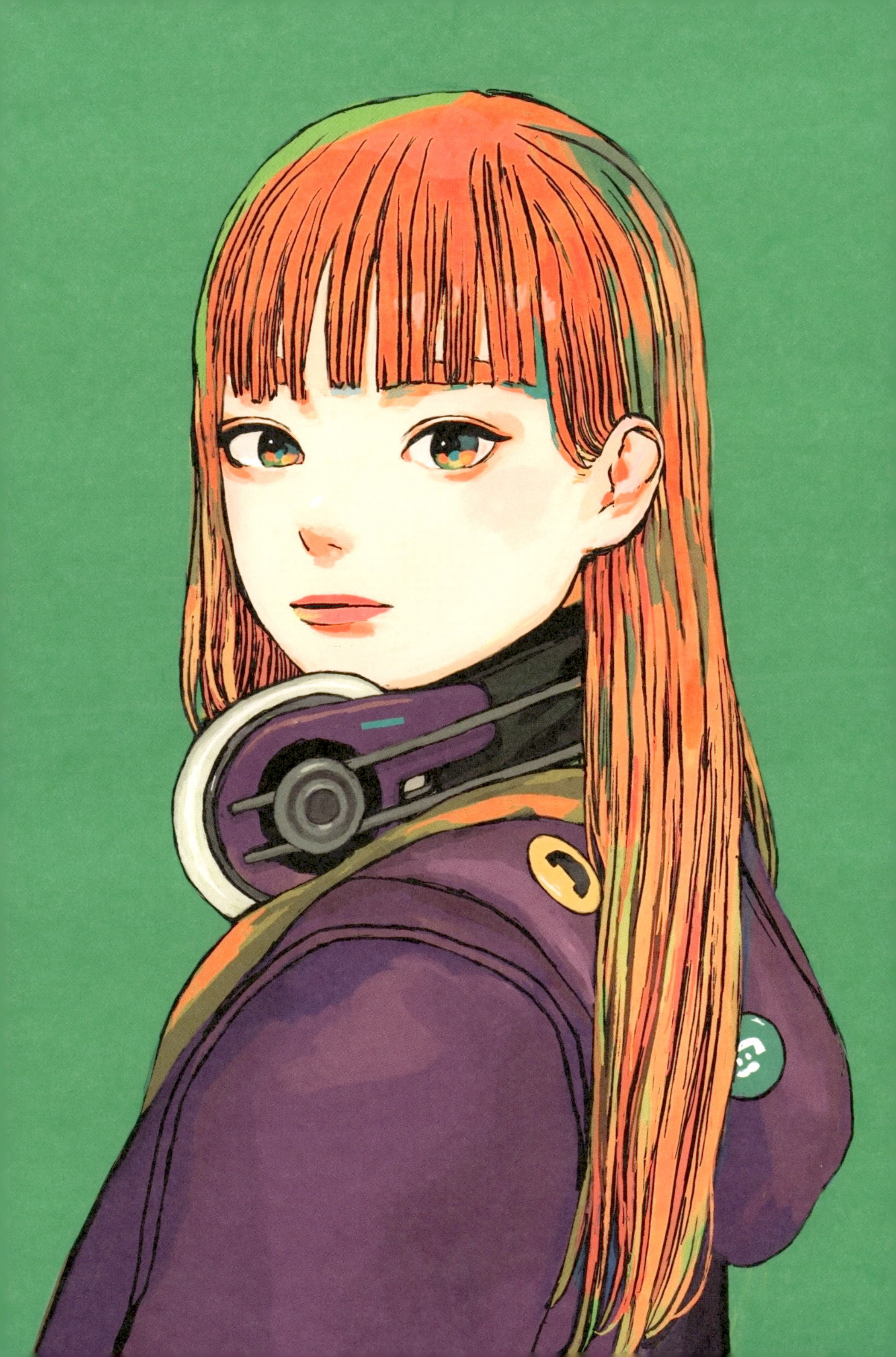

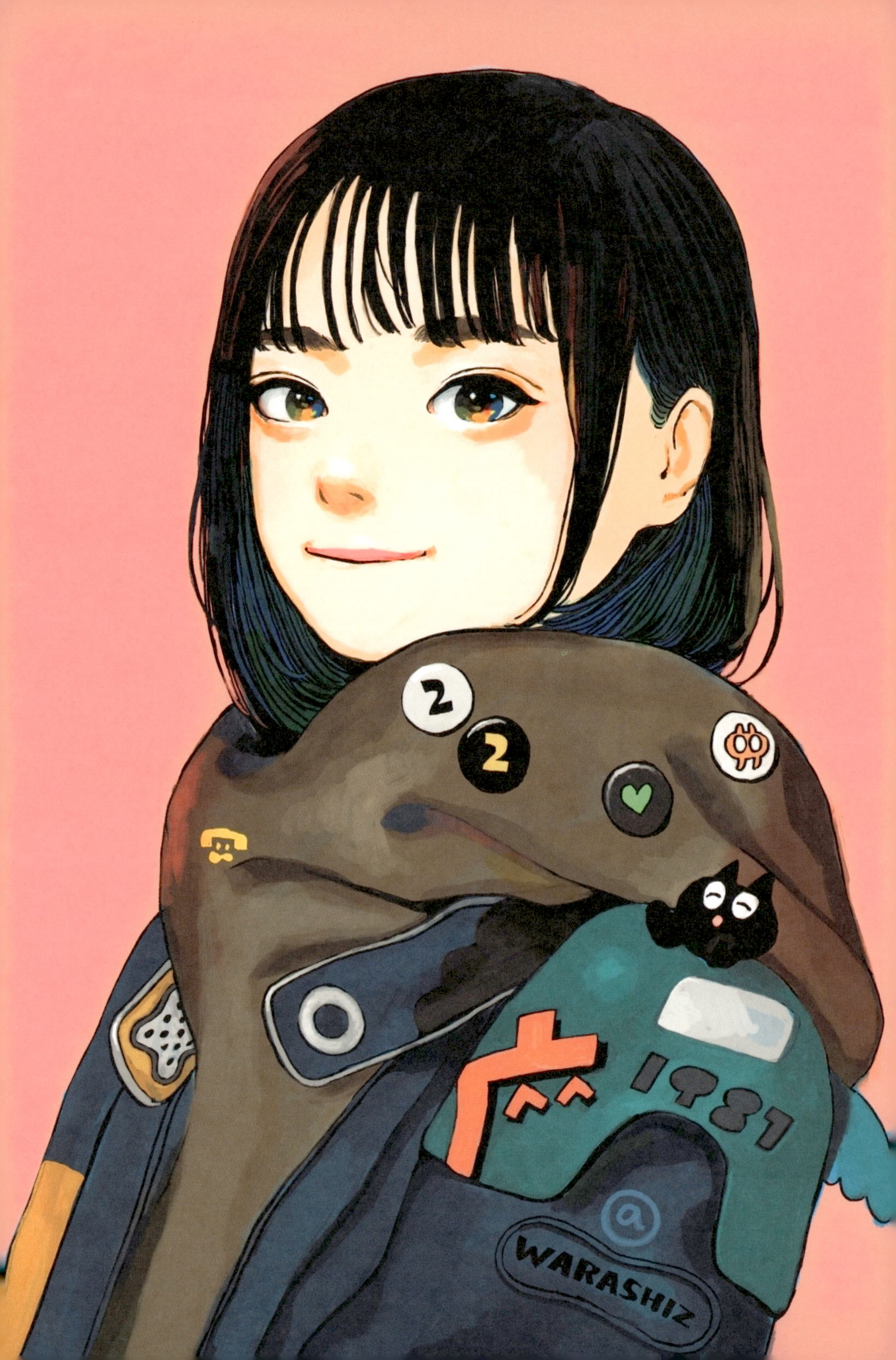
2
2
1981
WARASHIZ

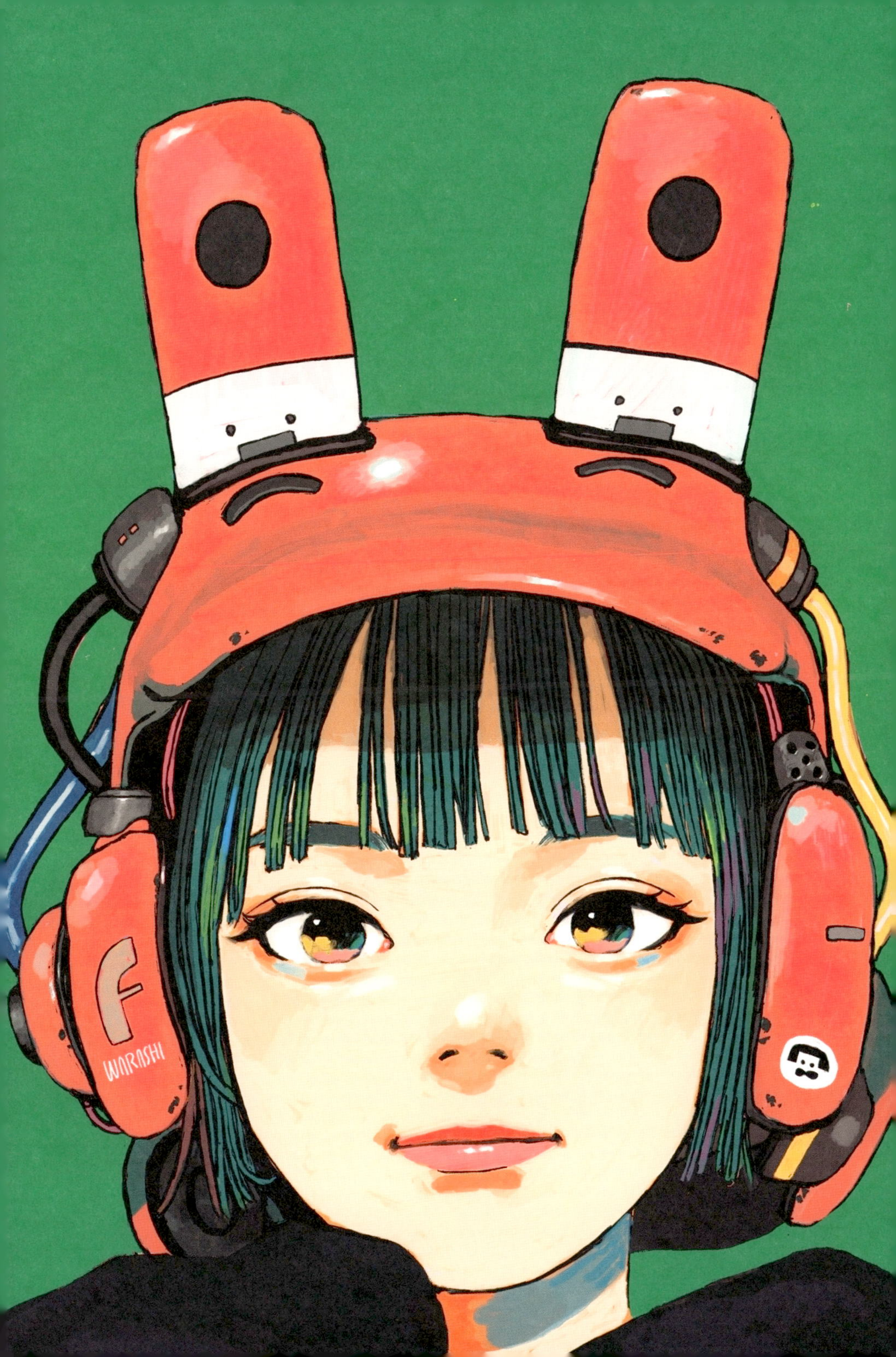
F
WARASHI

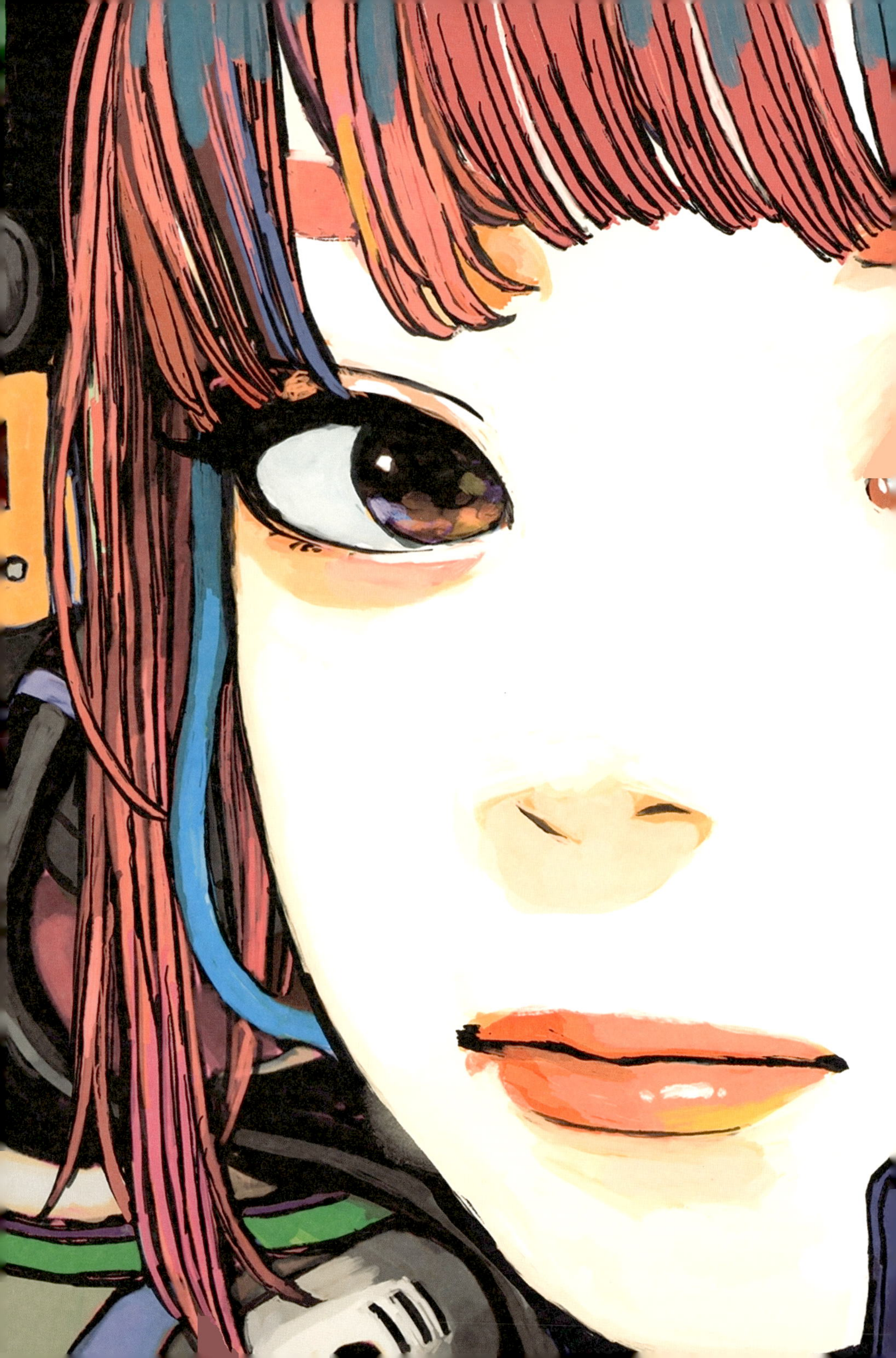

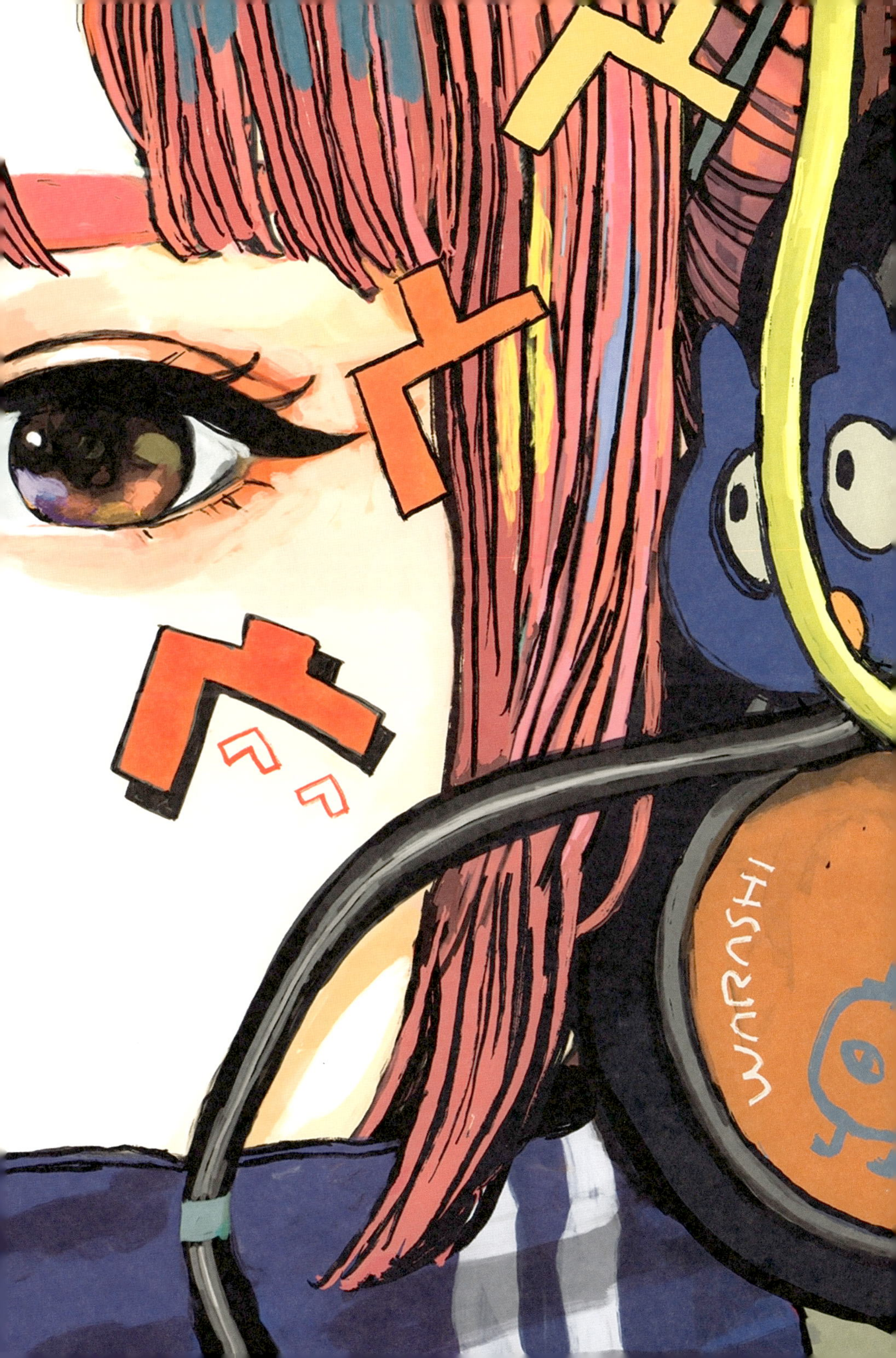
WARASHI

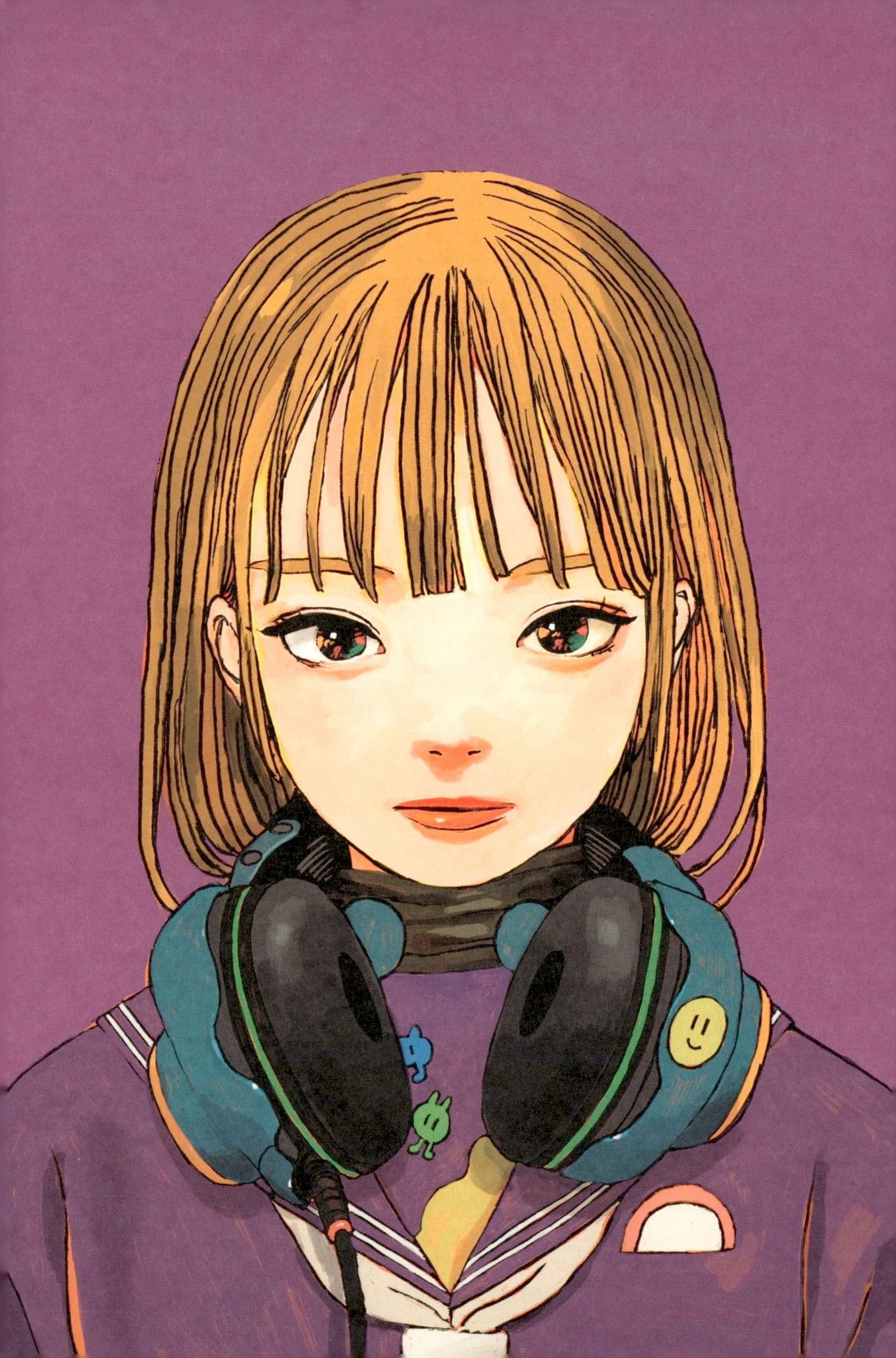

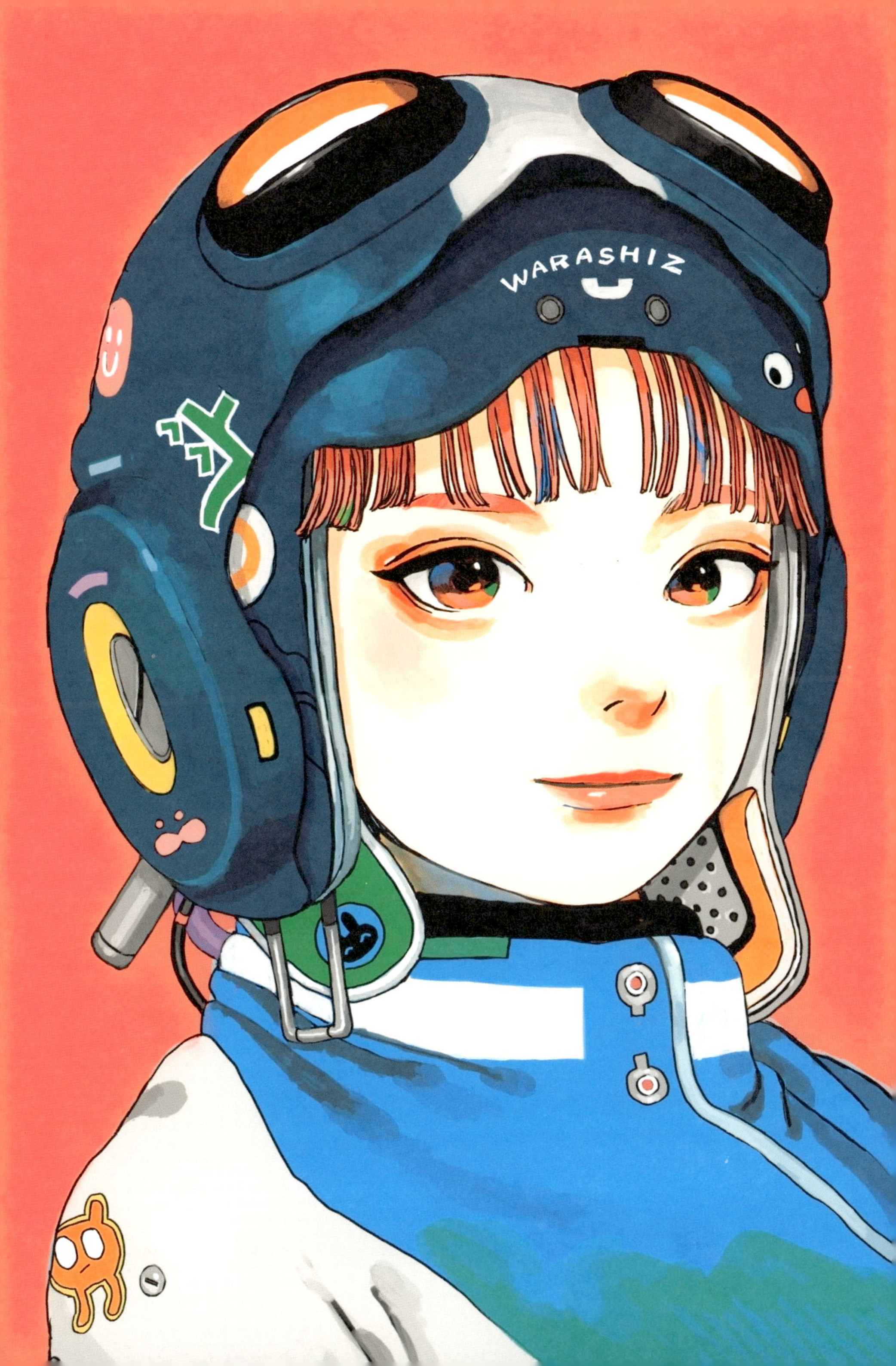
WARASHIZ

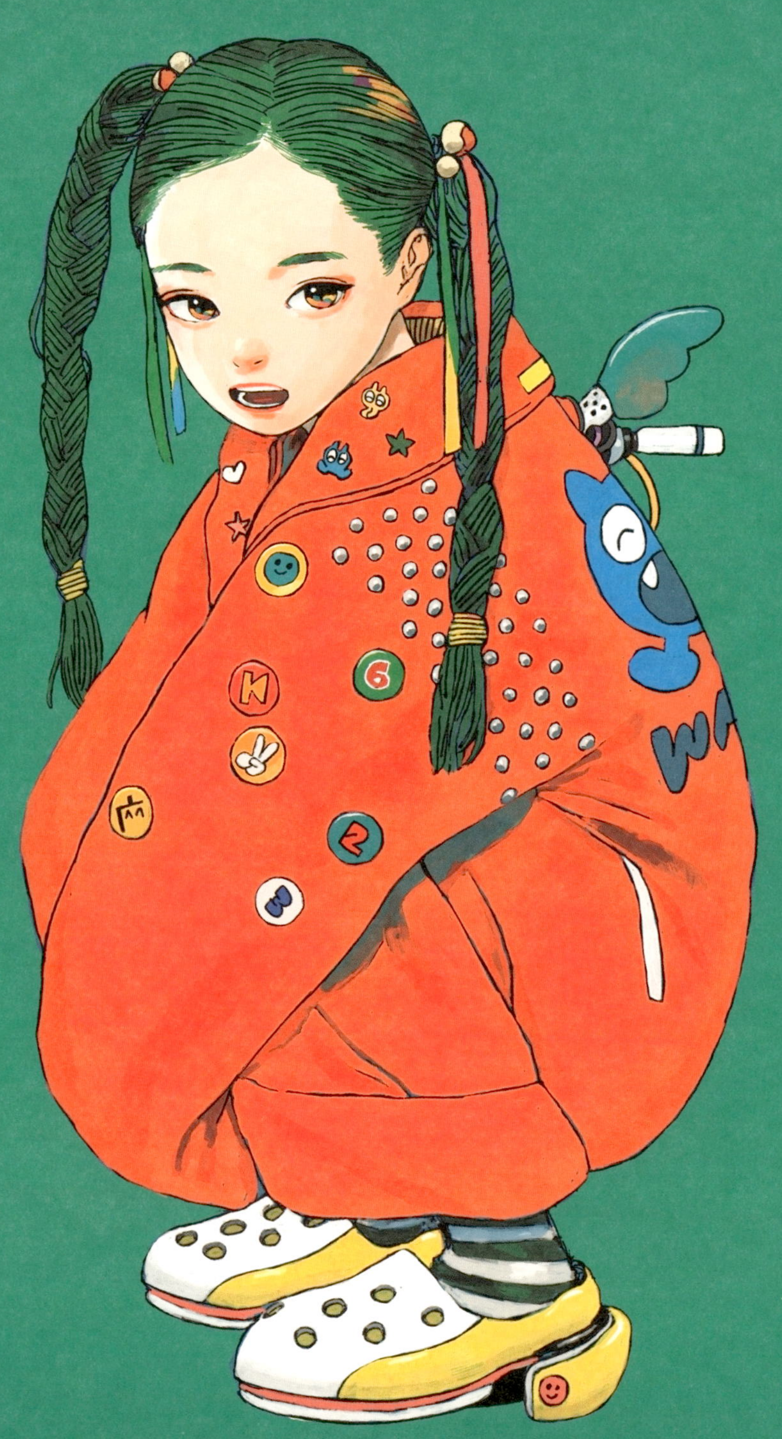

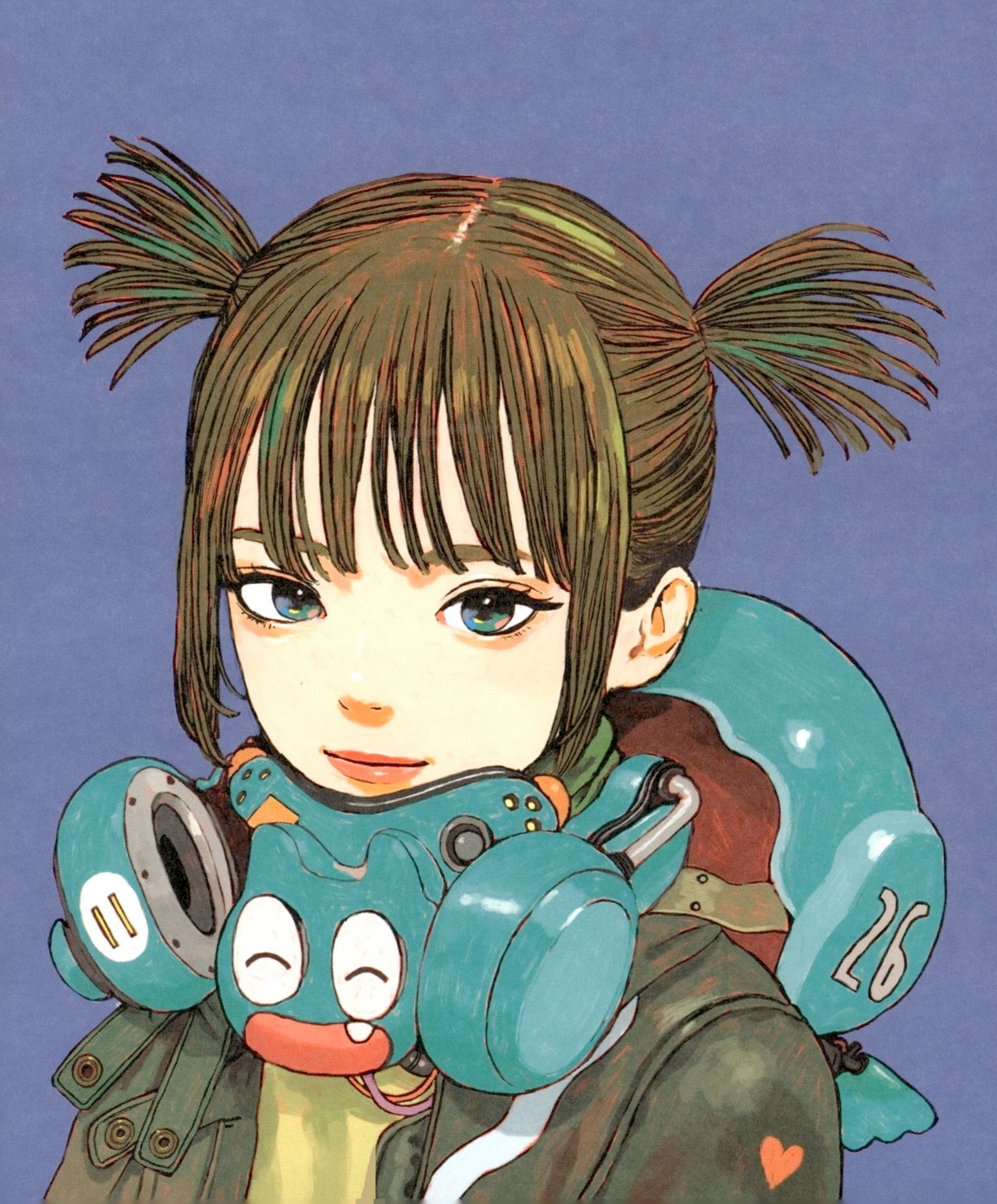

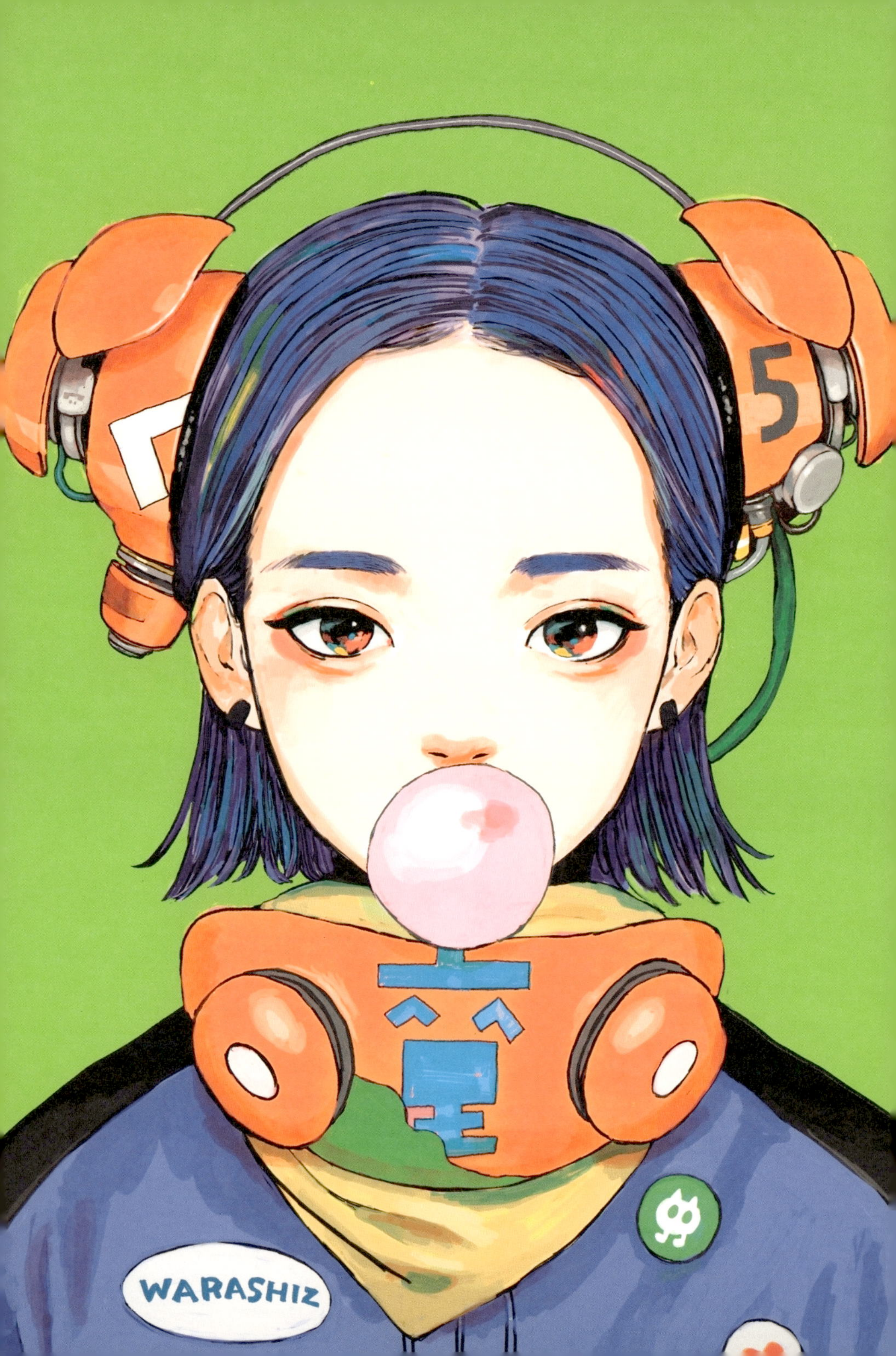
5
WARASHIZ

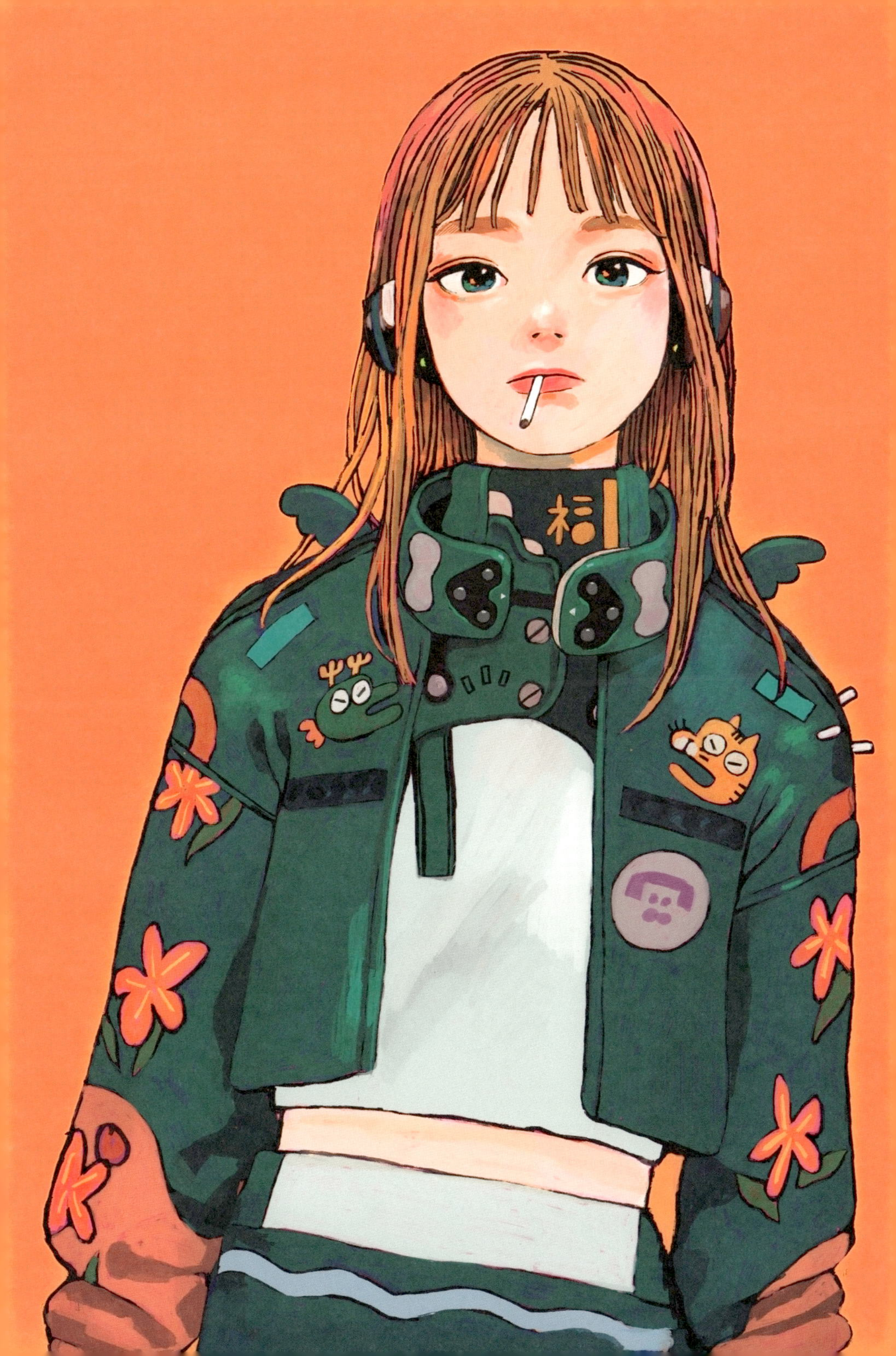

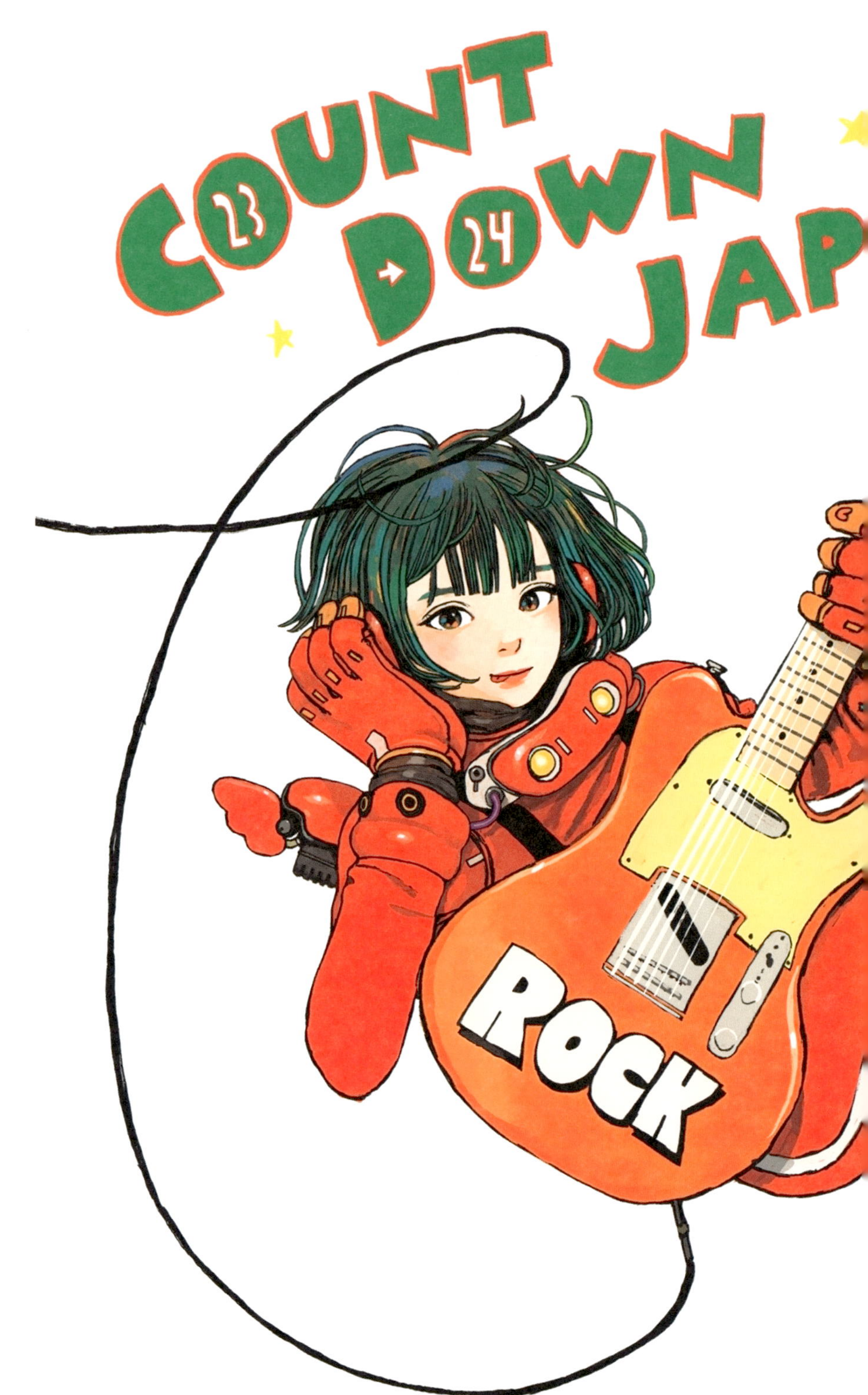
COUNT
DOWN
JAP
23
24
ROCK

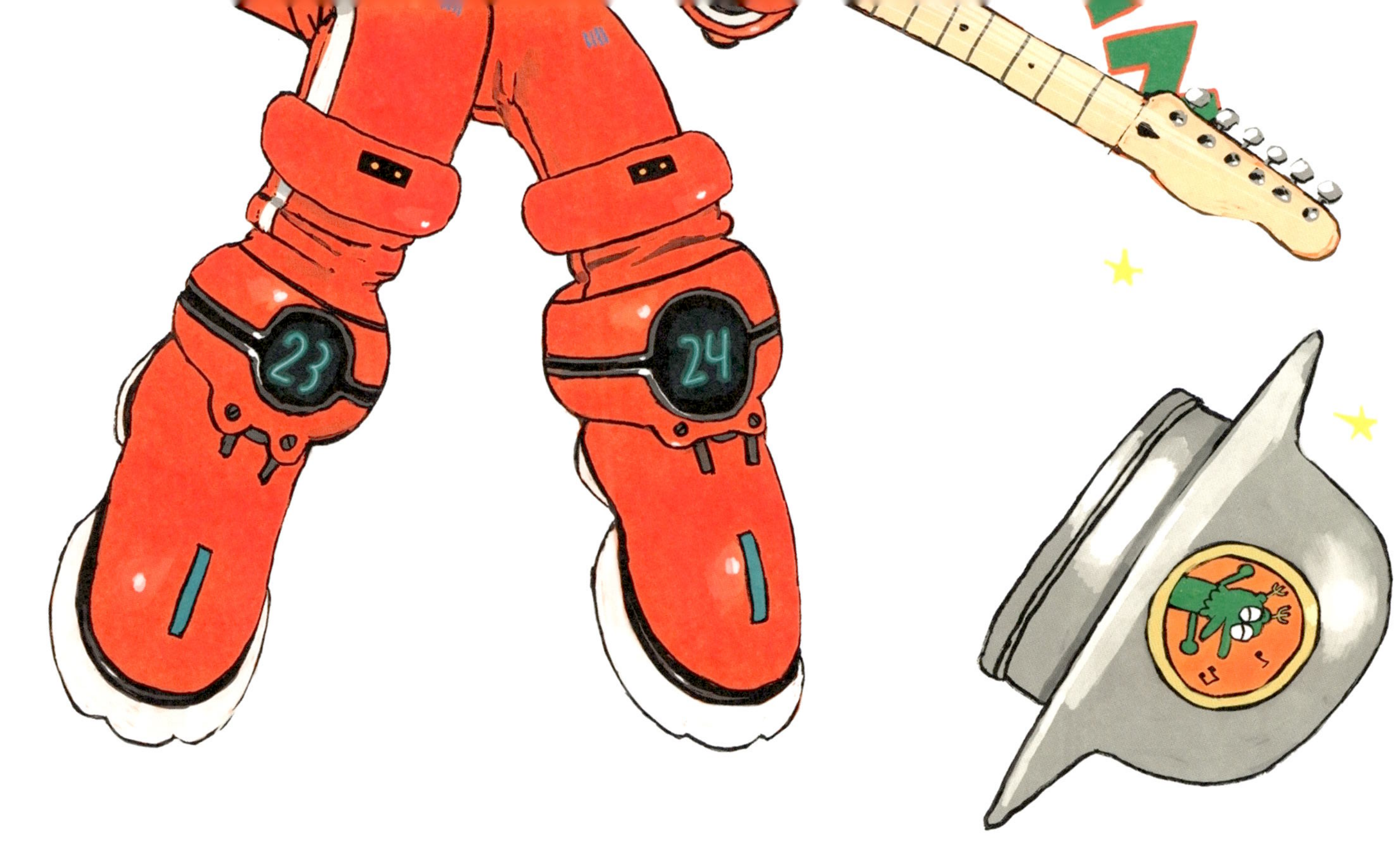
23
24

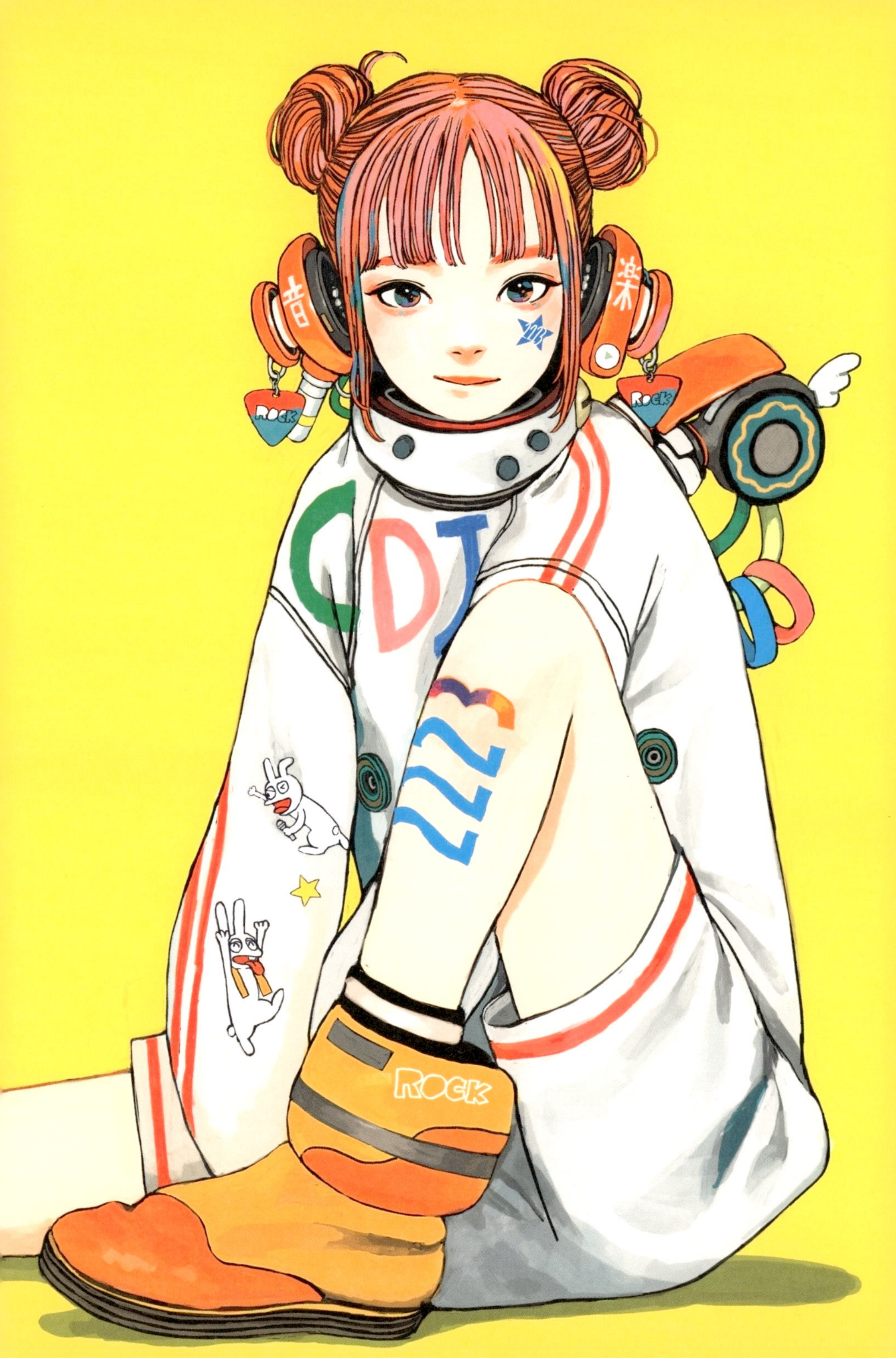

音
楽
ROCK
ROCK
CDJ
ROCK

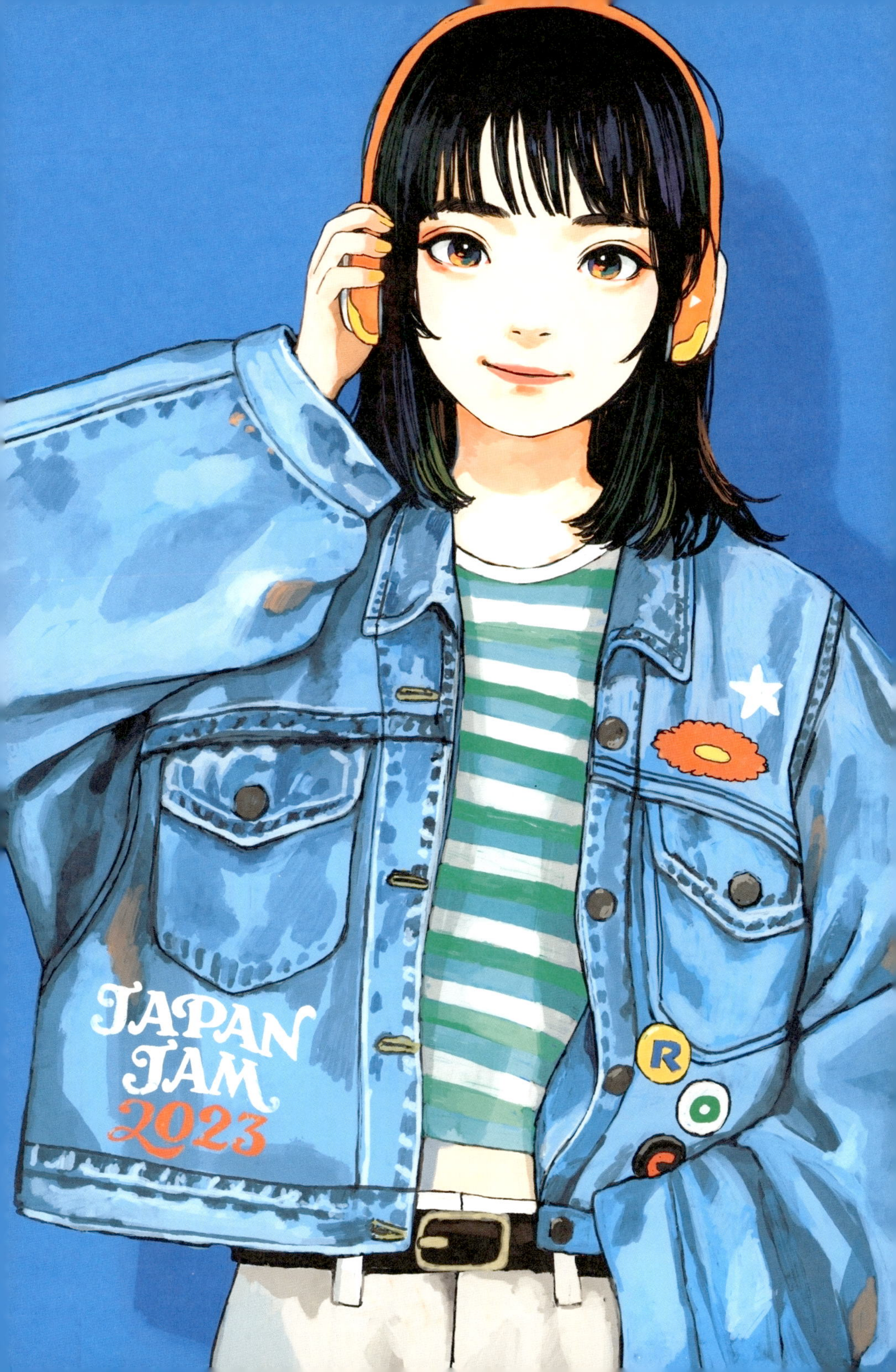
JAPAN
JAM
2023

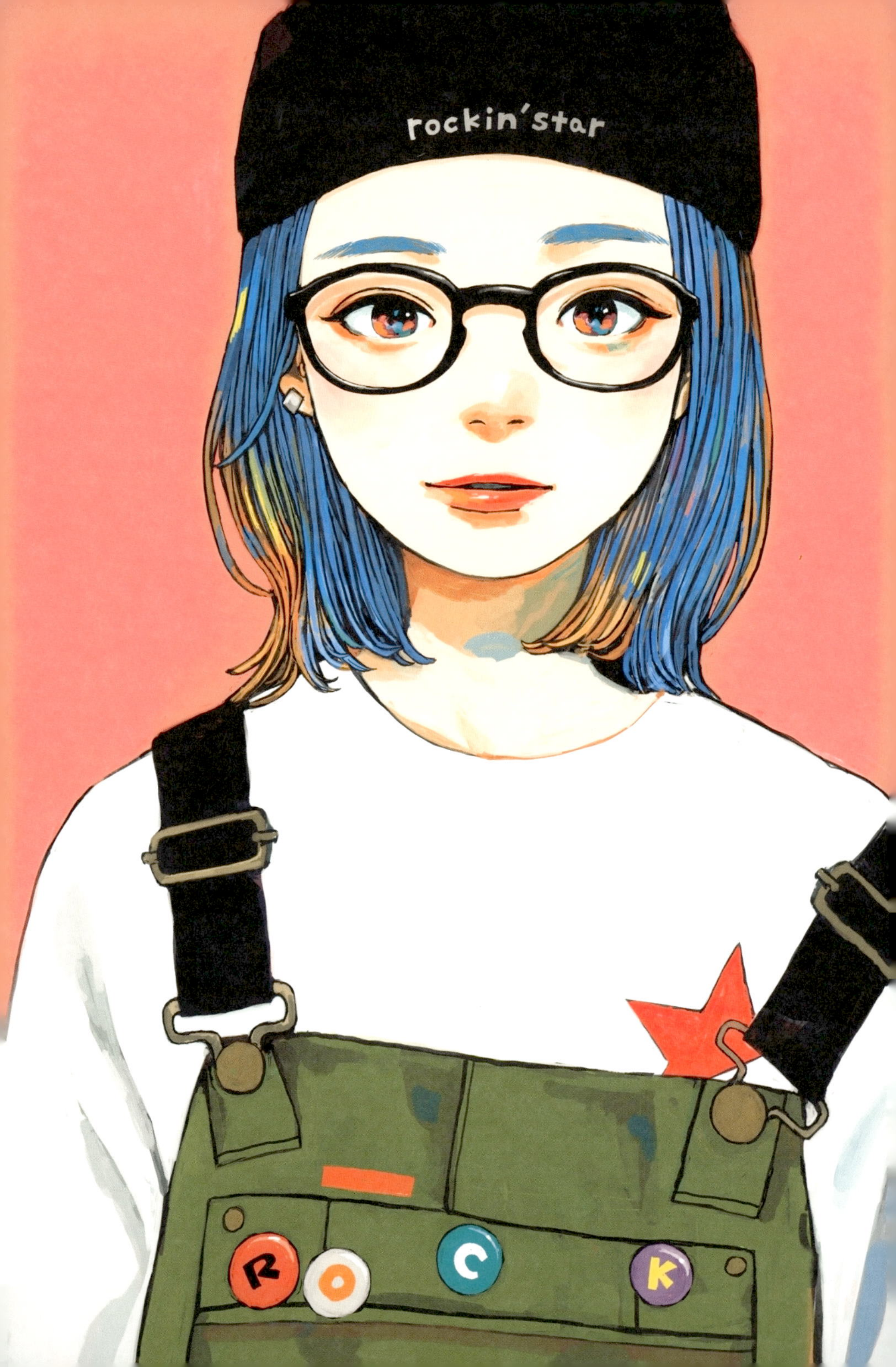
rockin'star
R
O
C
K

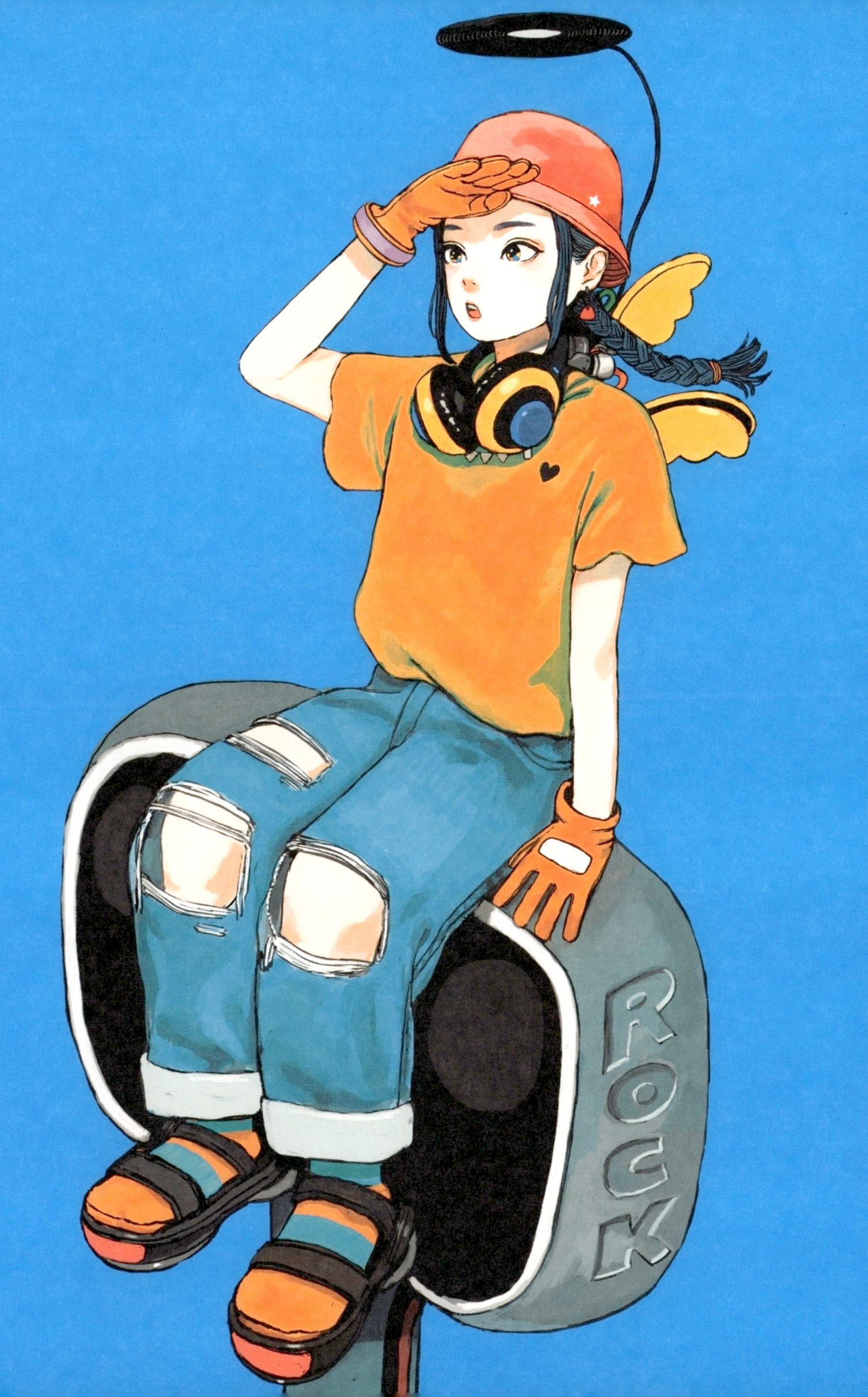
ROCK

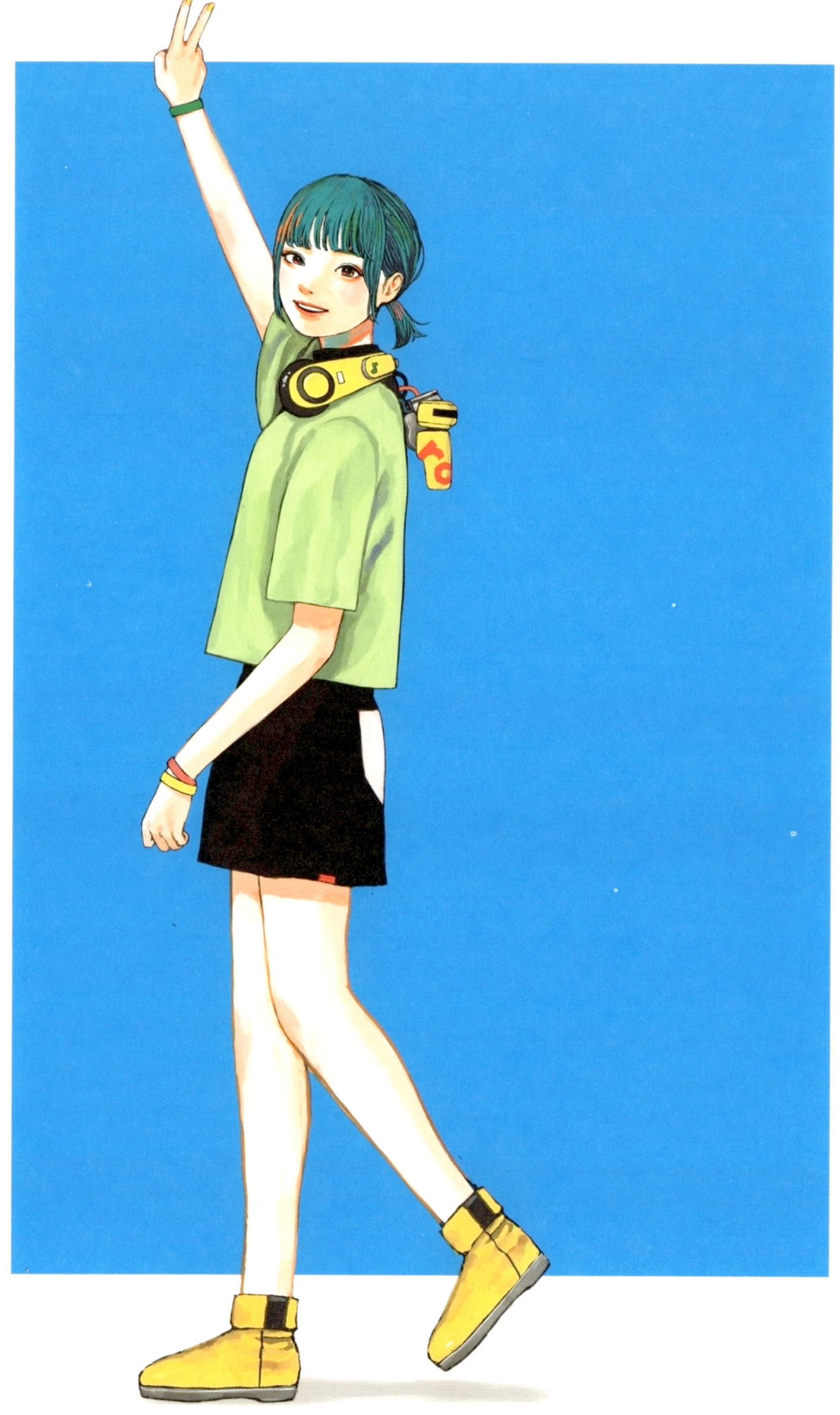

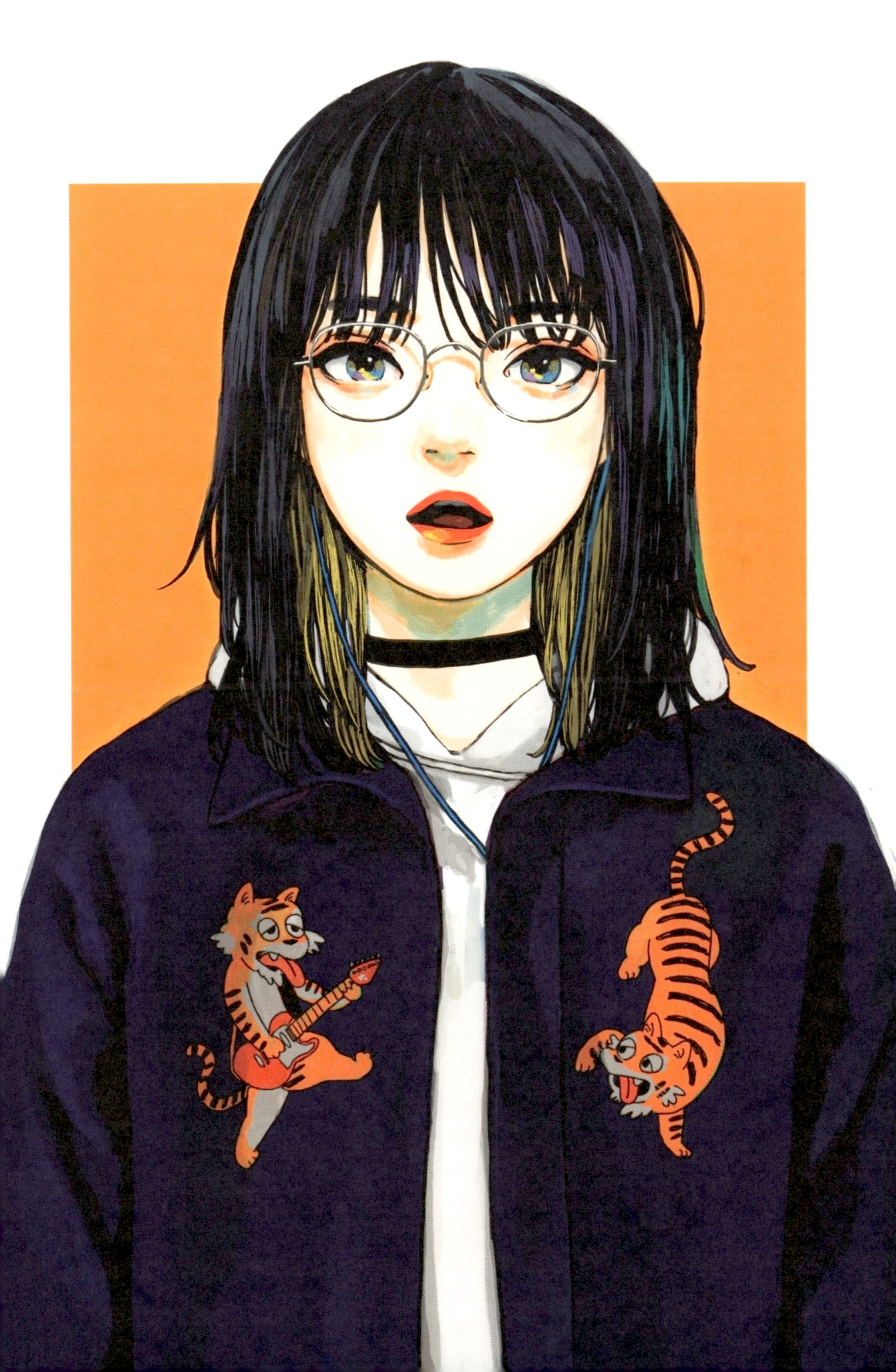

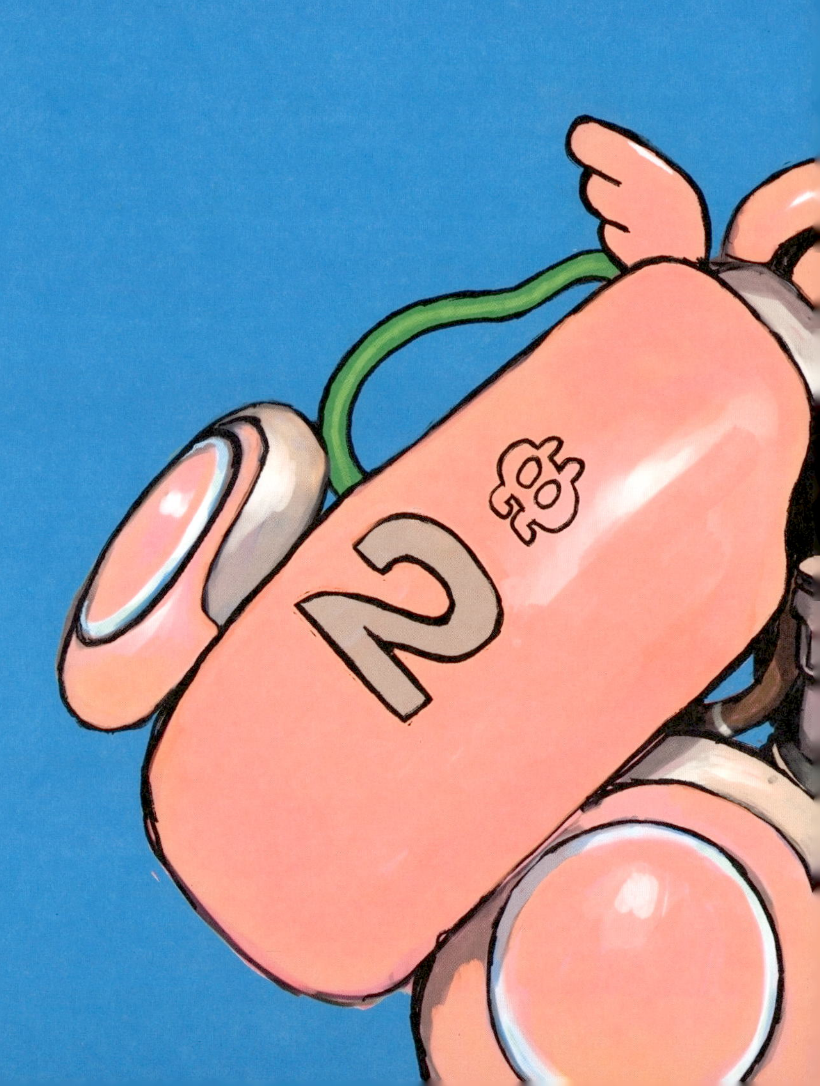
2

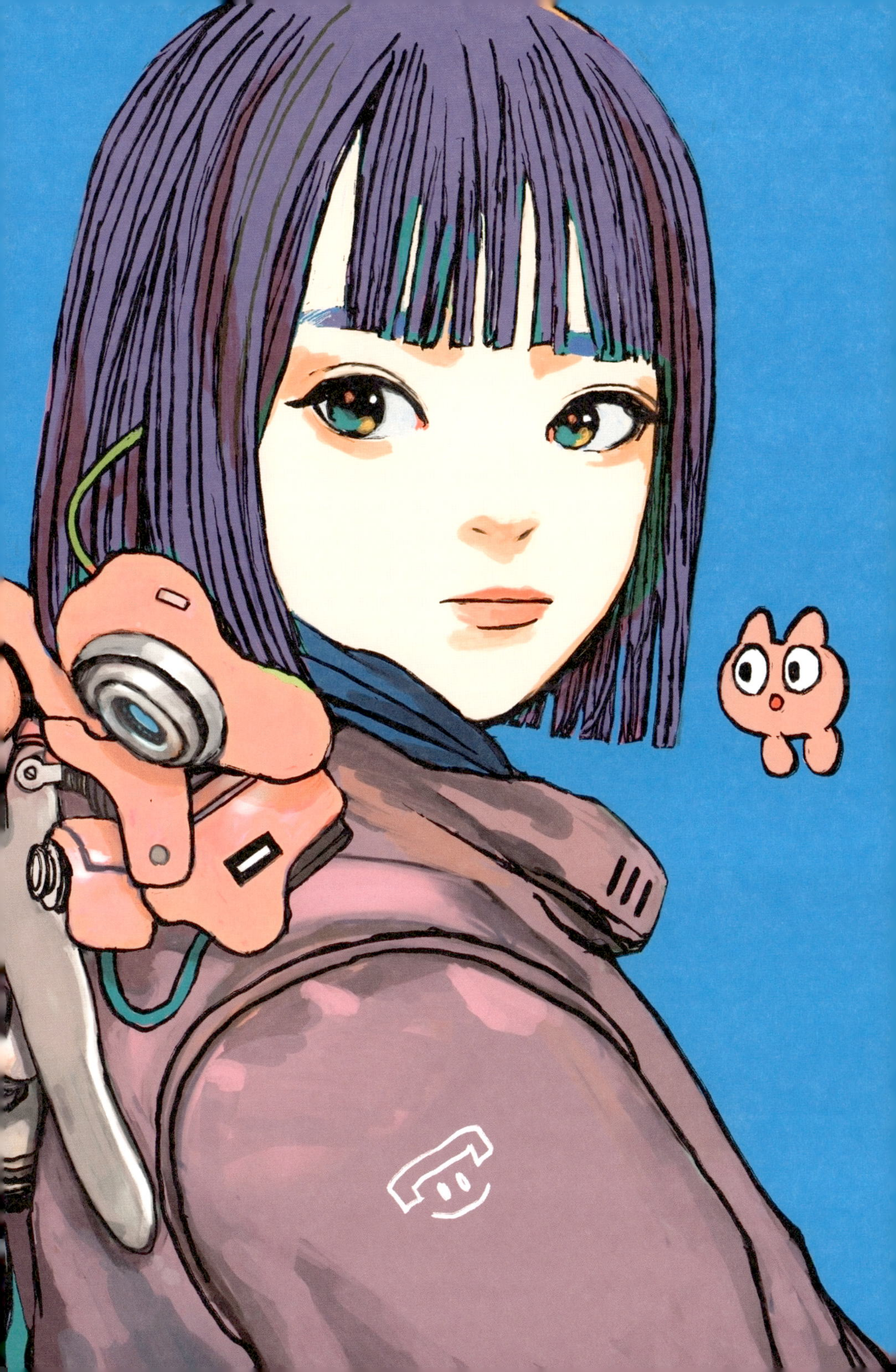

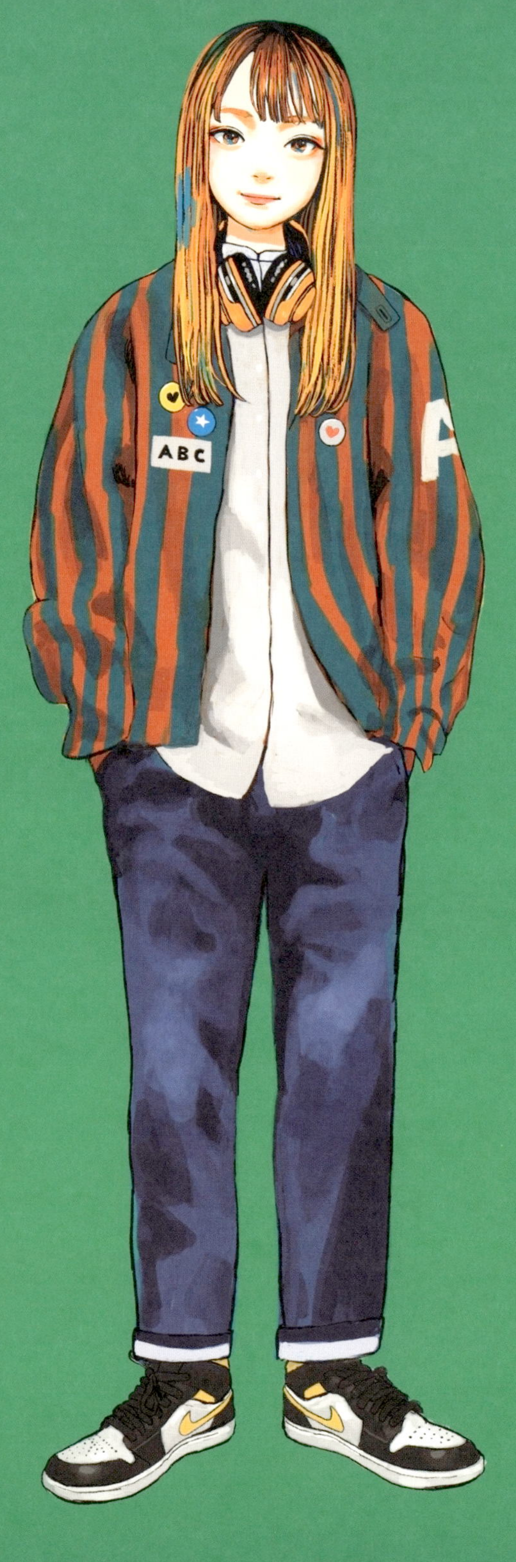
ABC

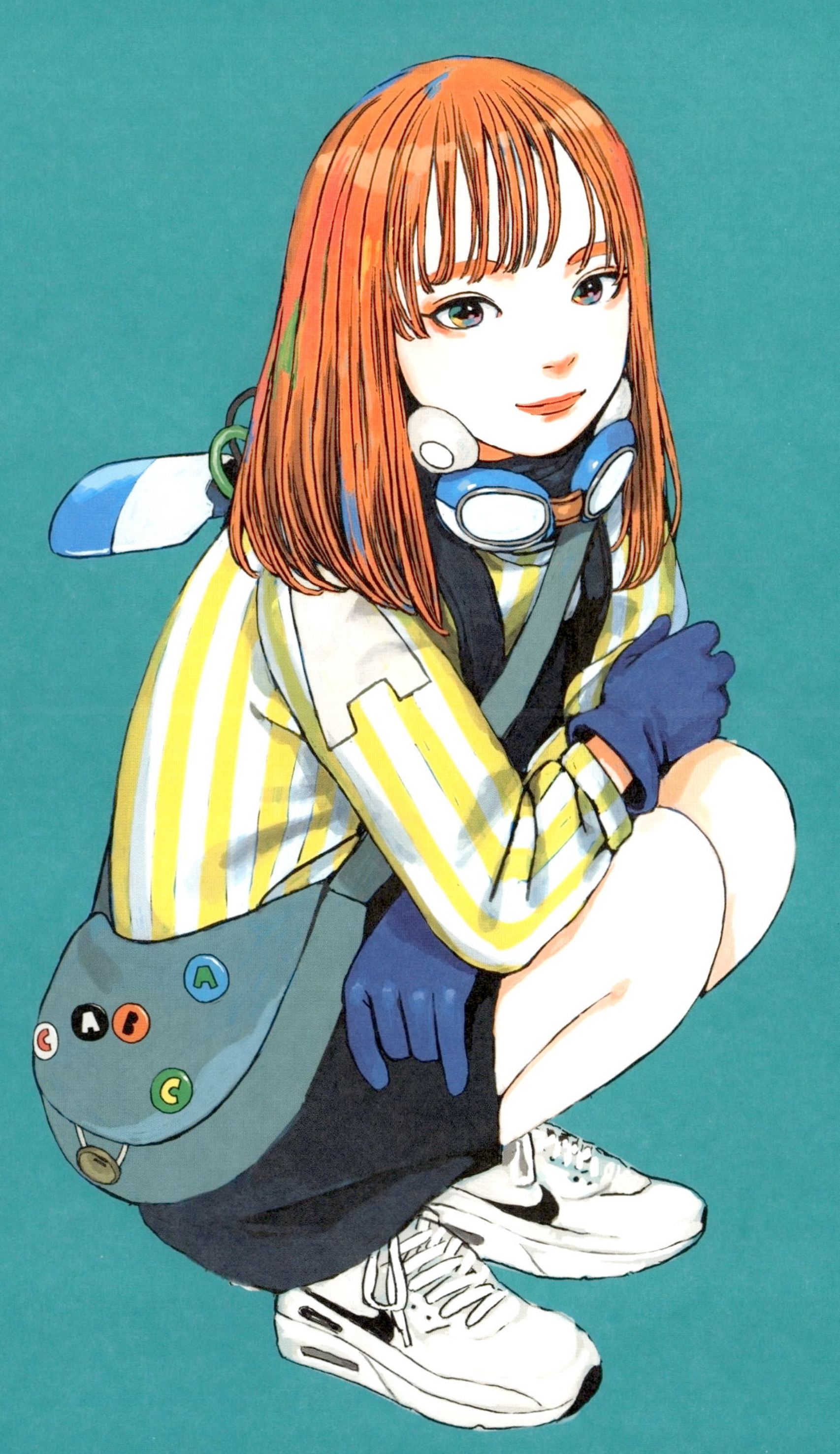

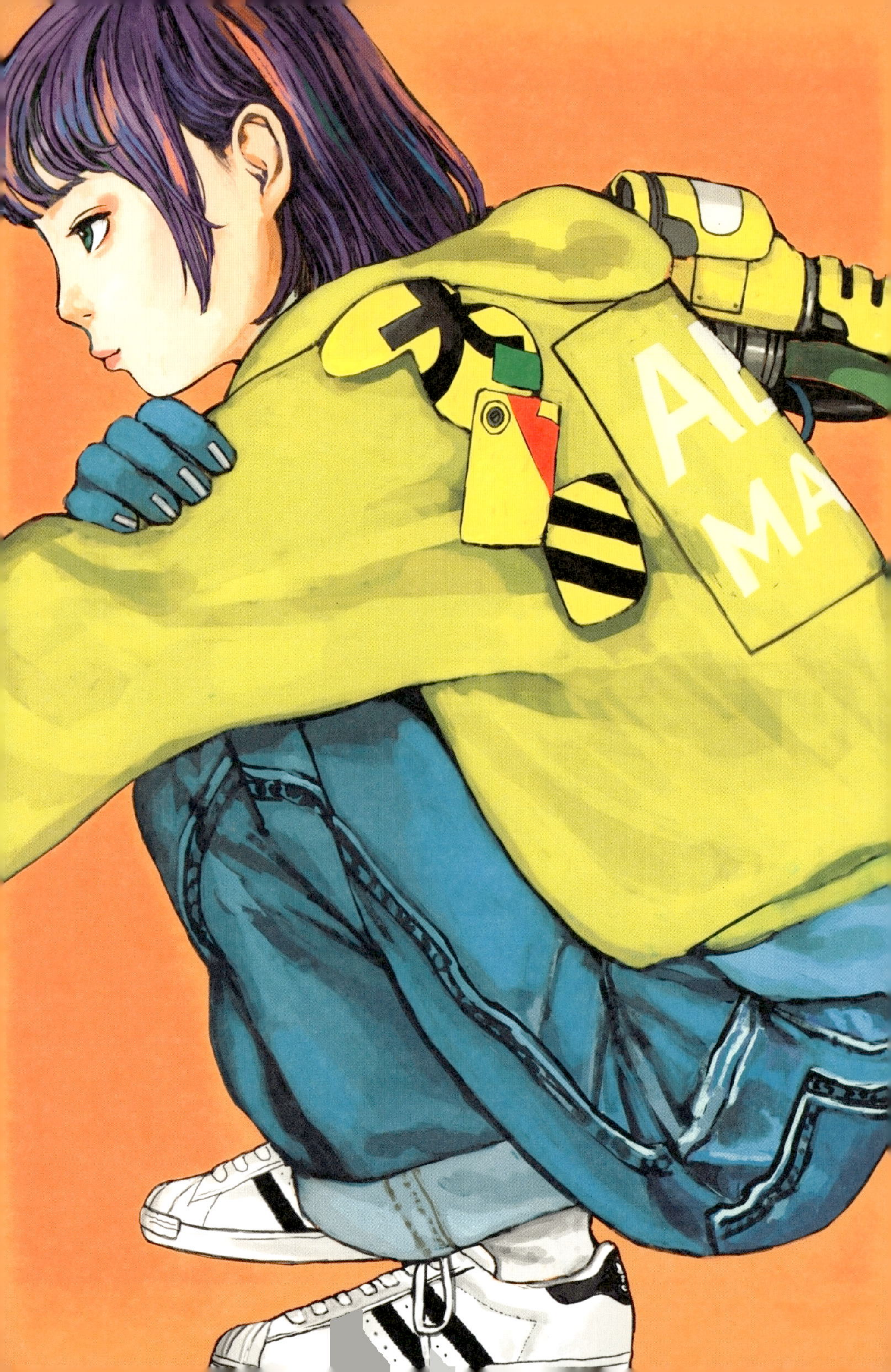

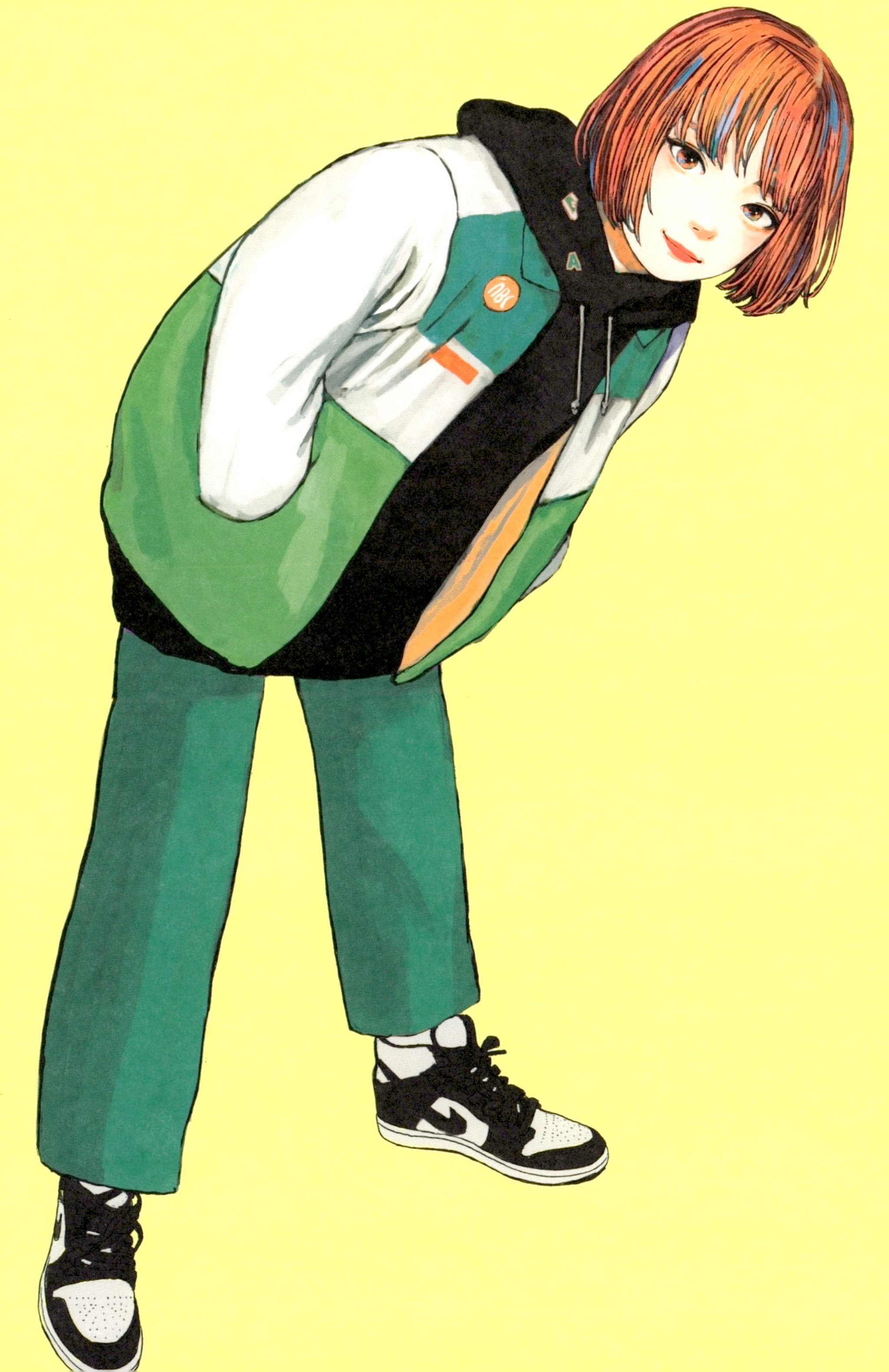

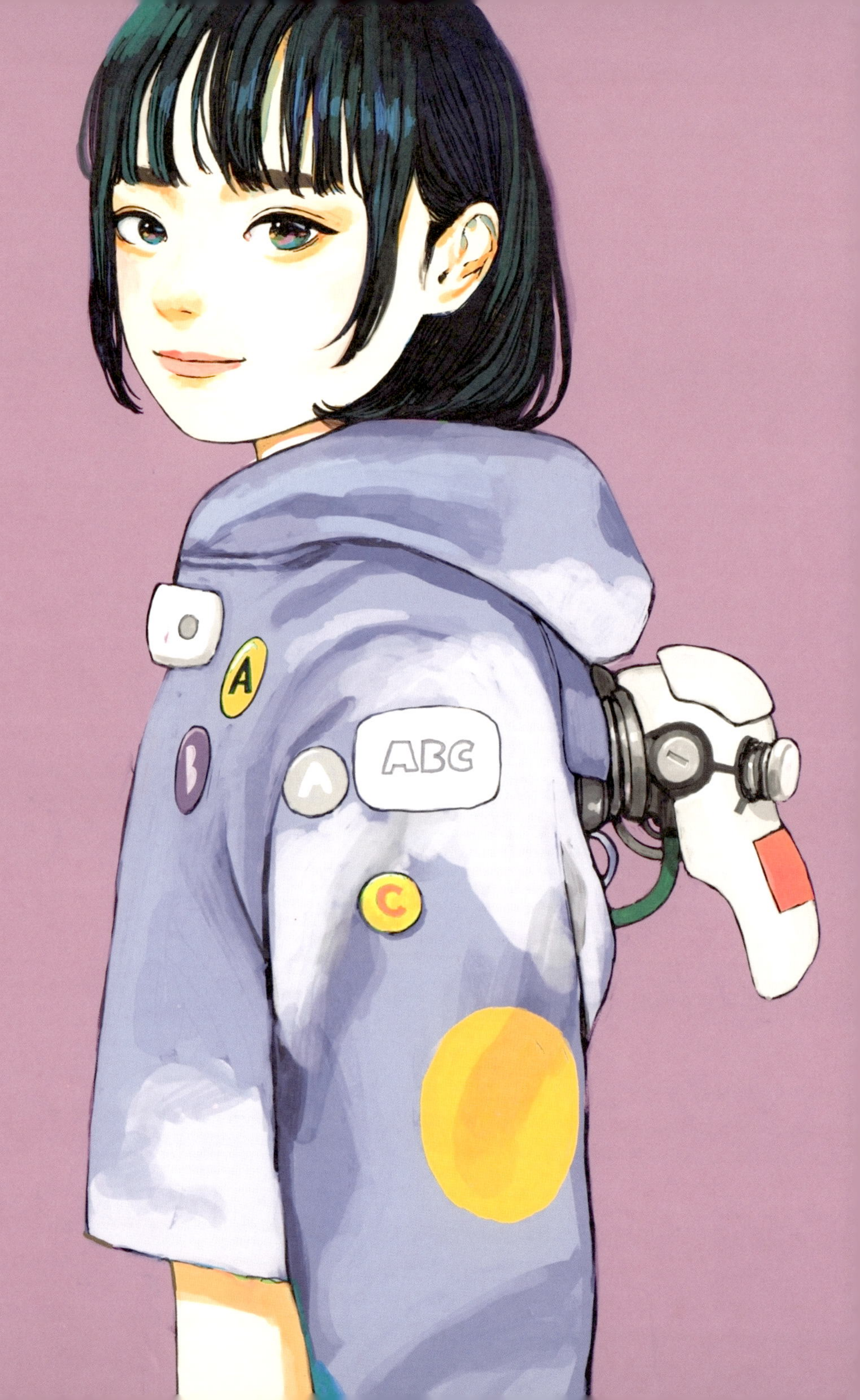
A
B
A
ABC
C

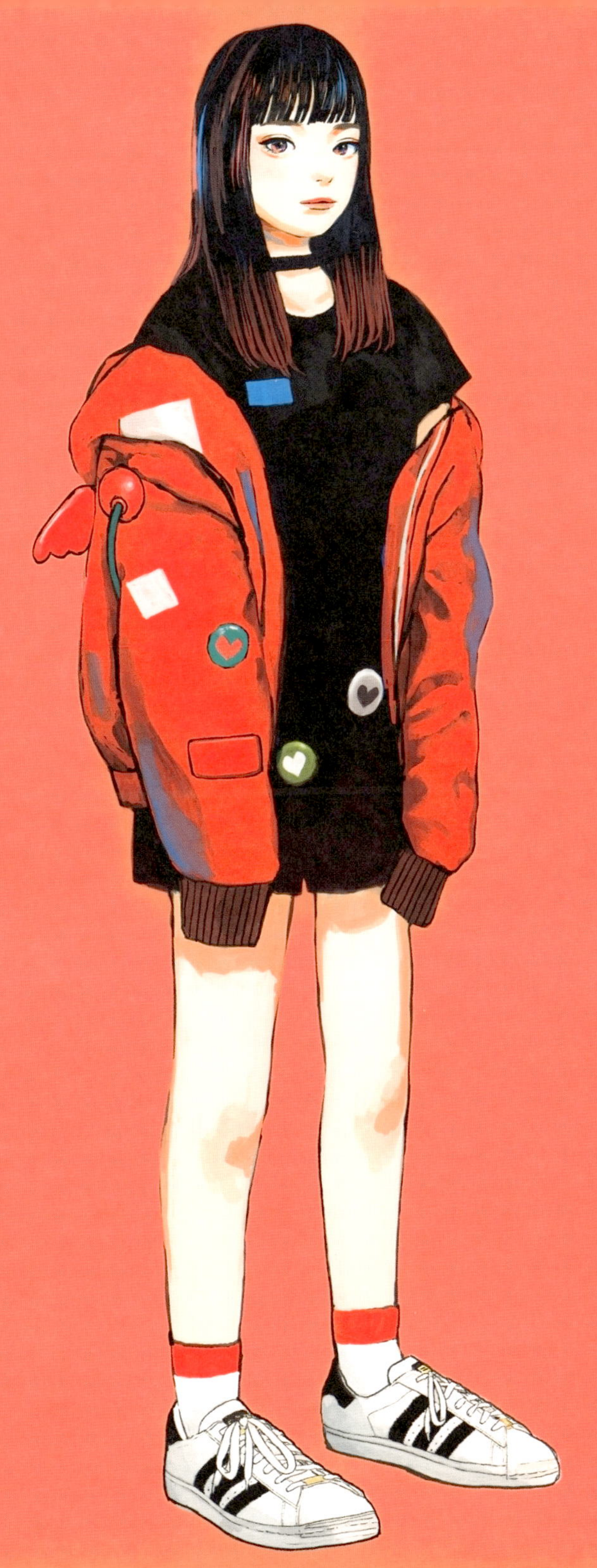

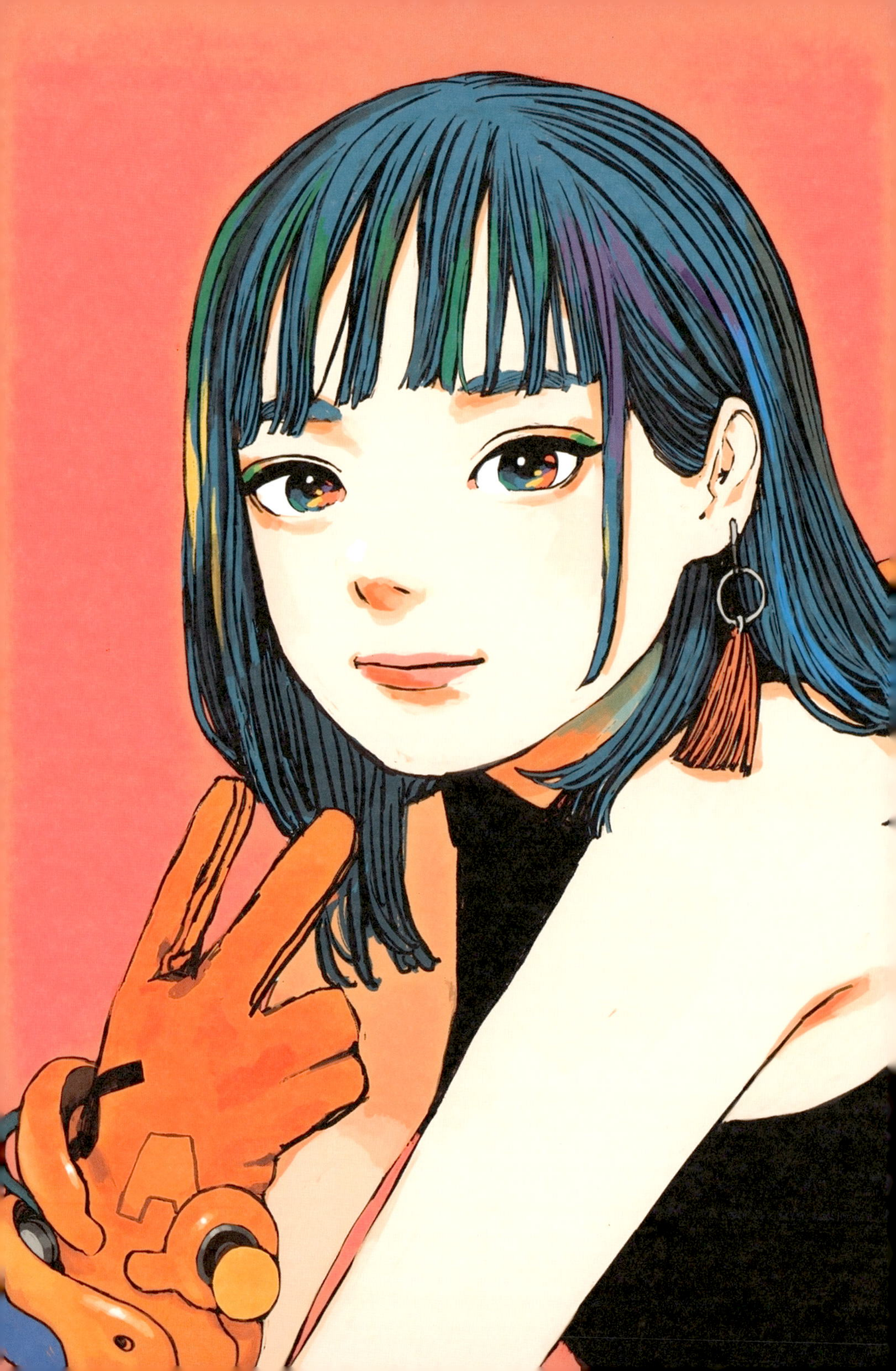

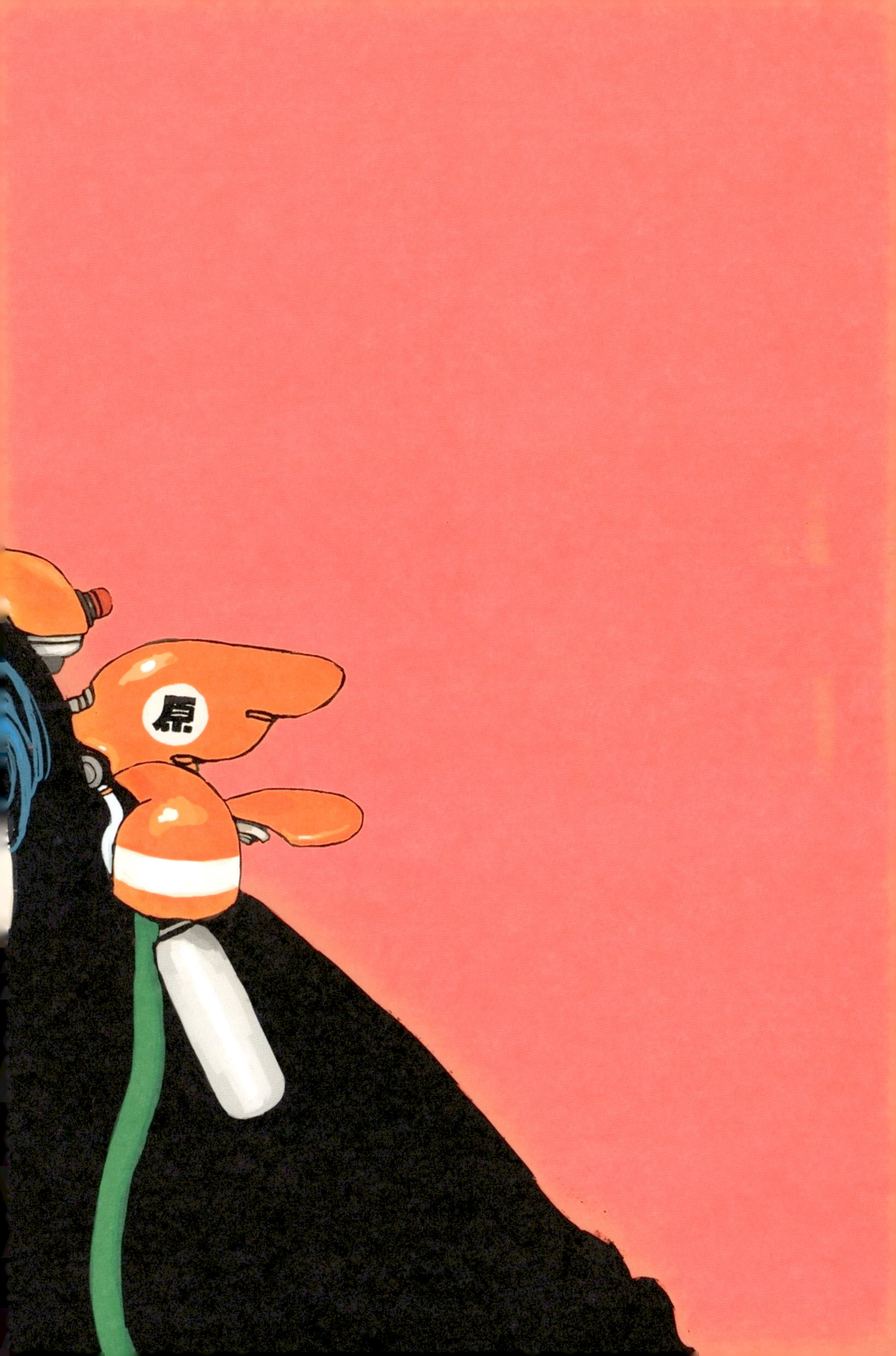
原

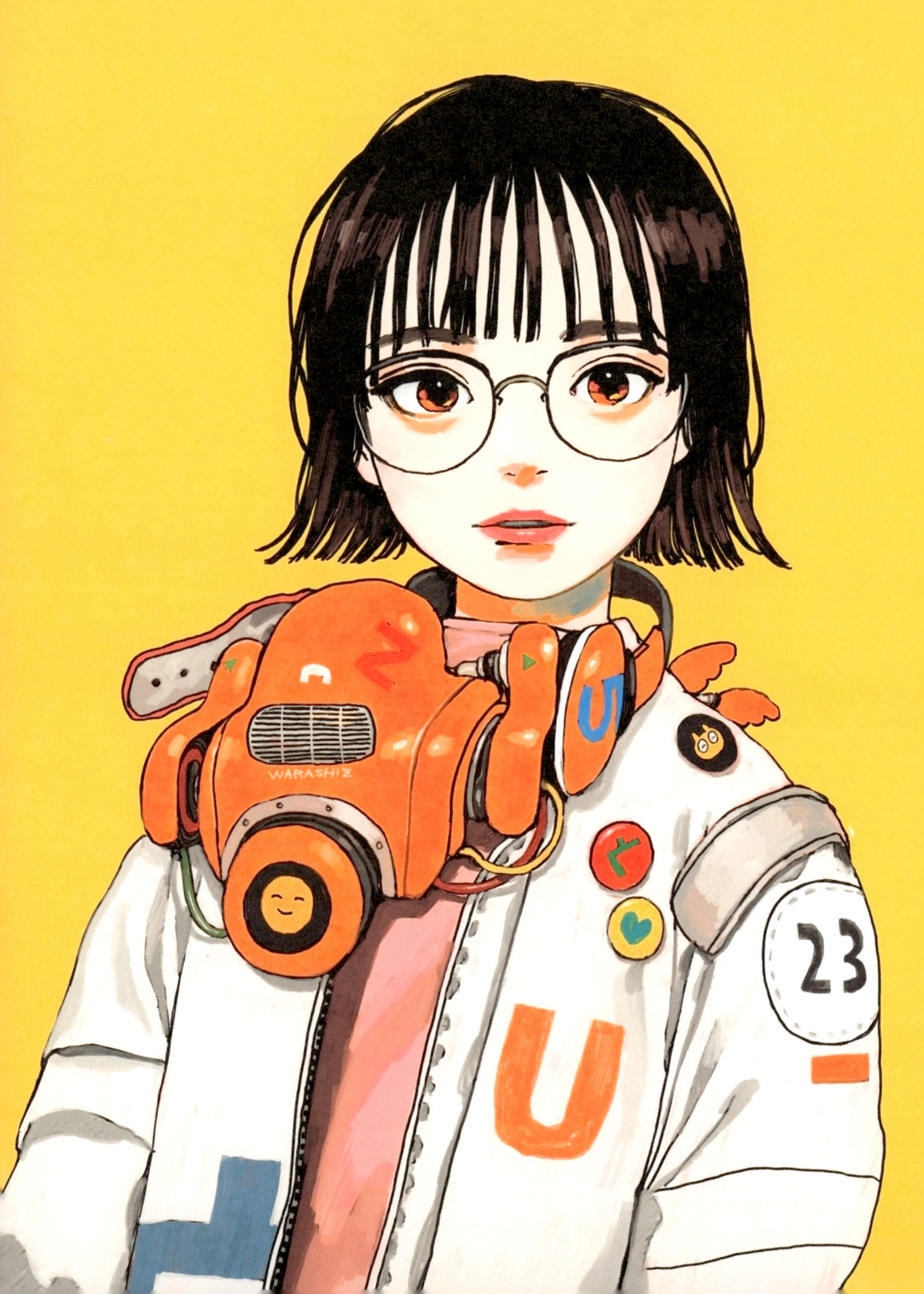
WARASHIZ
23
U

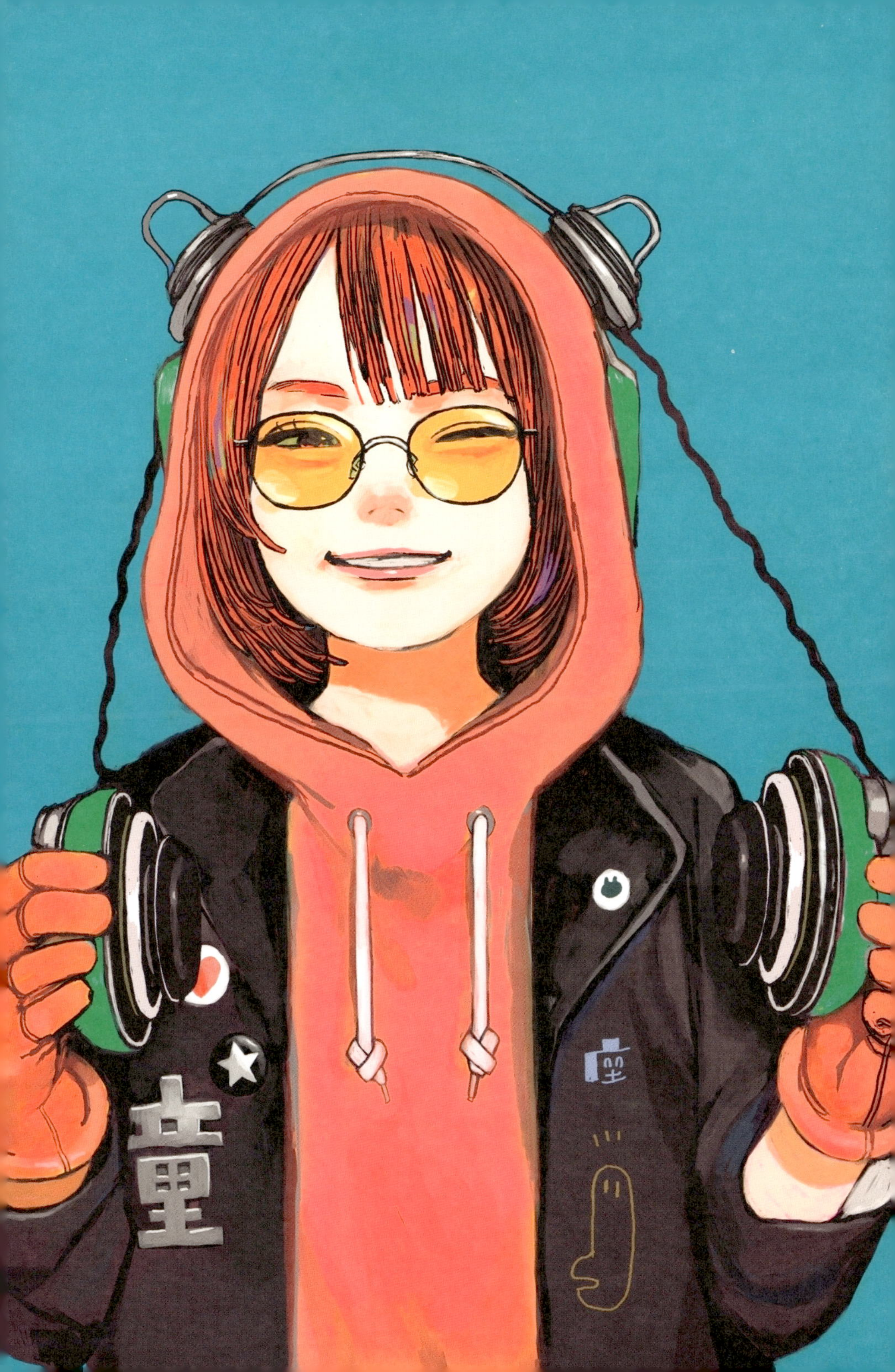
童

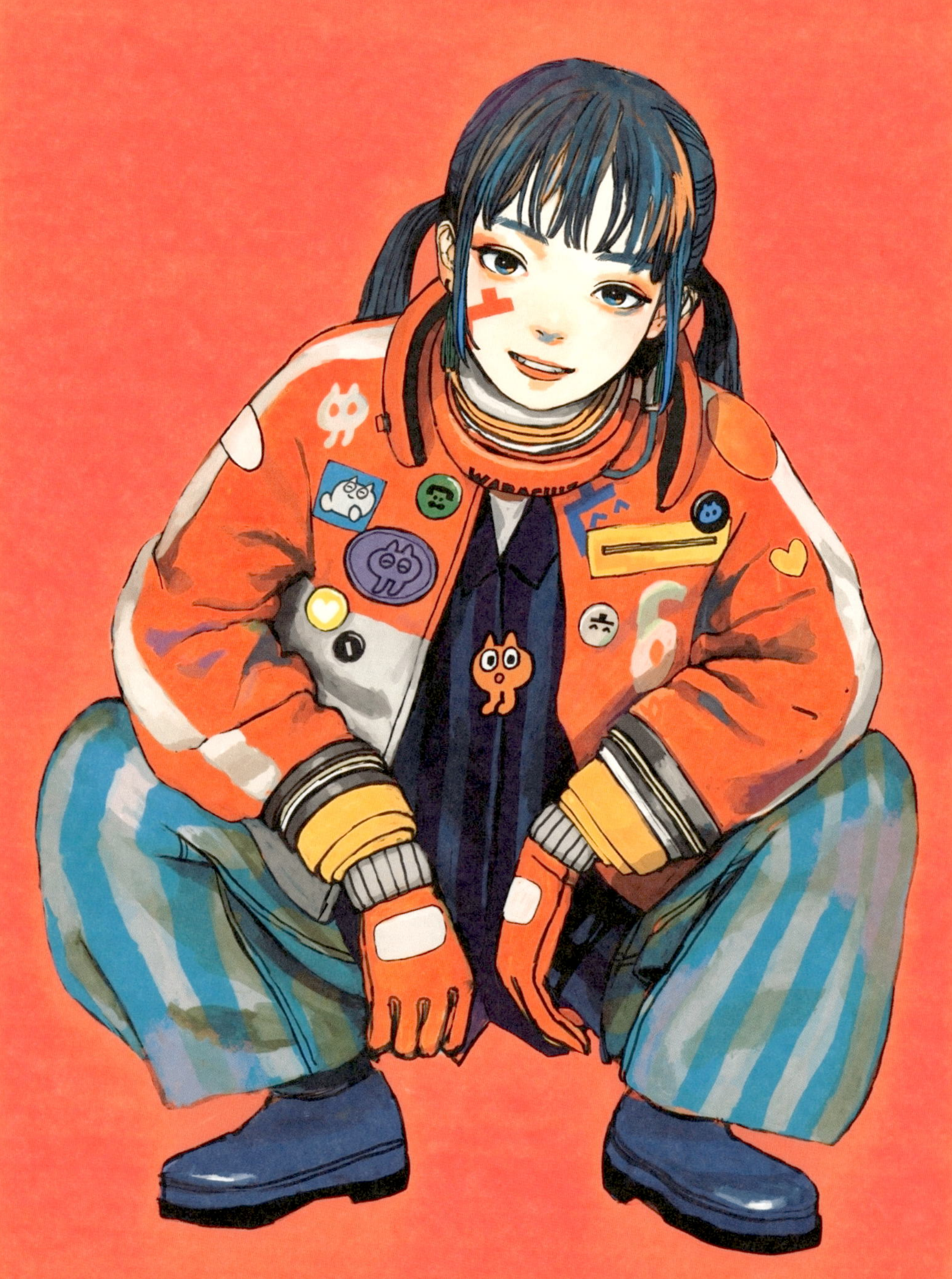

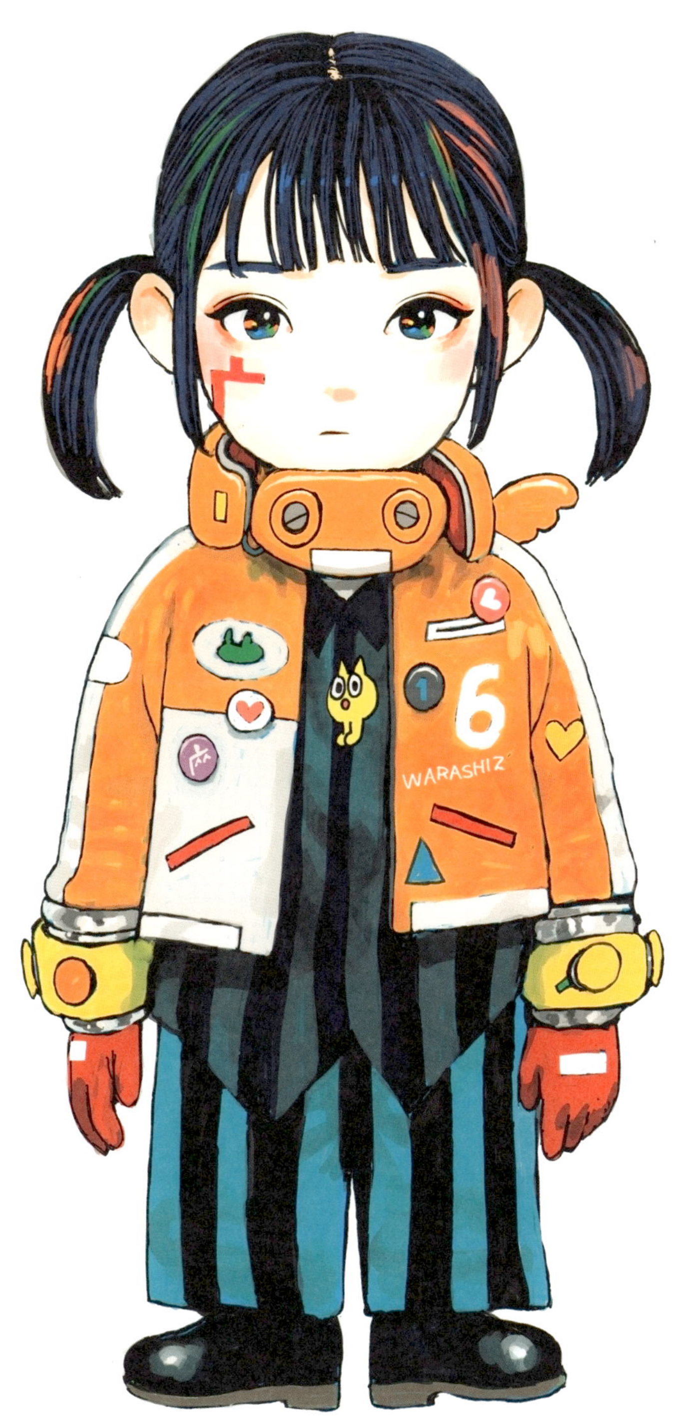
6
WARASHIZ

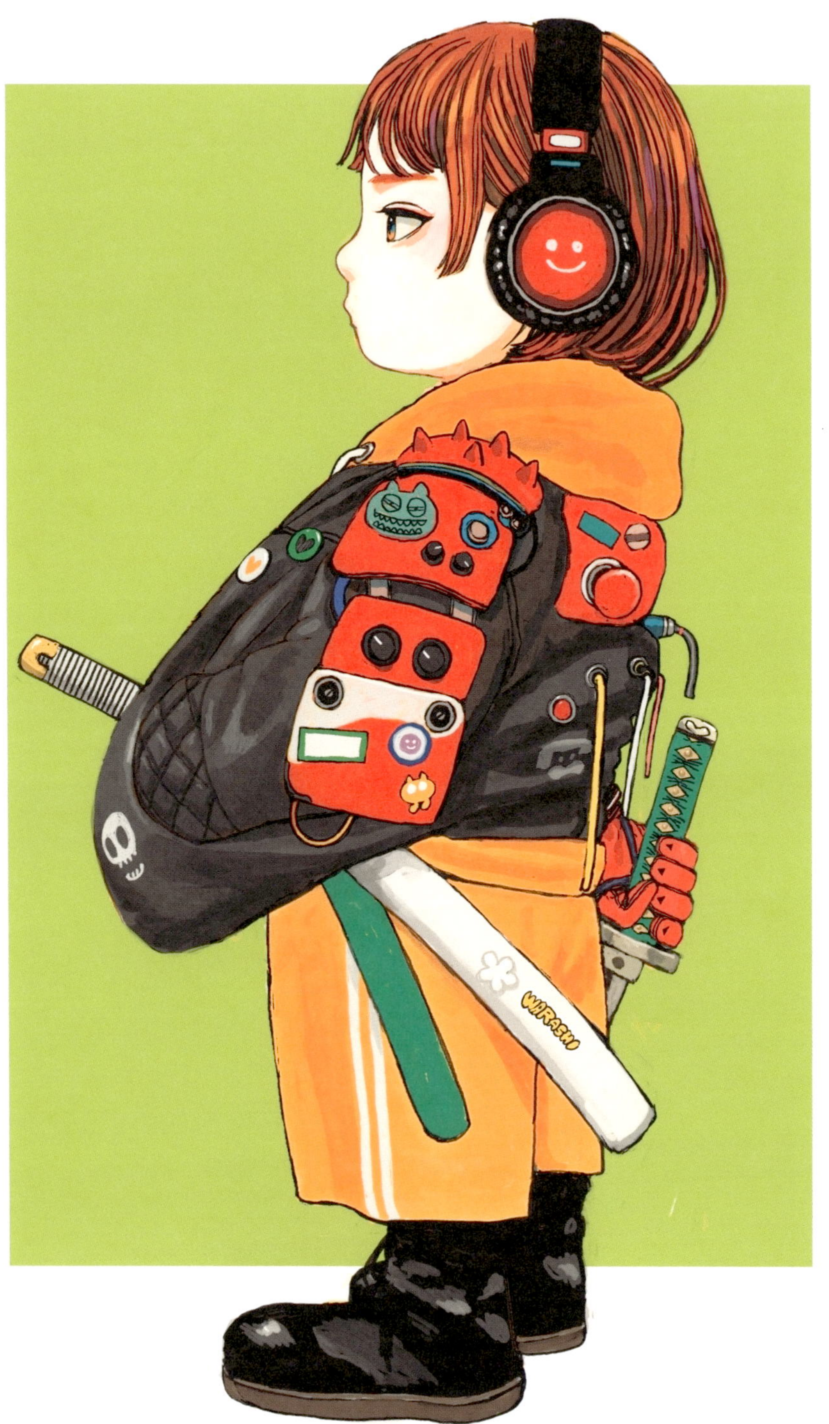
WARASHI

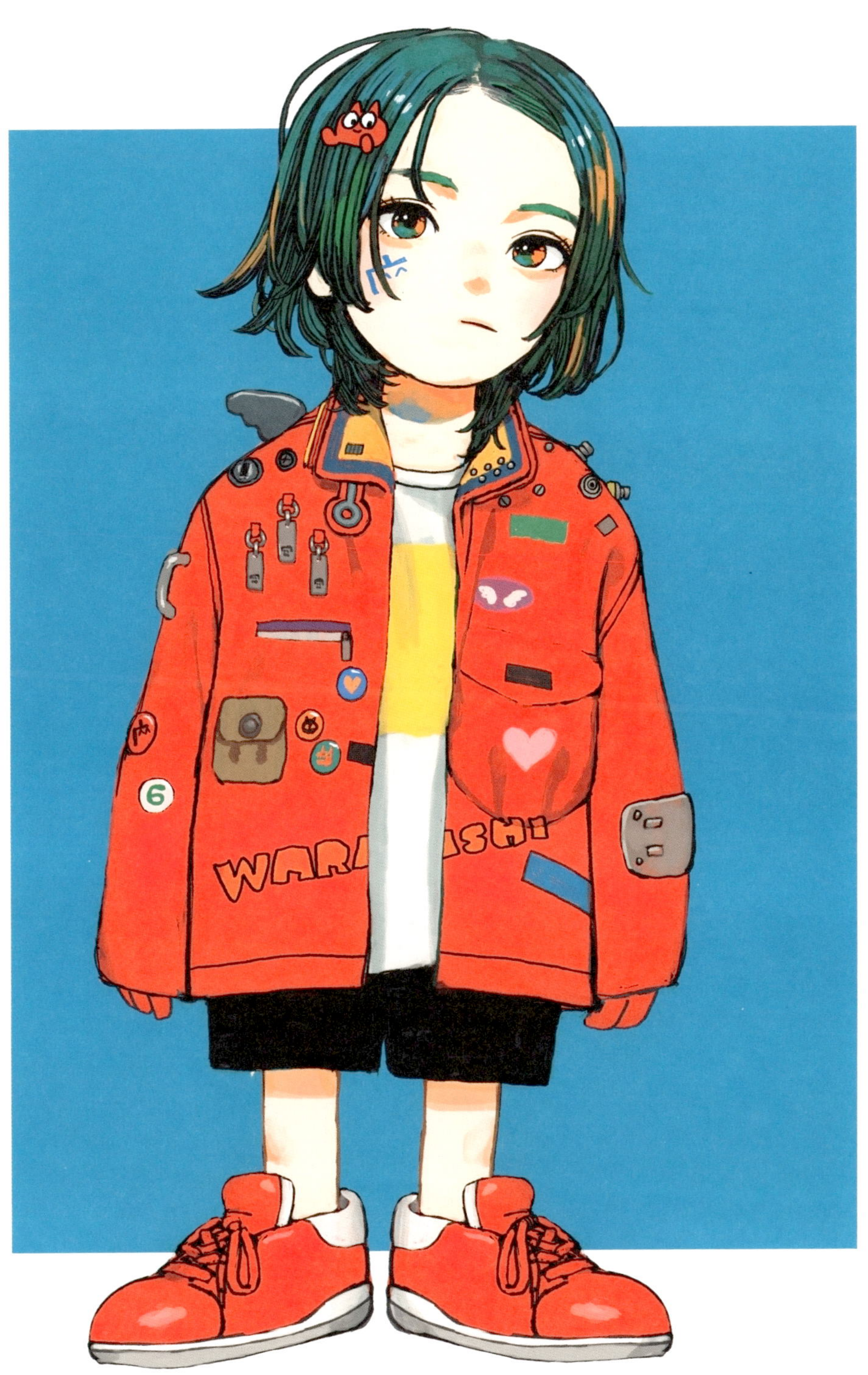

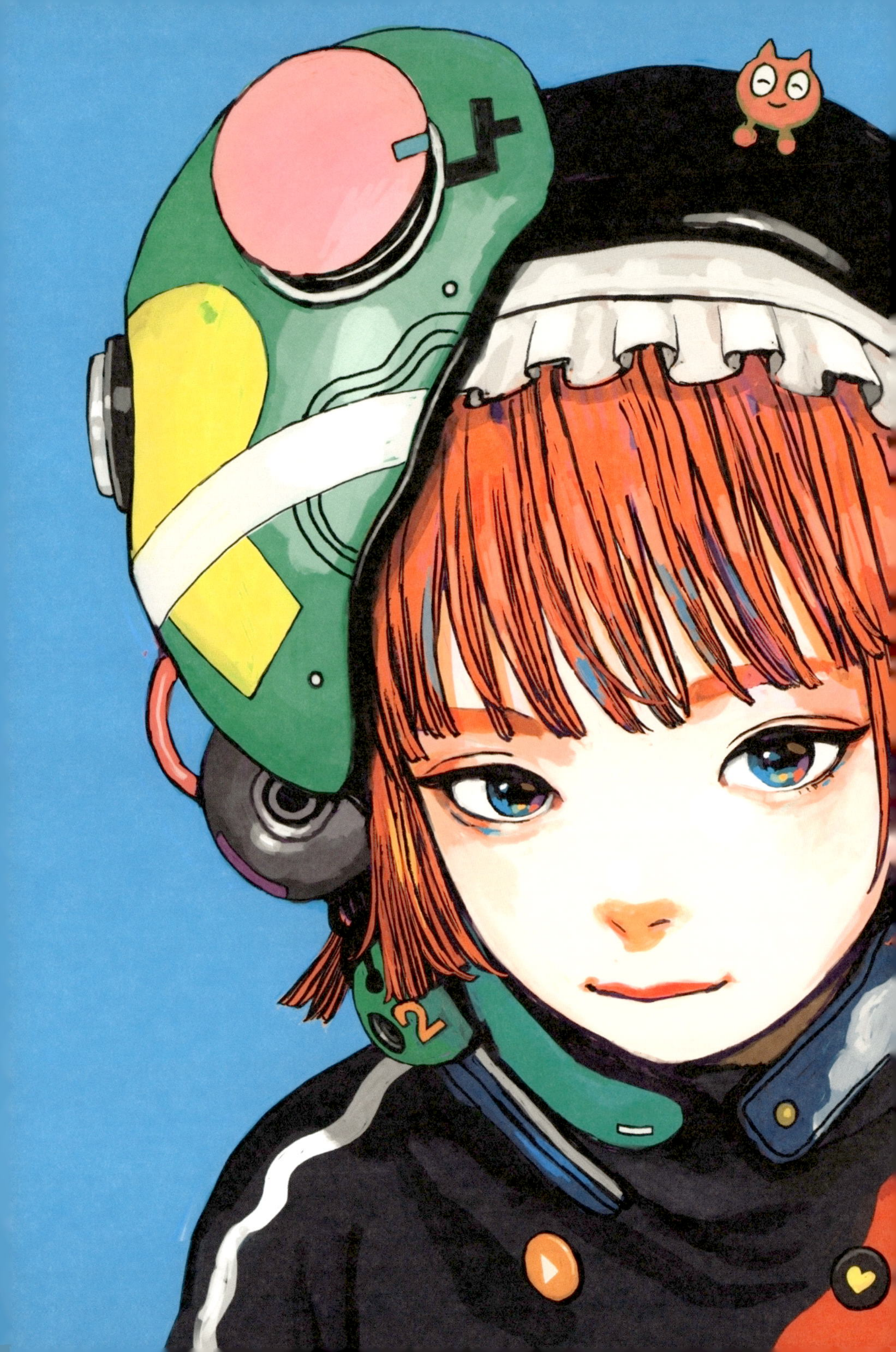

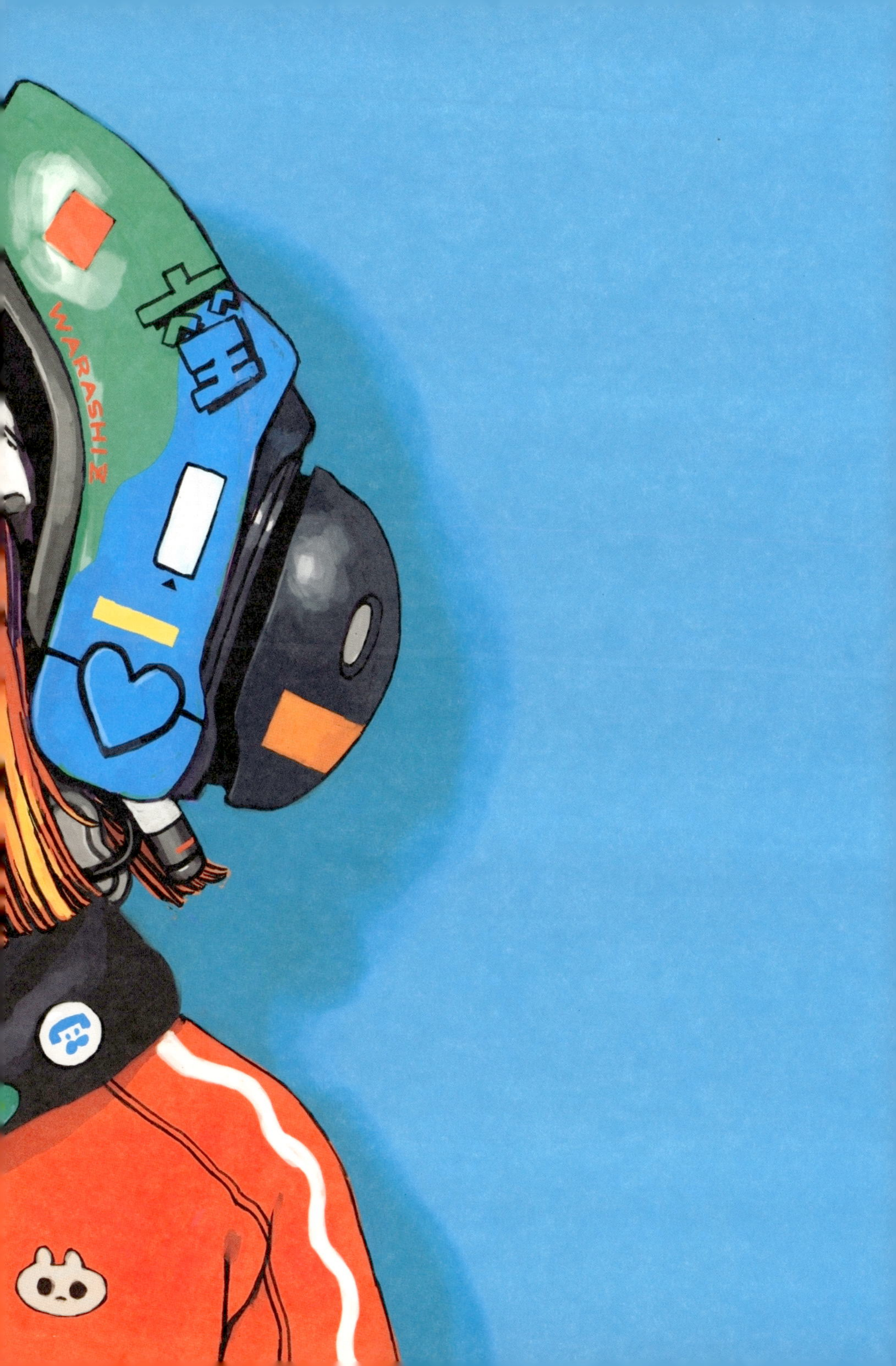
WARASHI

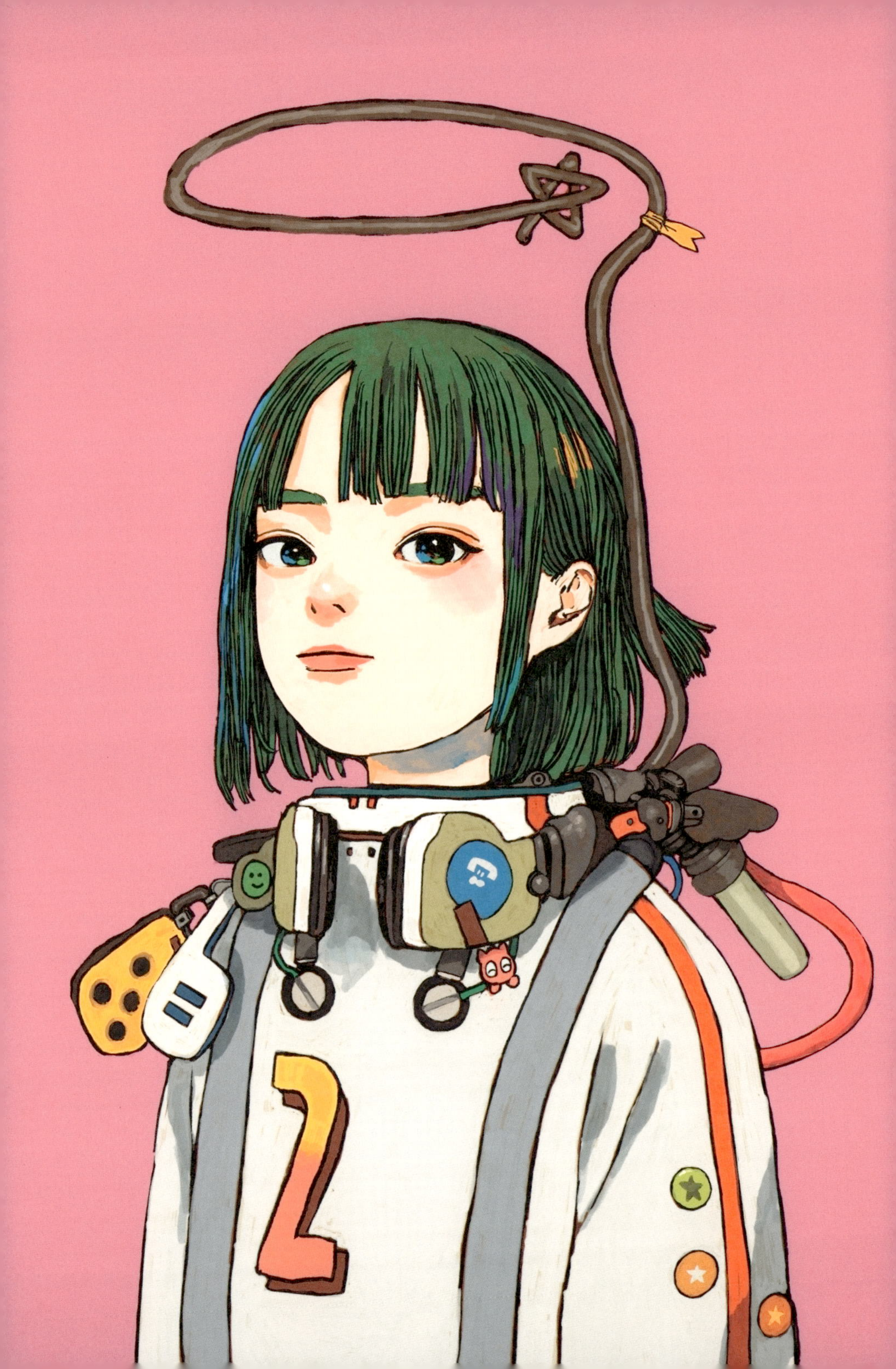

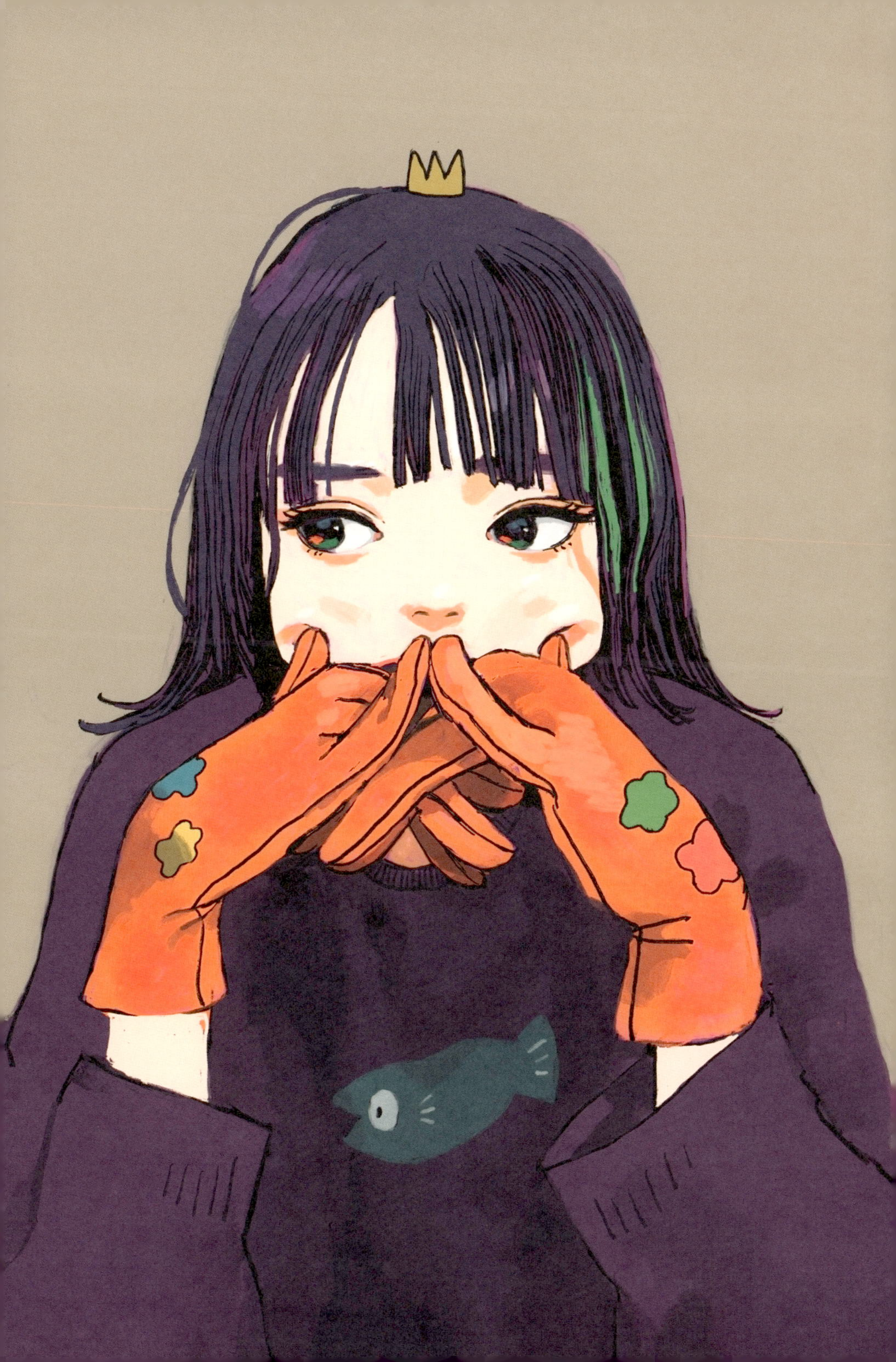

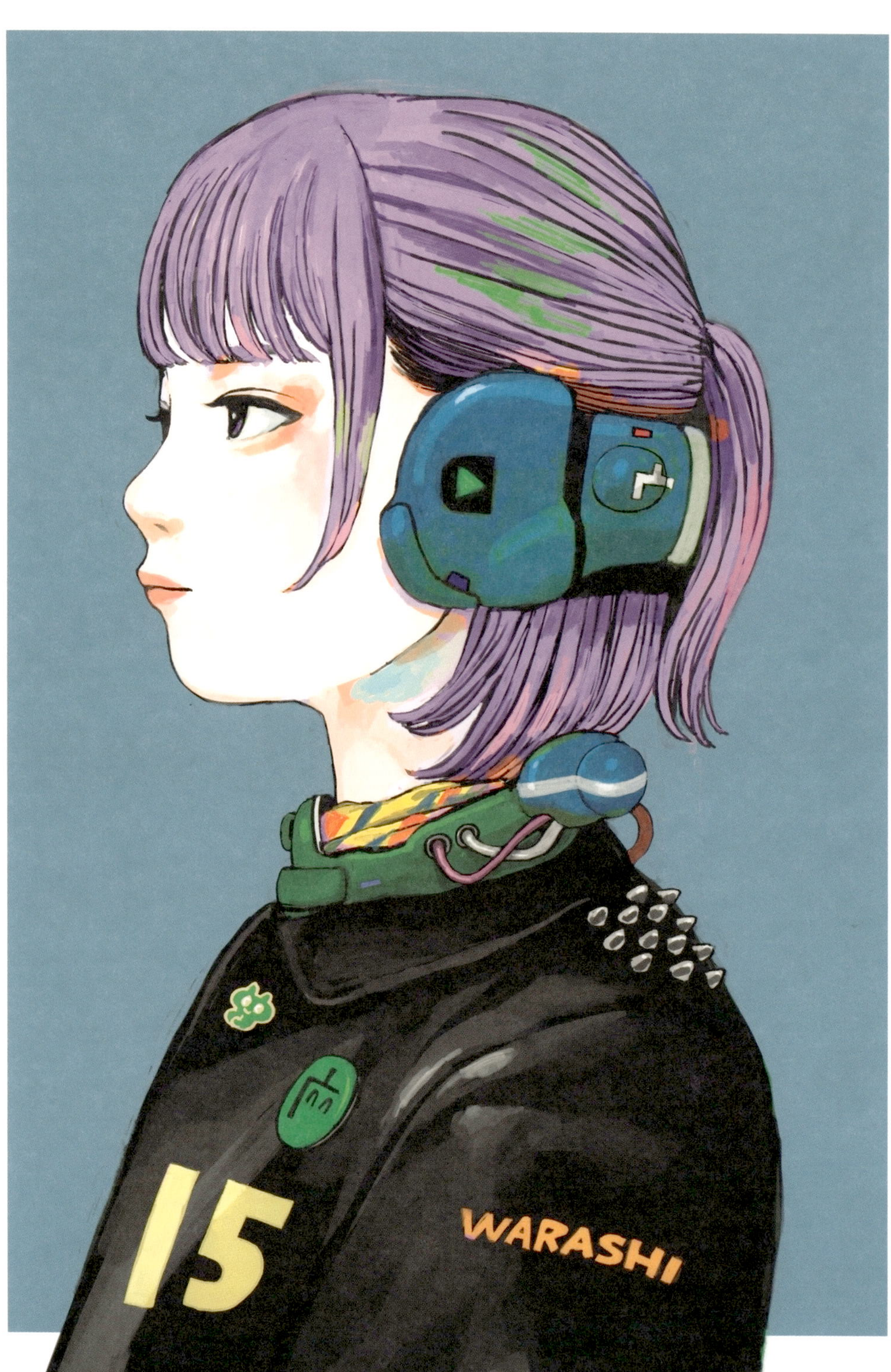
15
WARASHI

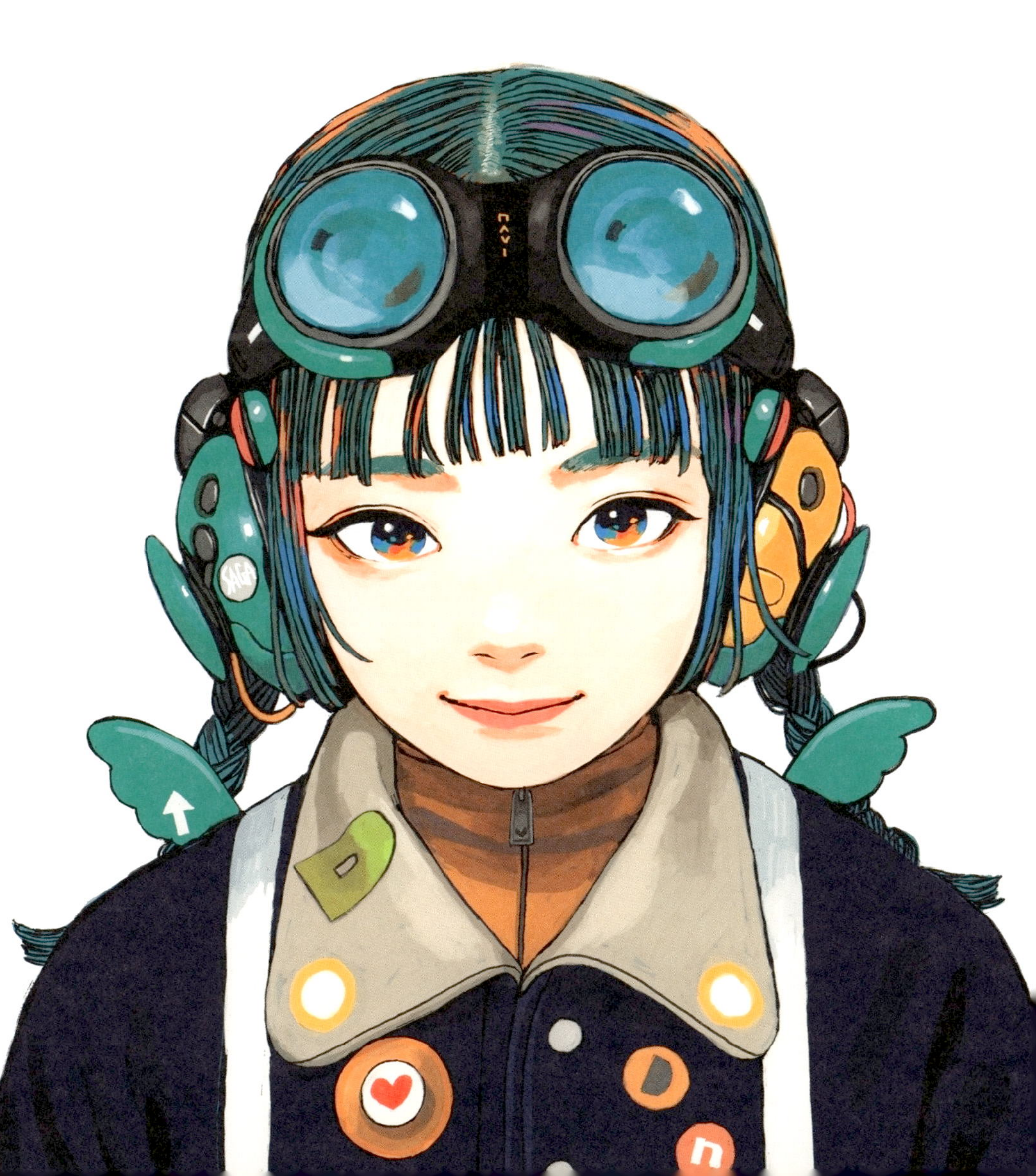
SAGA

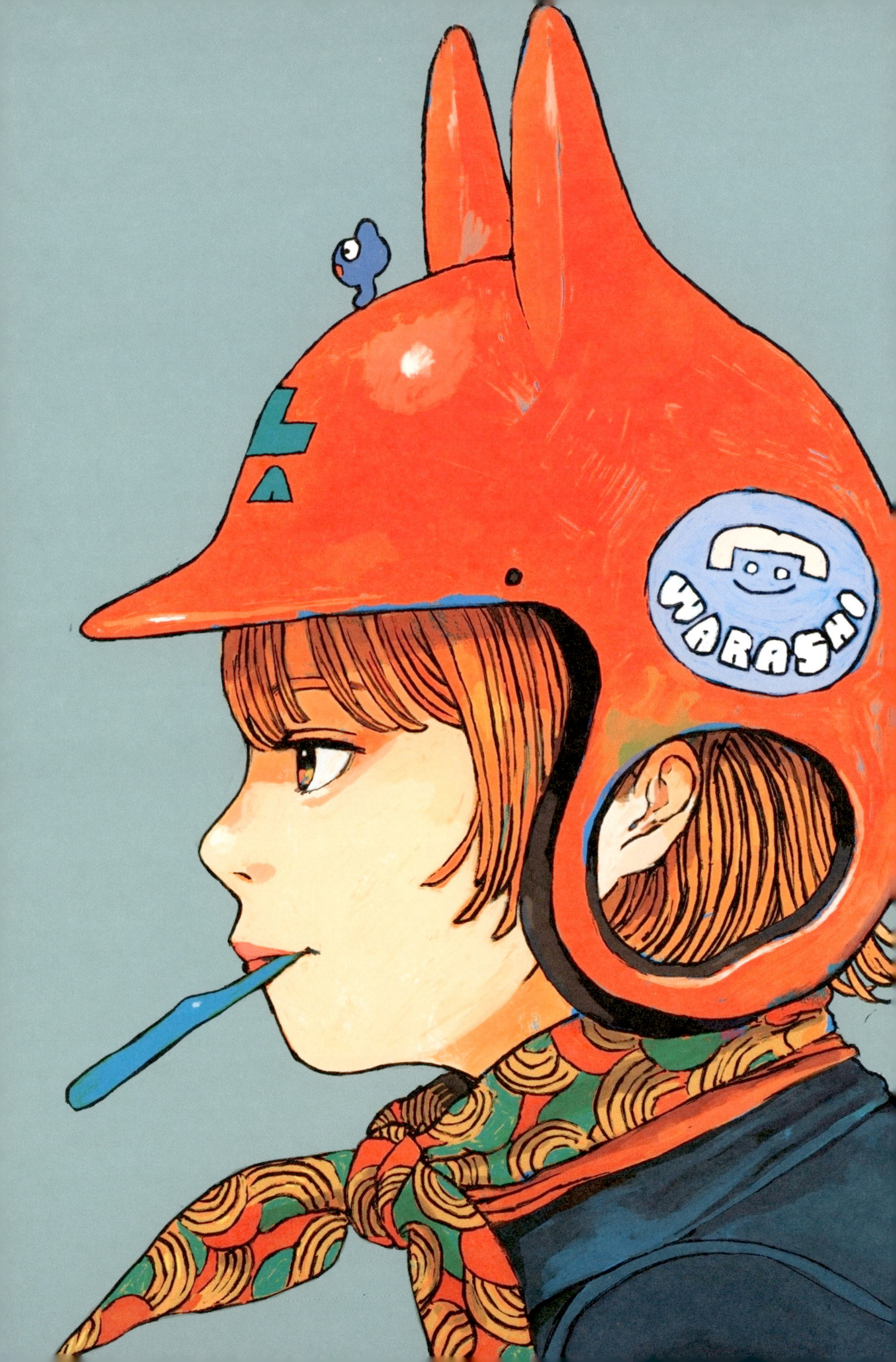
WARASHI

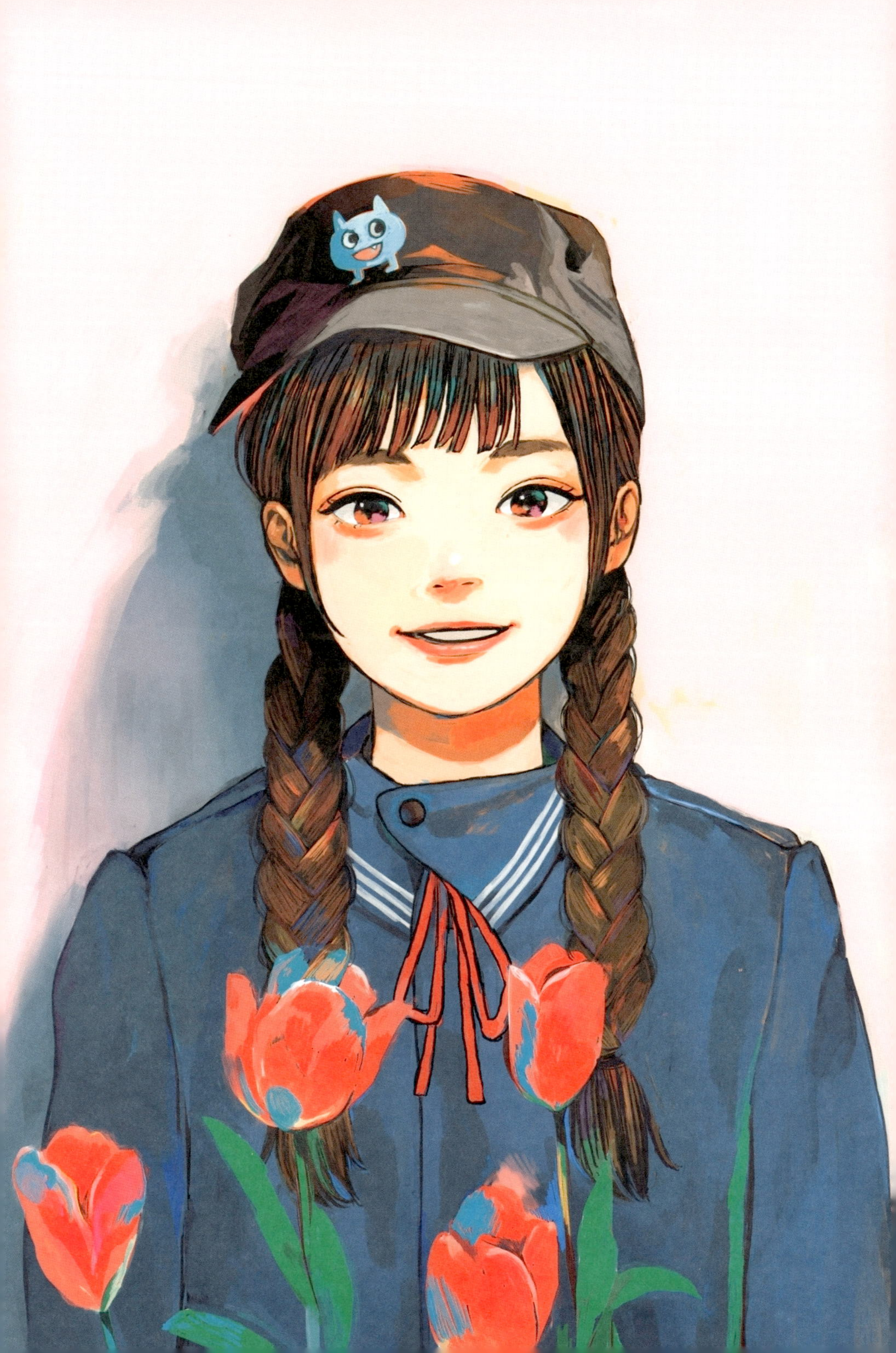

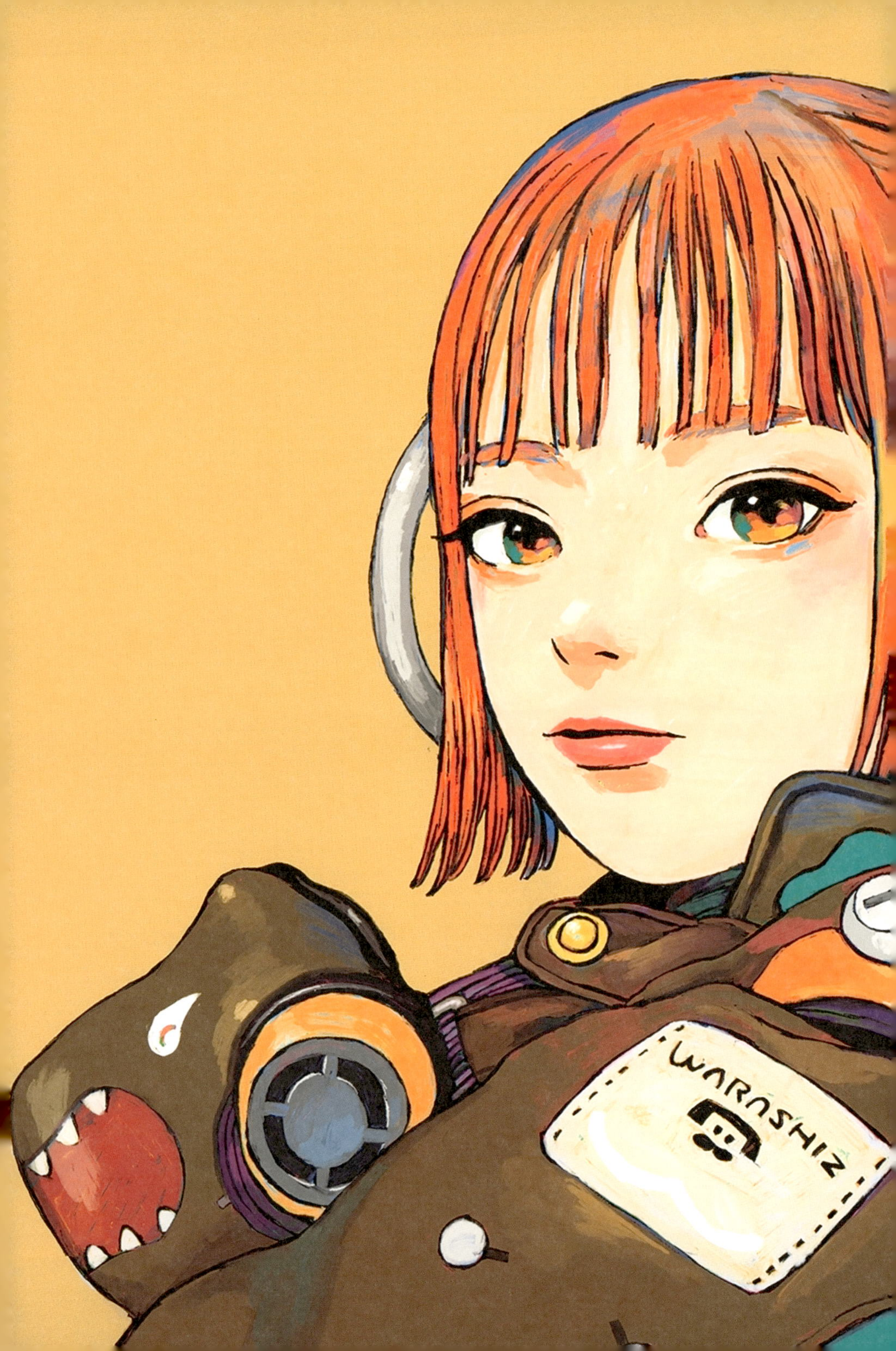
WARASHIZ

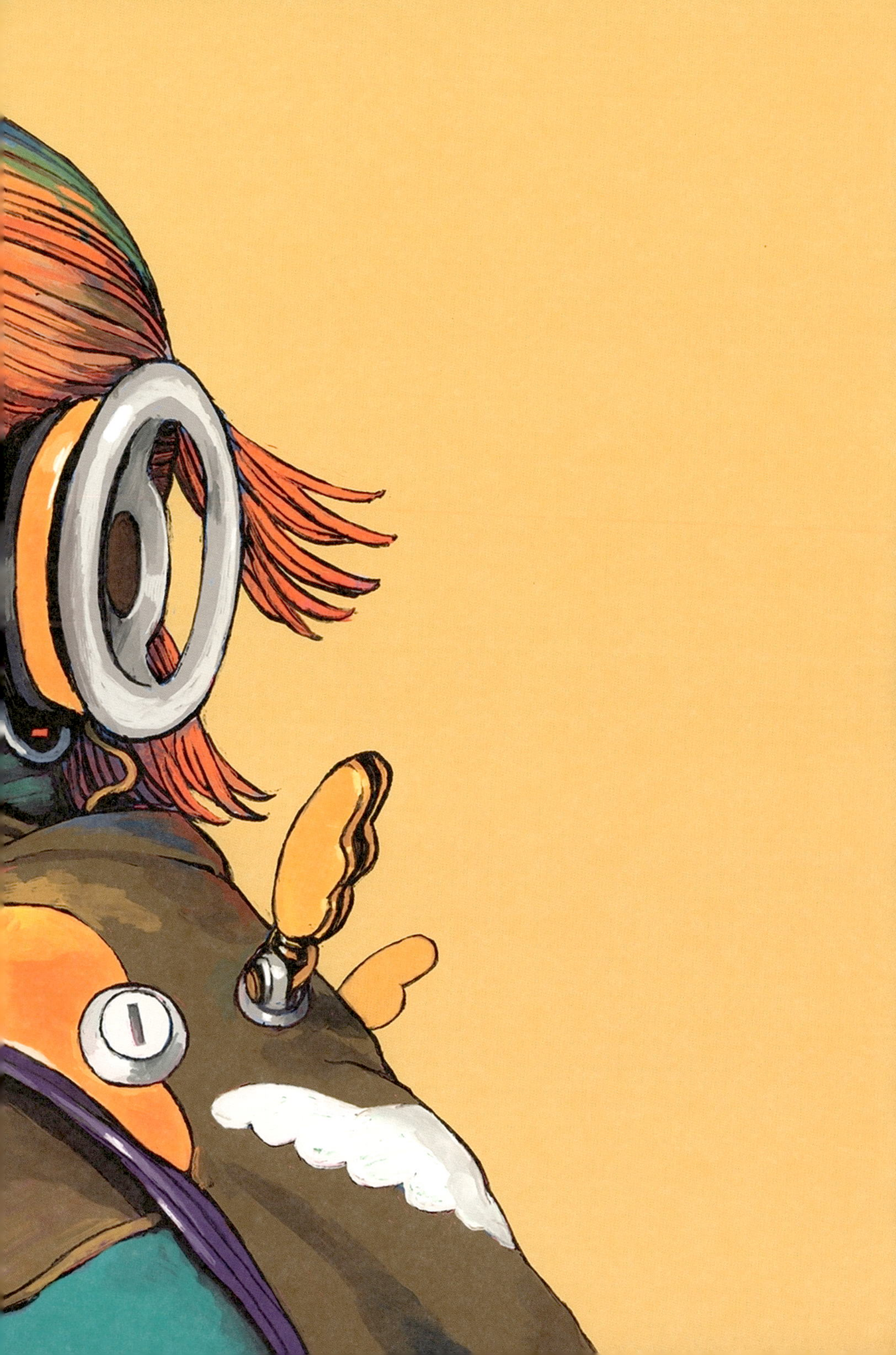

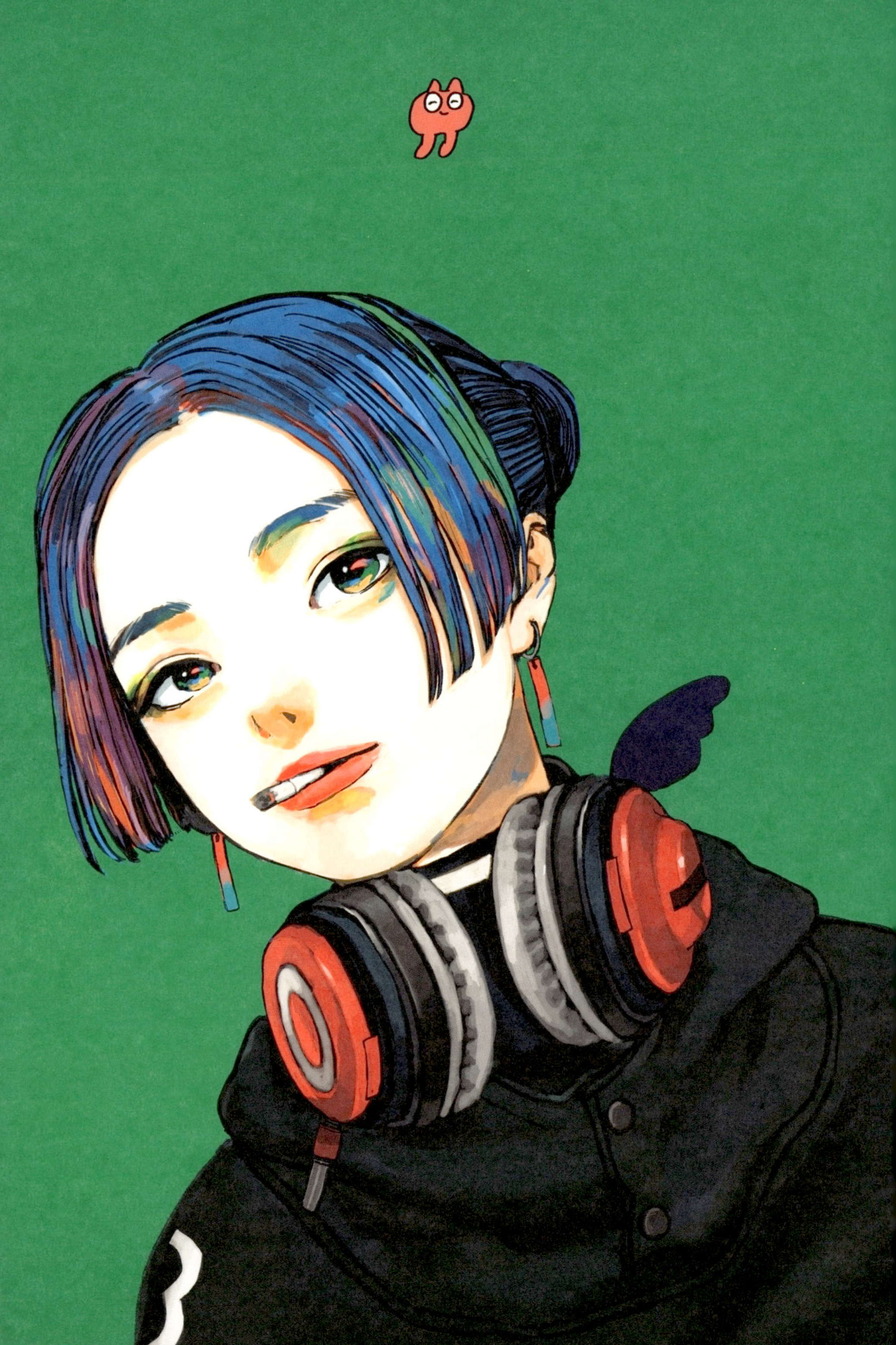

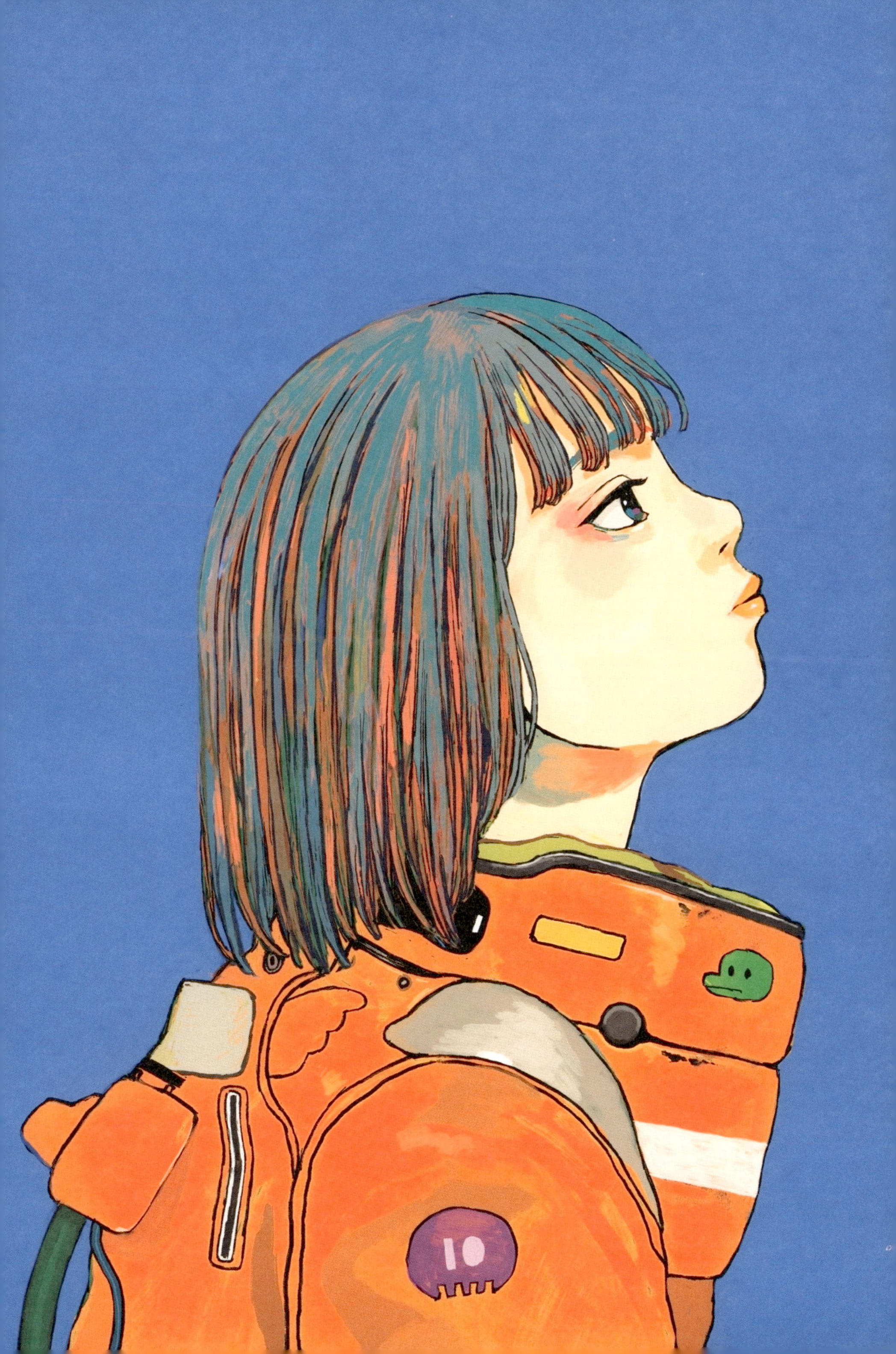
10

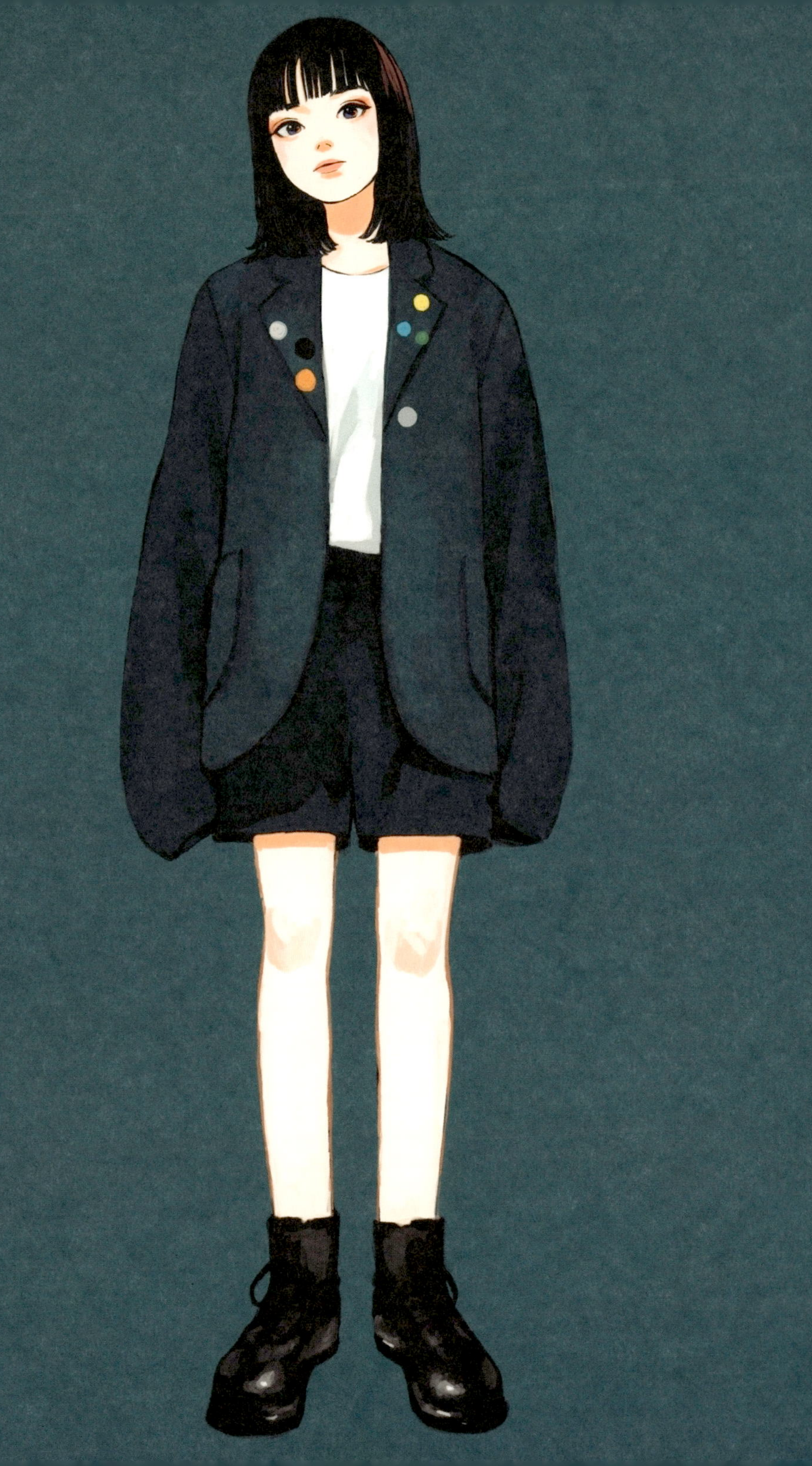

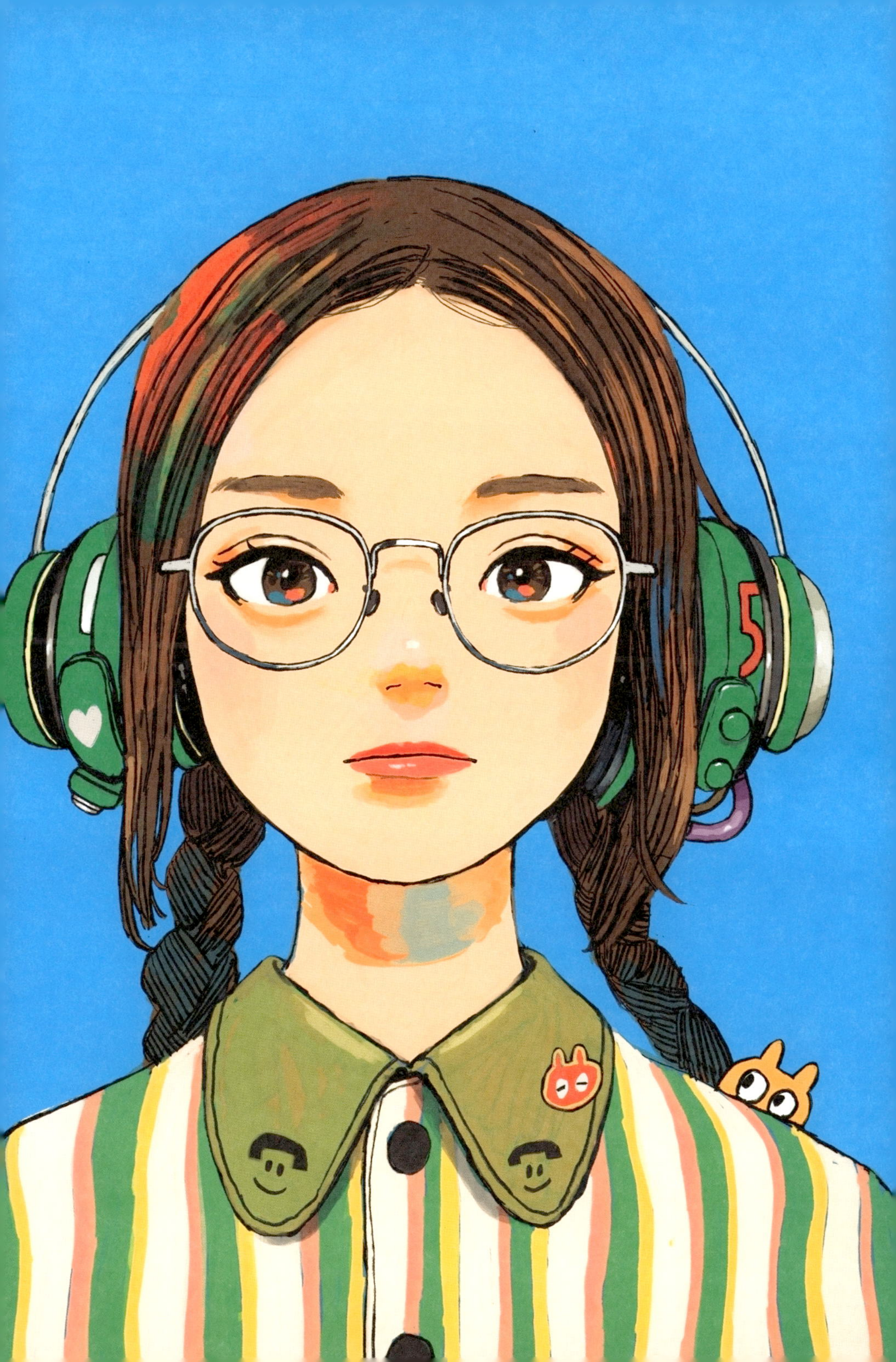

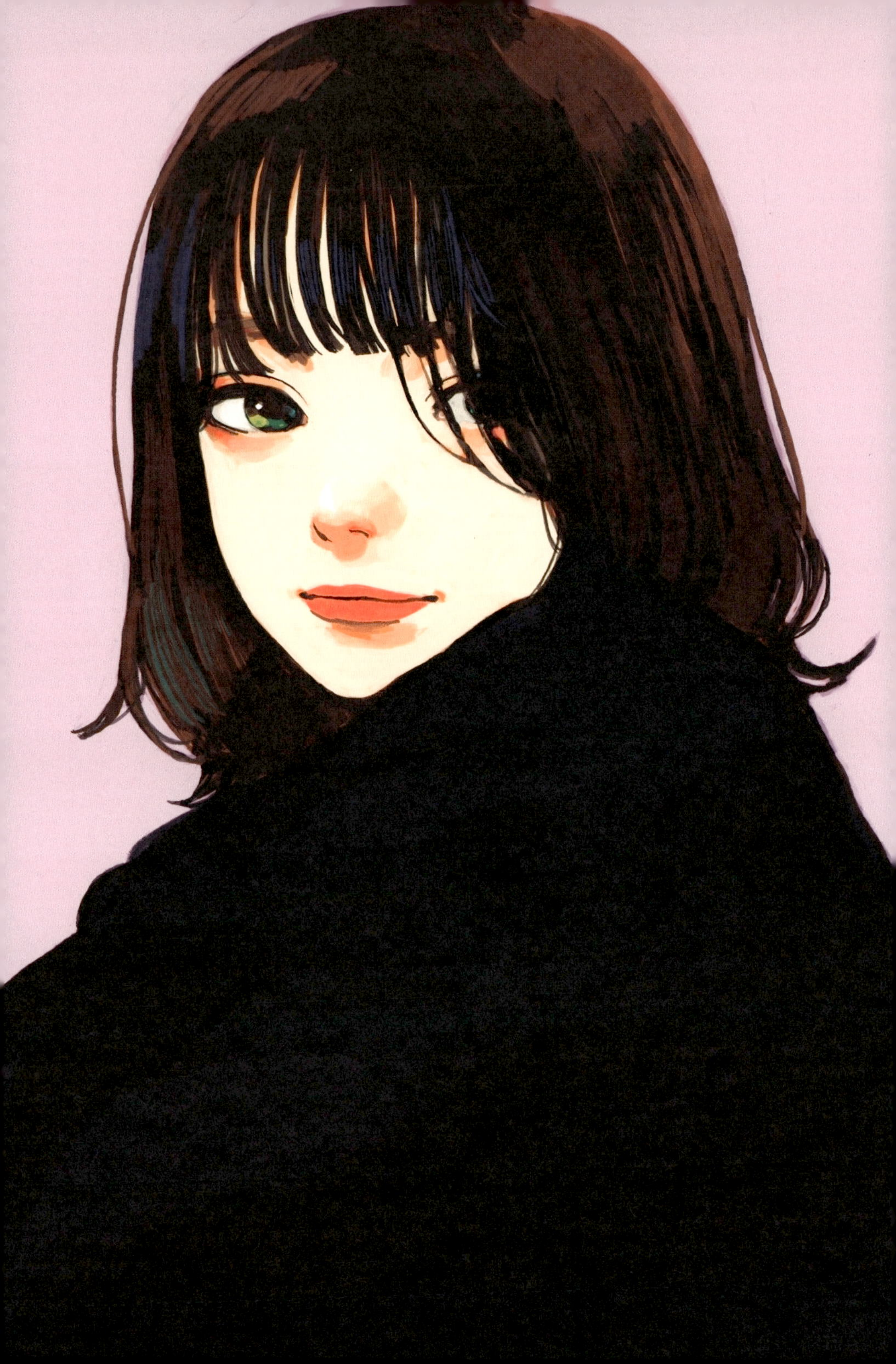

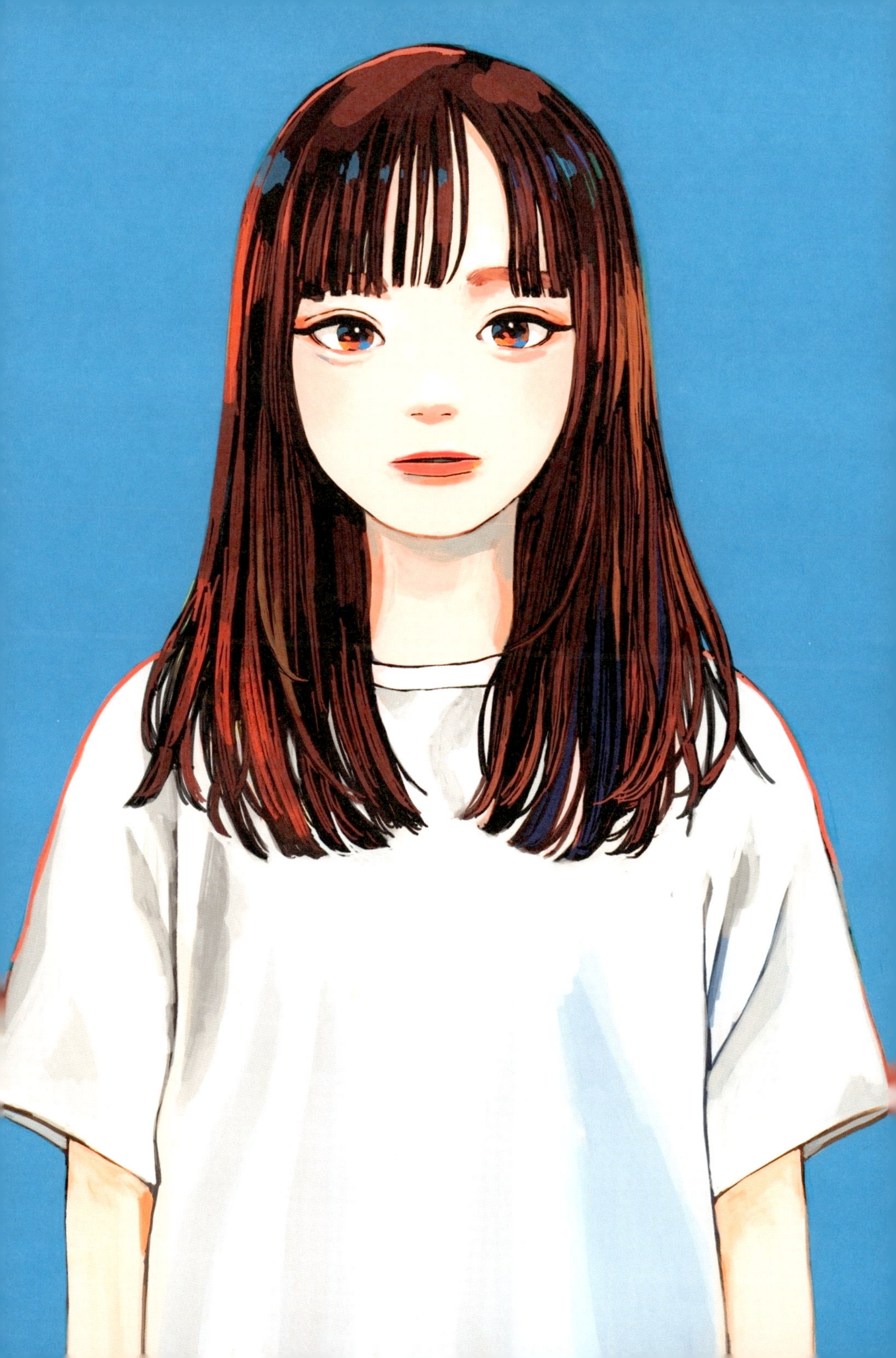

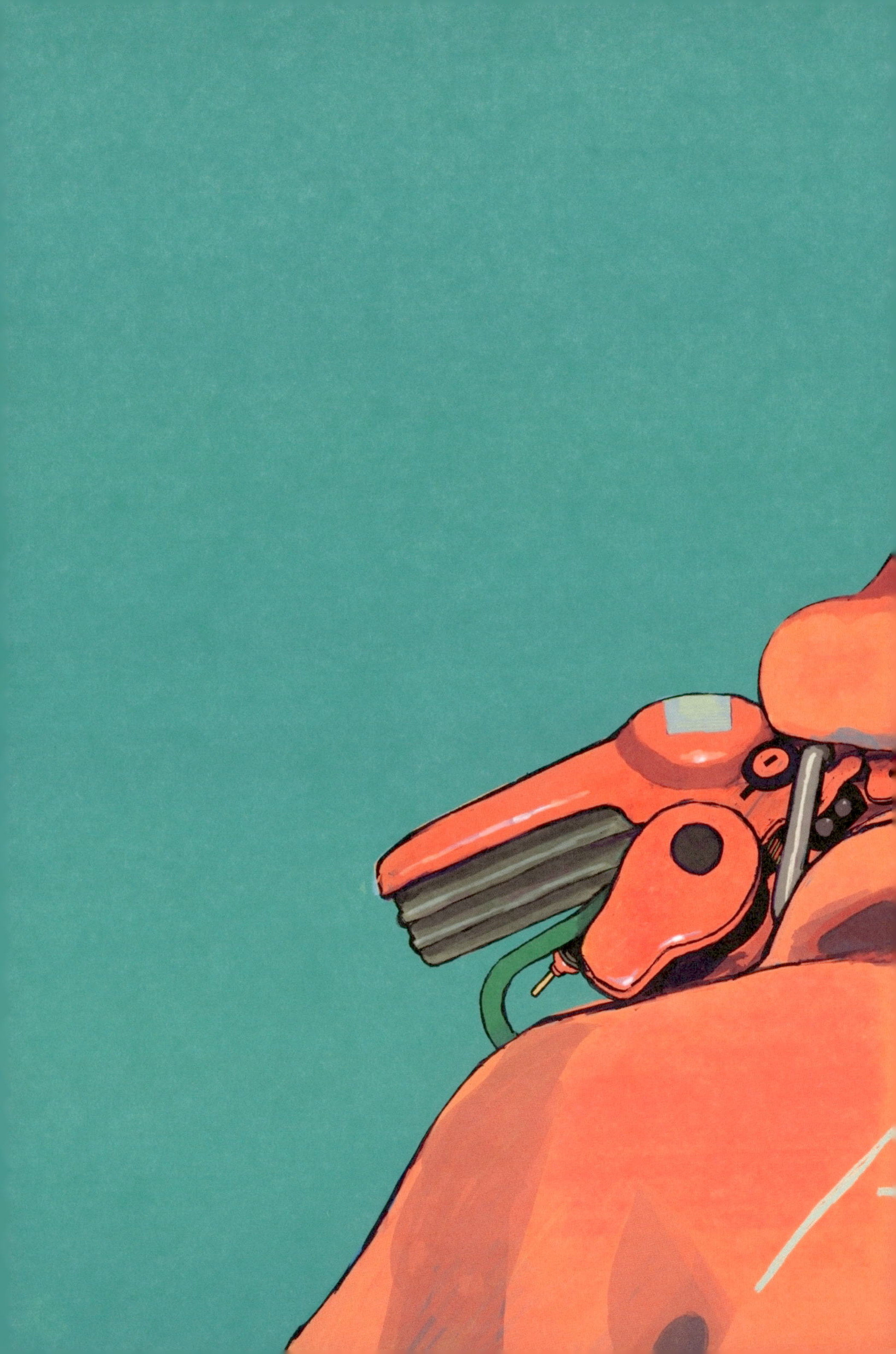

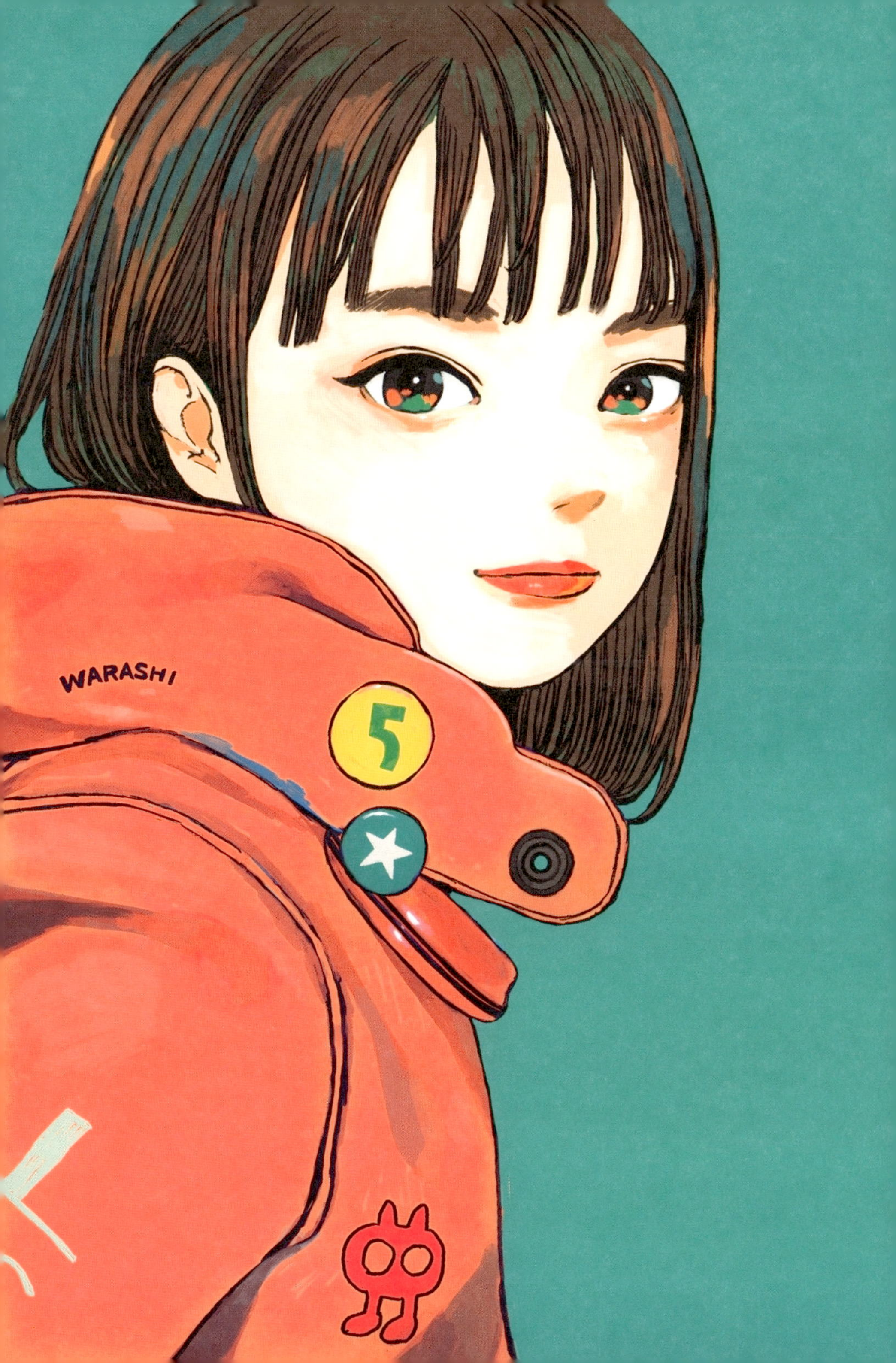
WARASHI
5

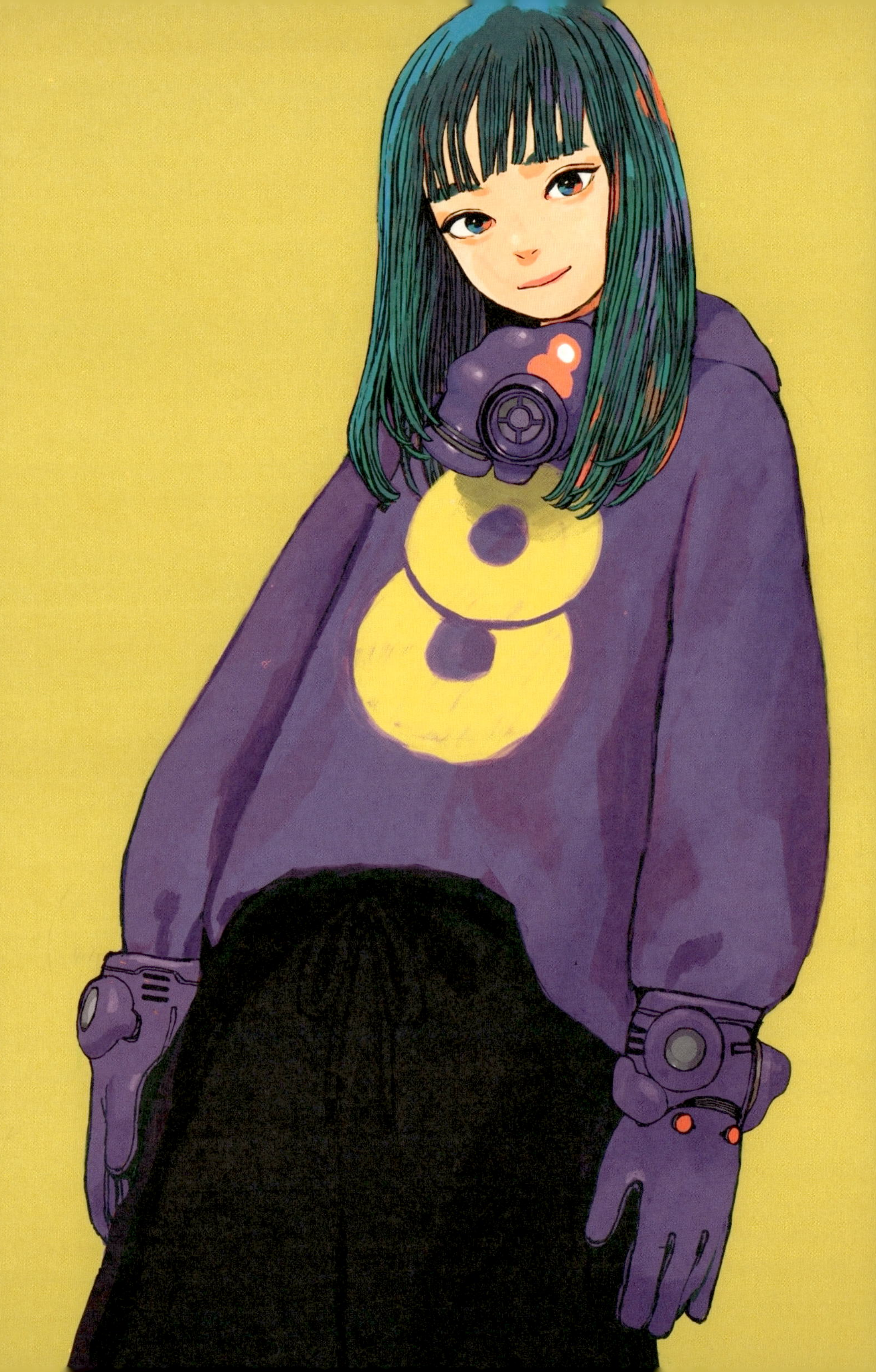

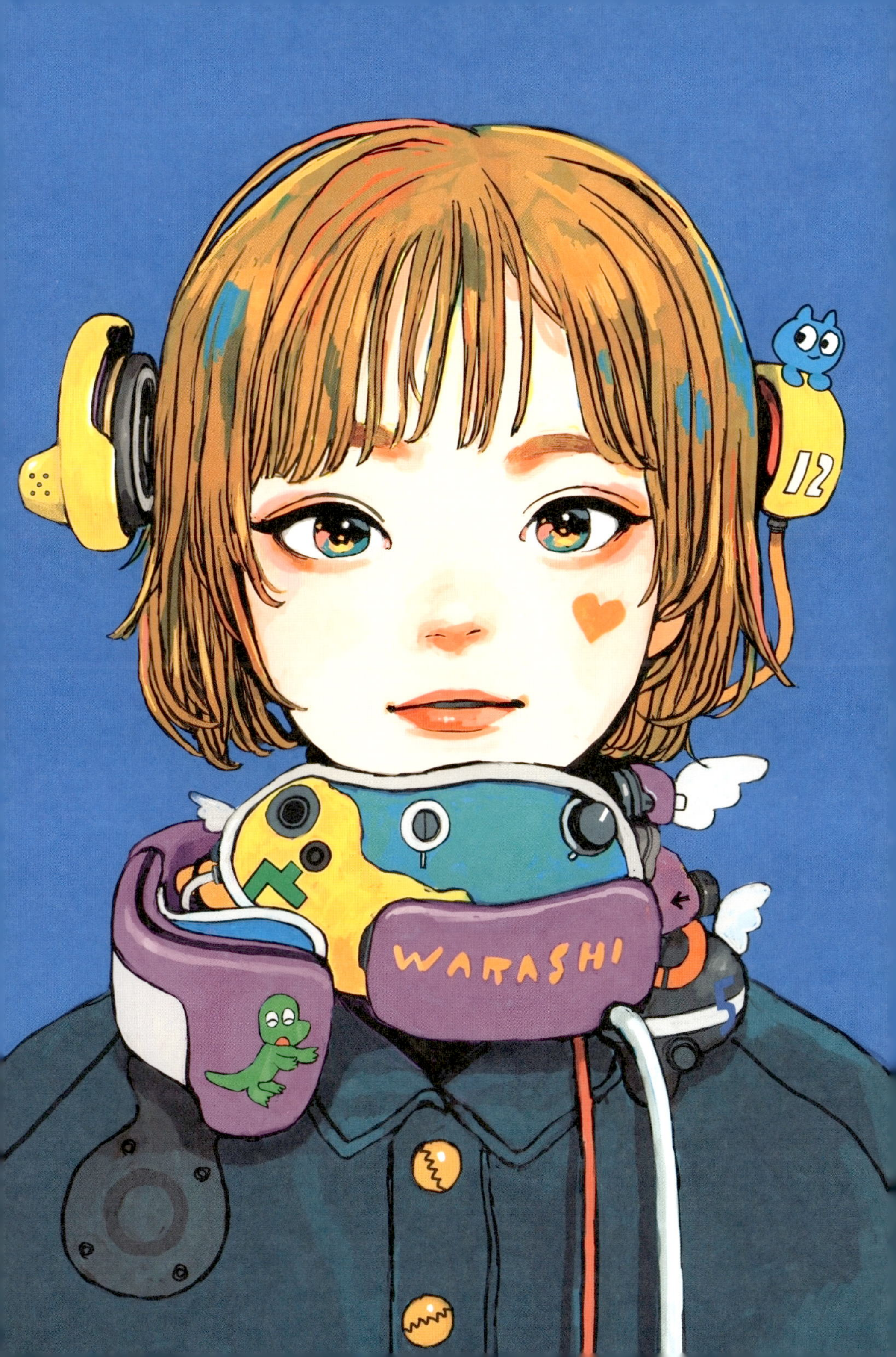
12
WARASHI

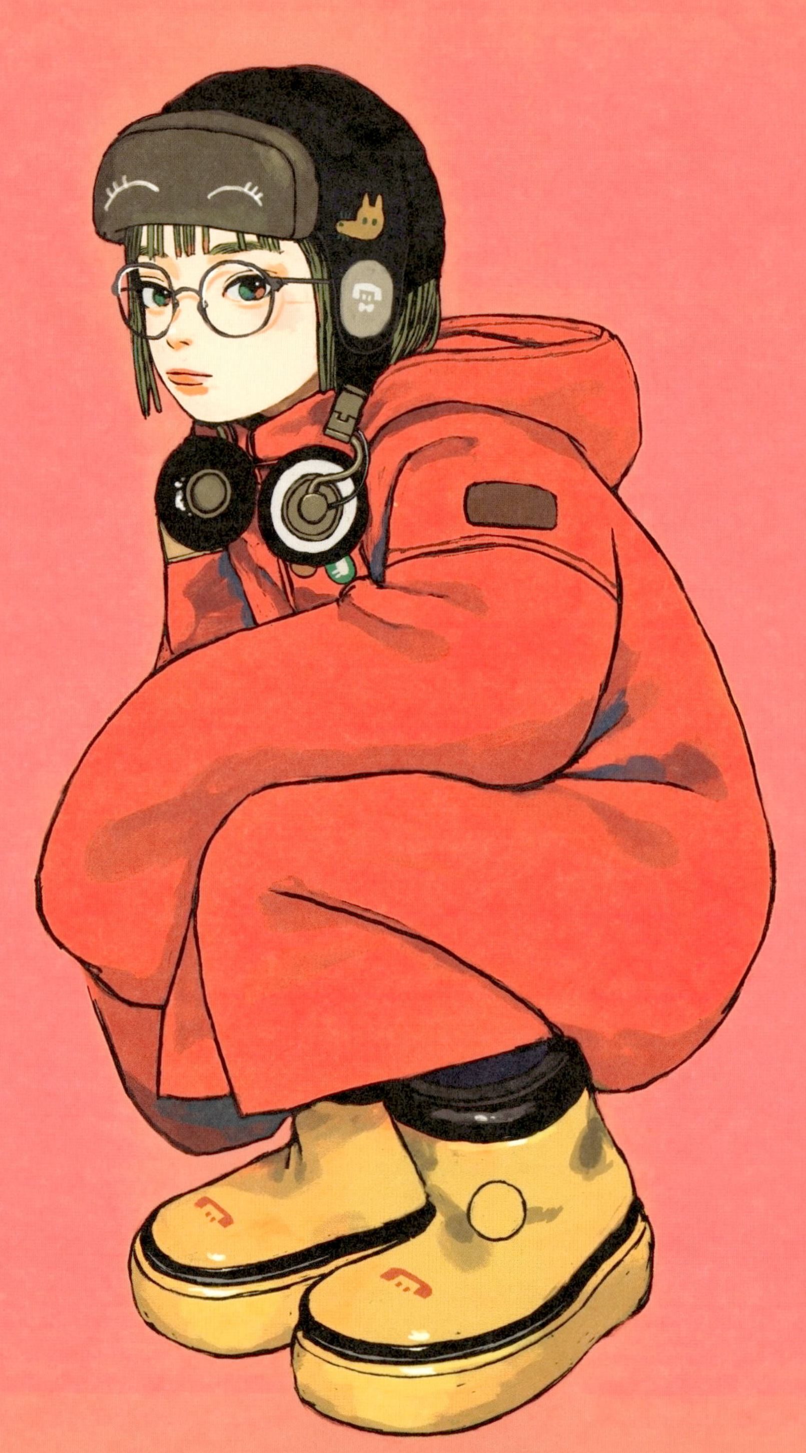

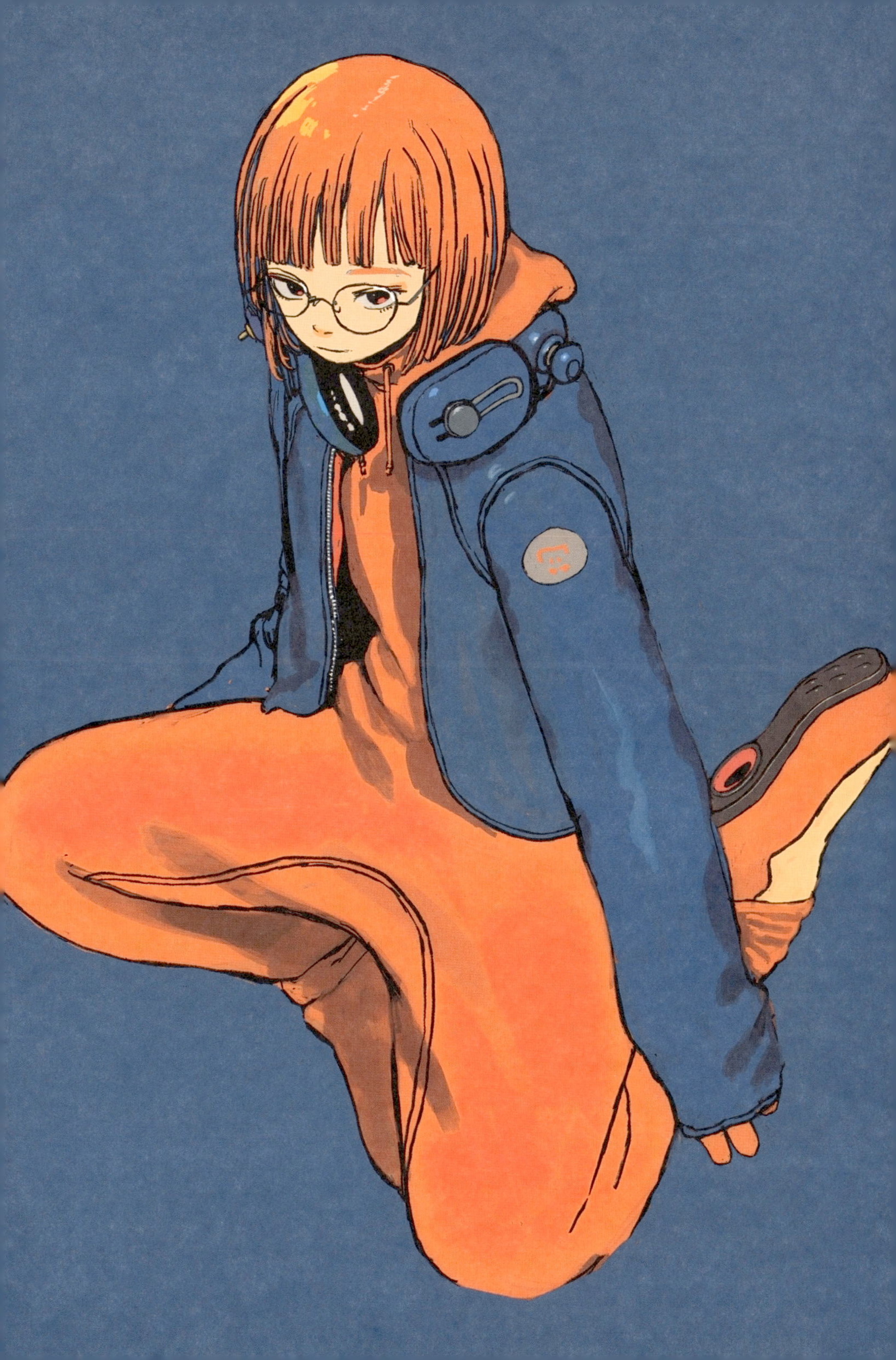

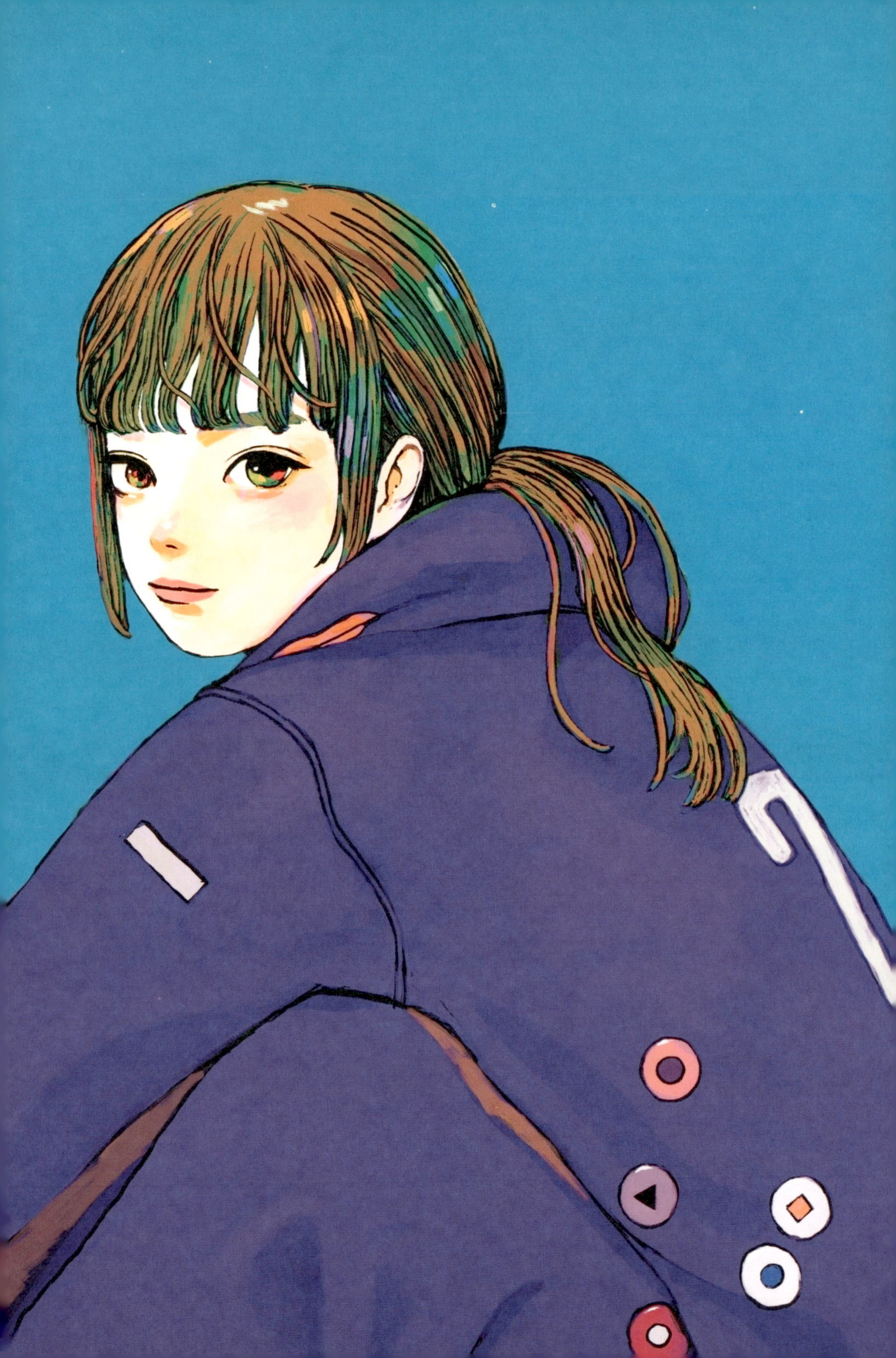

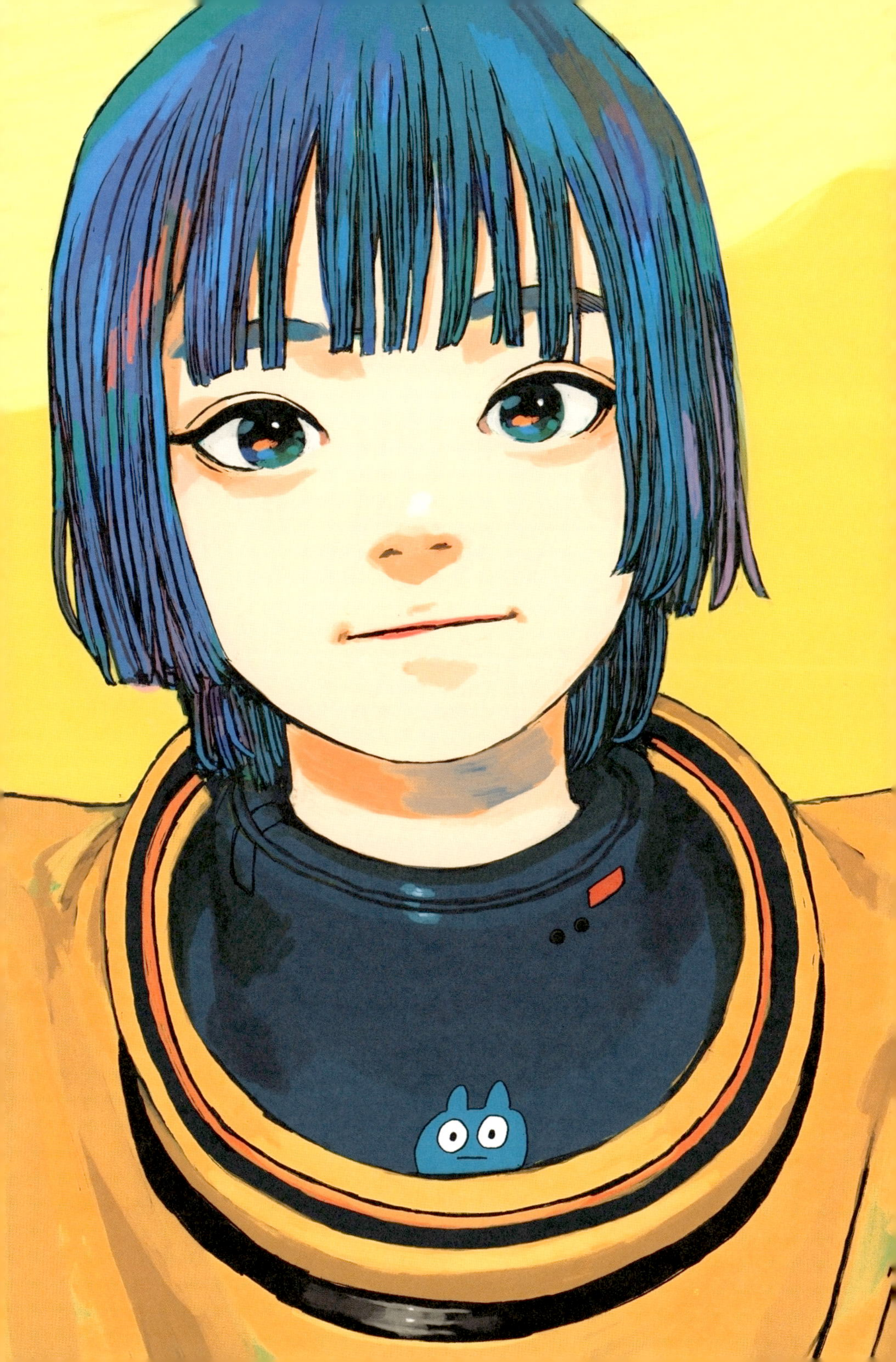

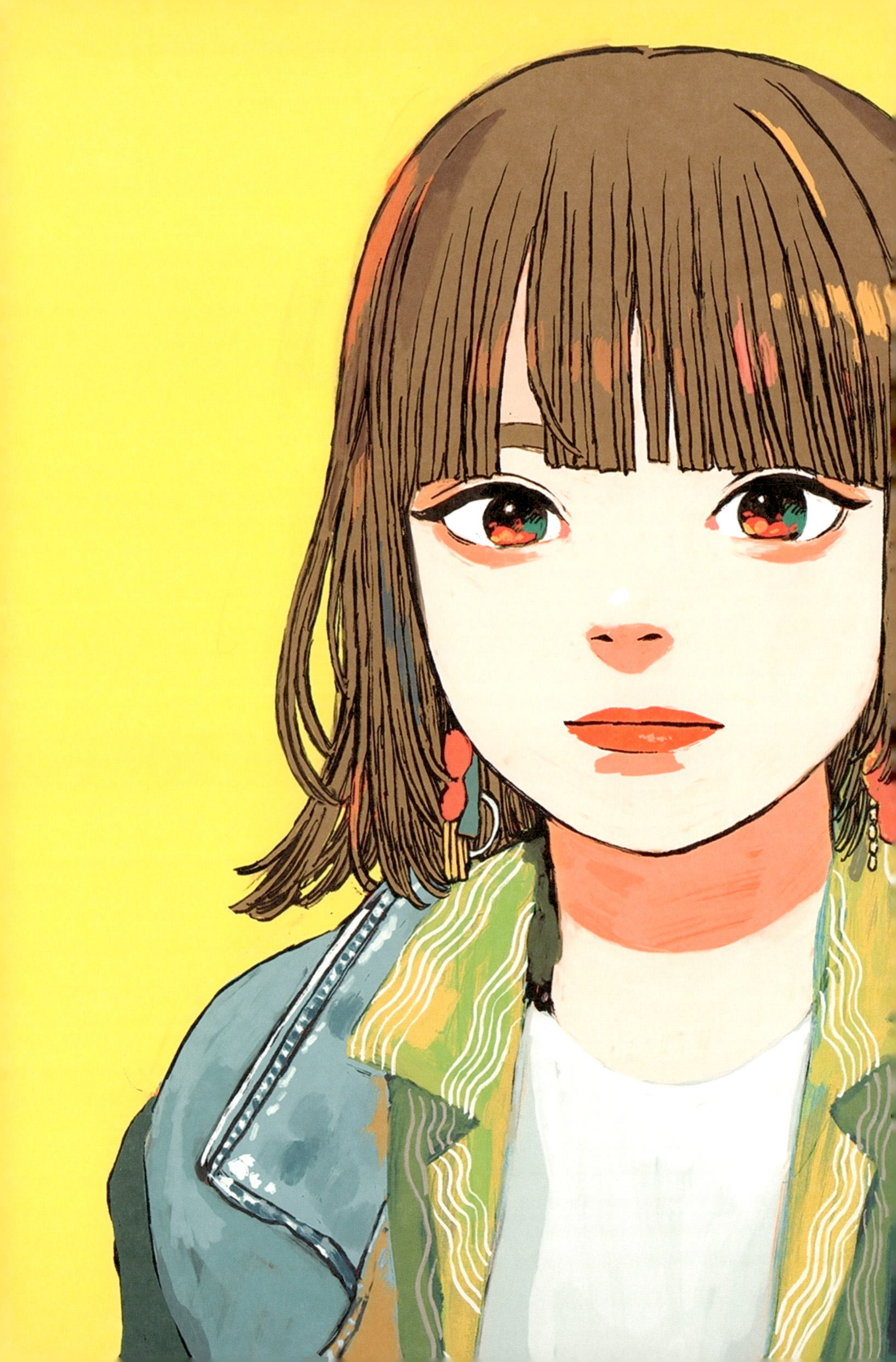

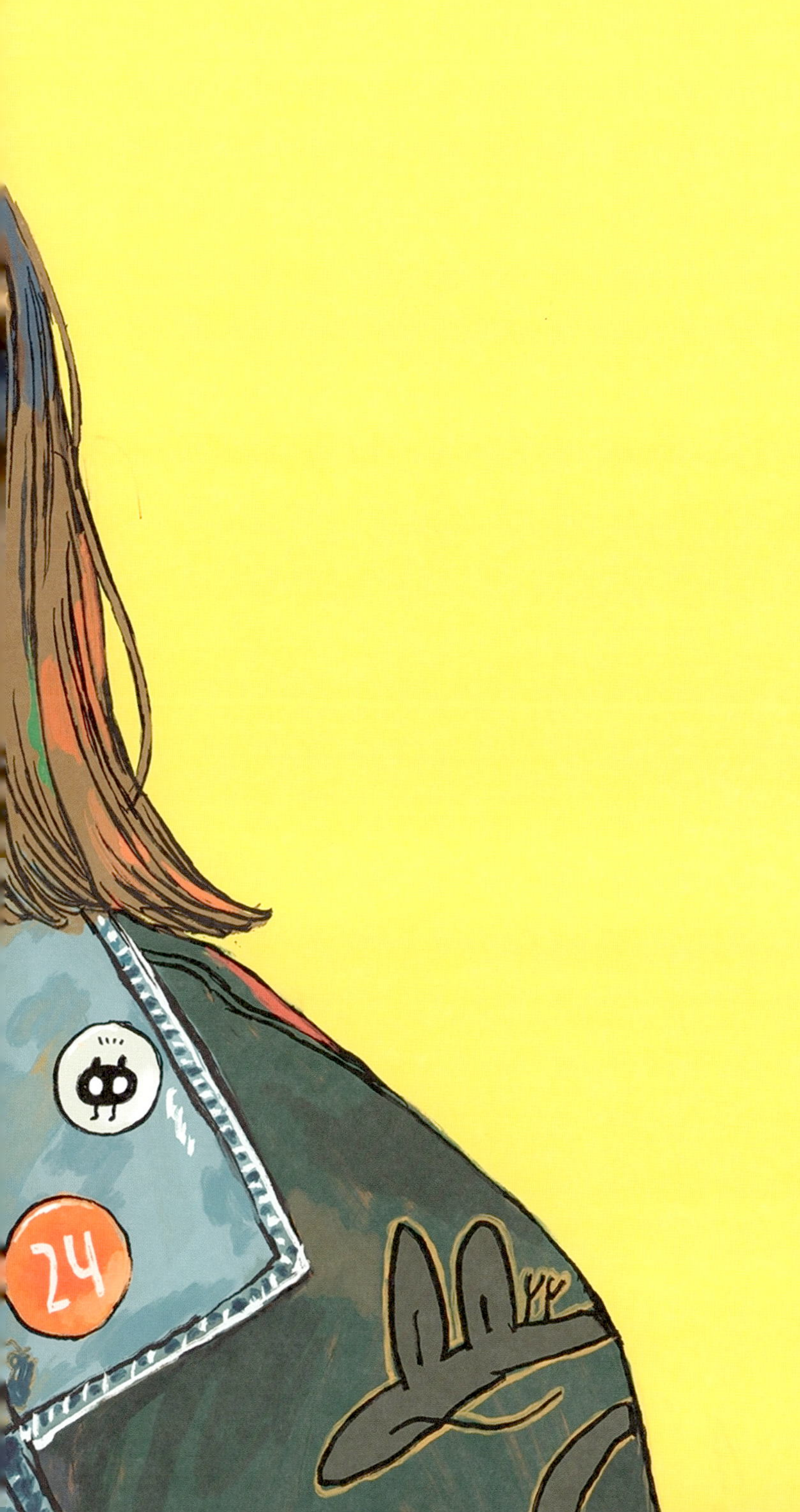
24

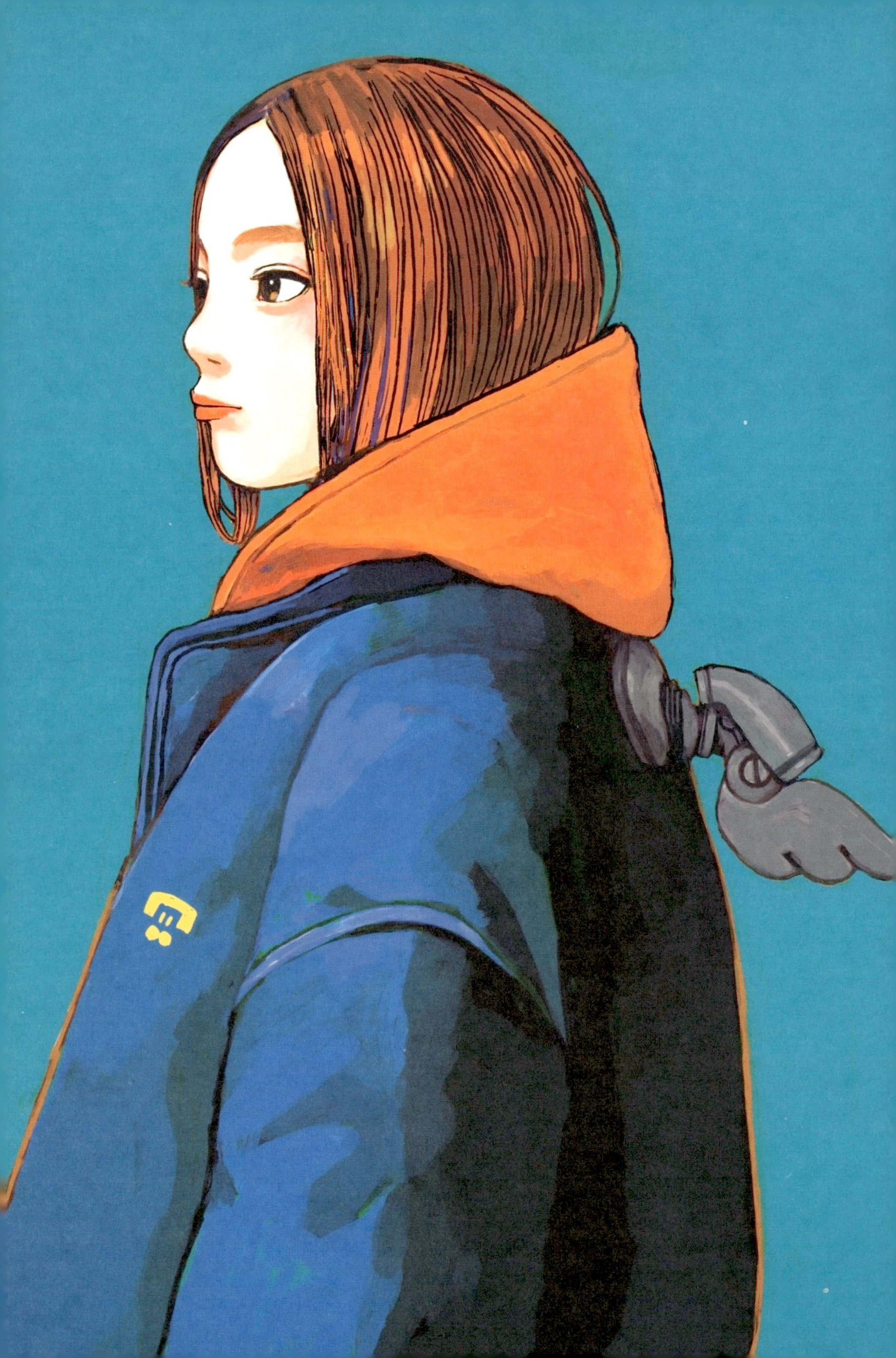

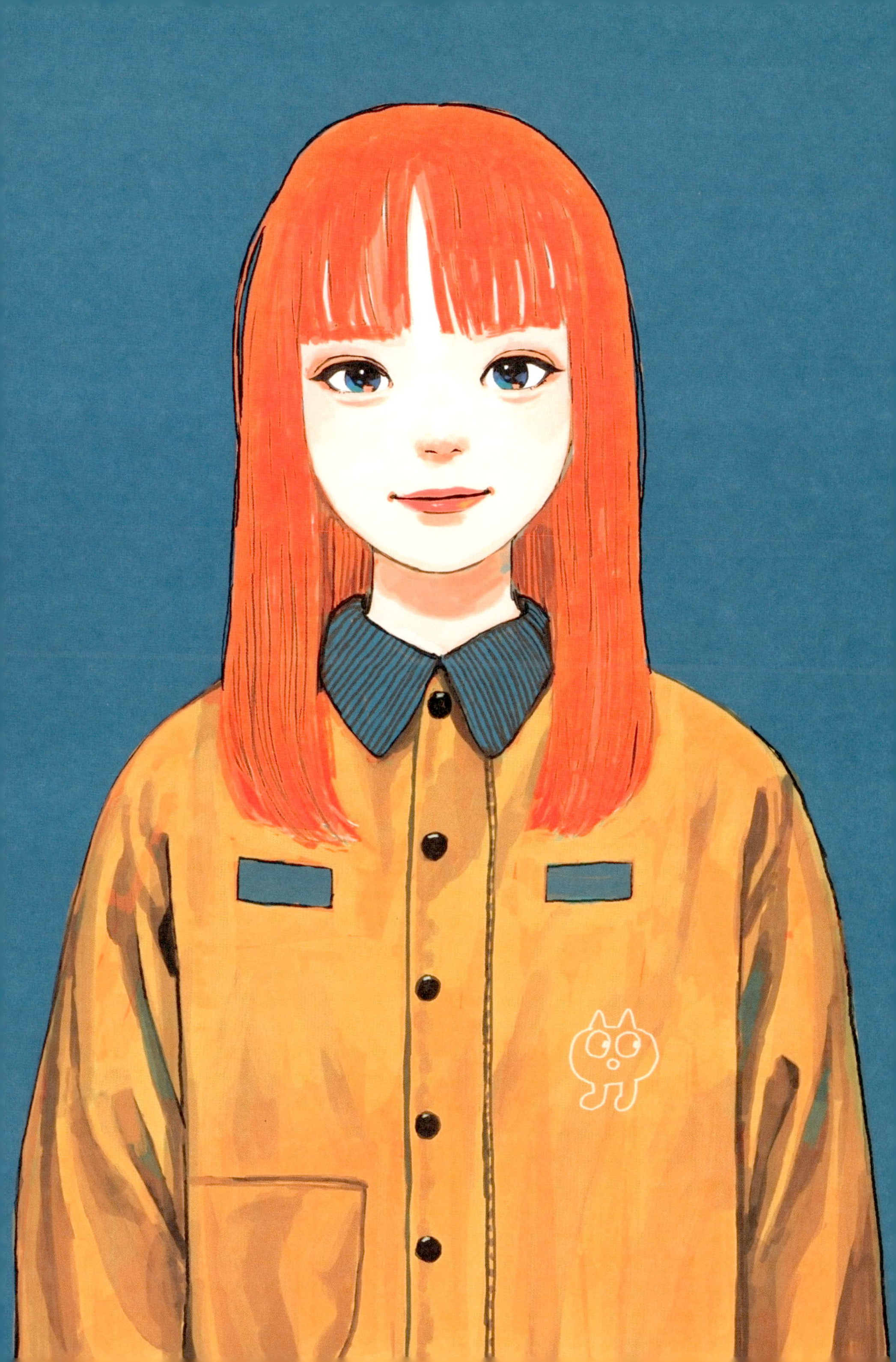

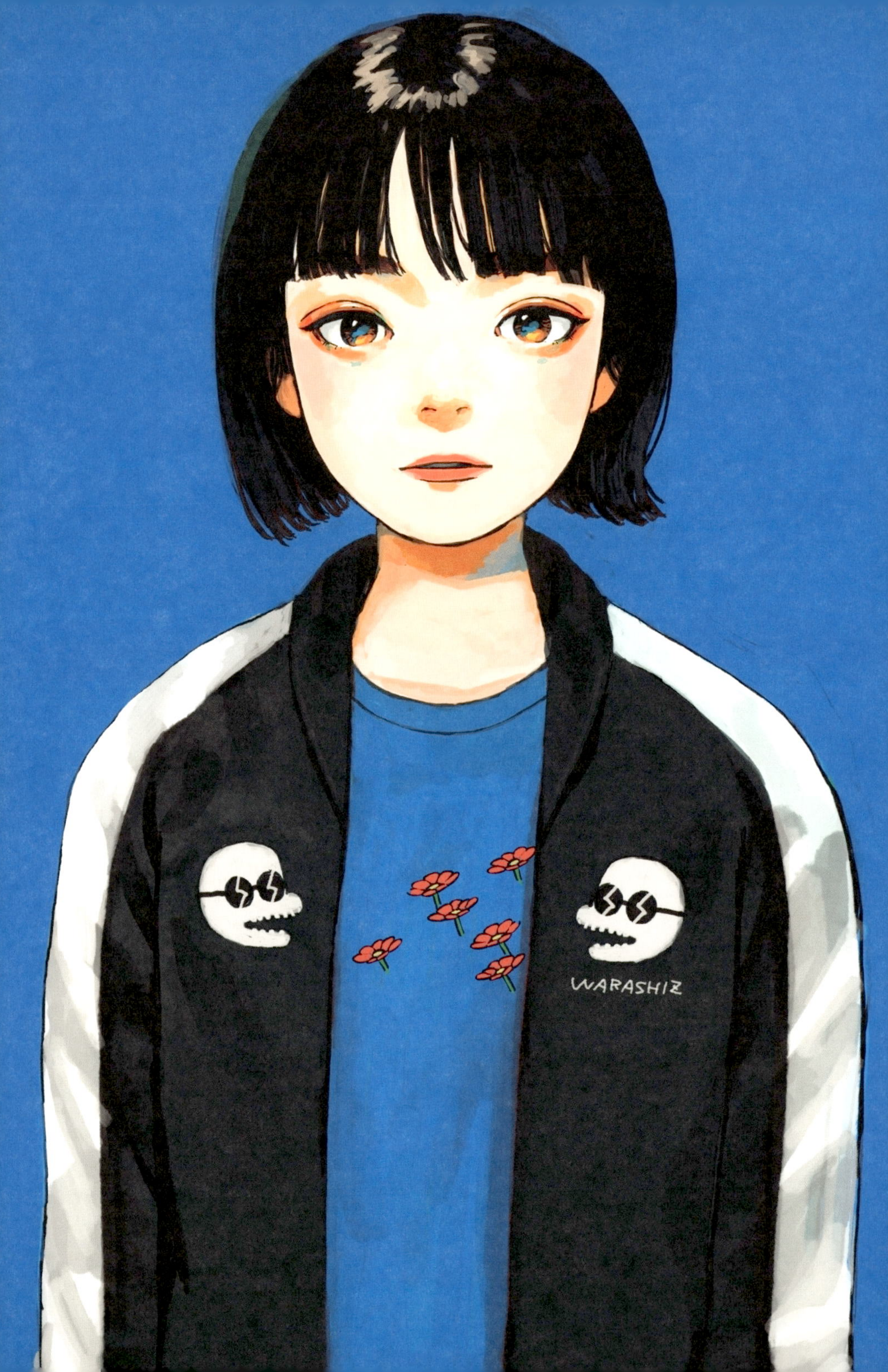
WARASHIZ

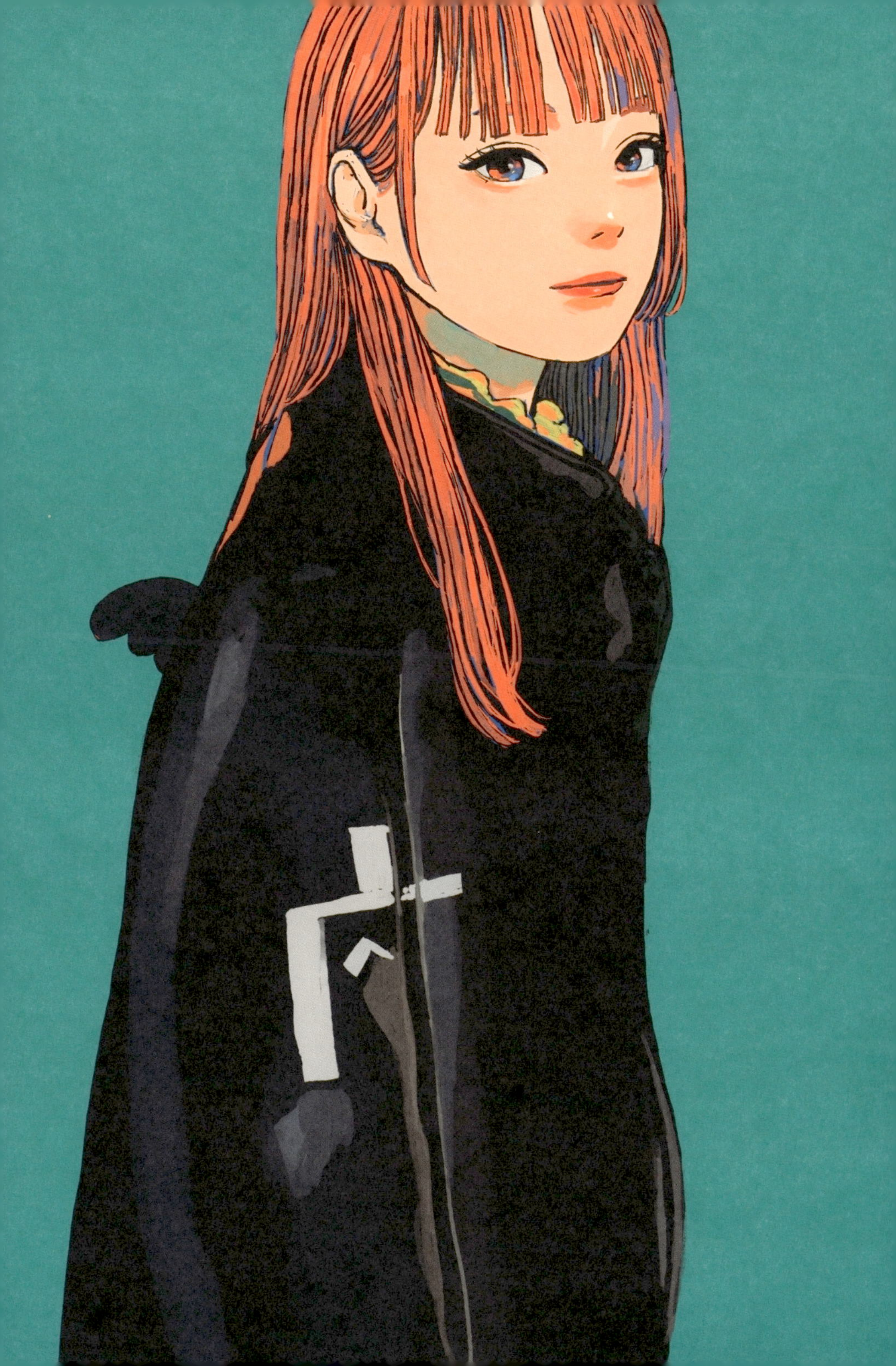

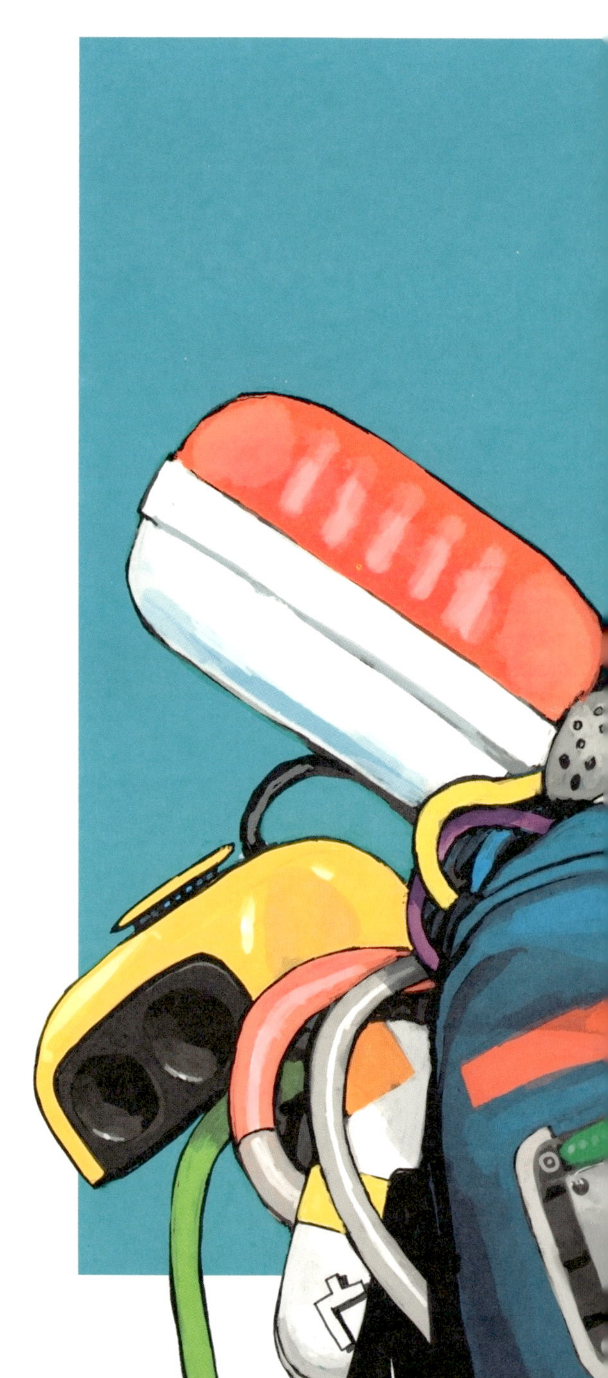

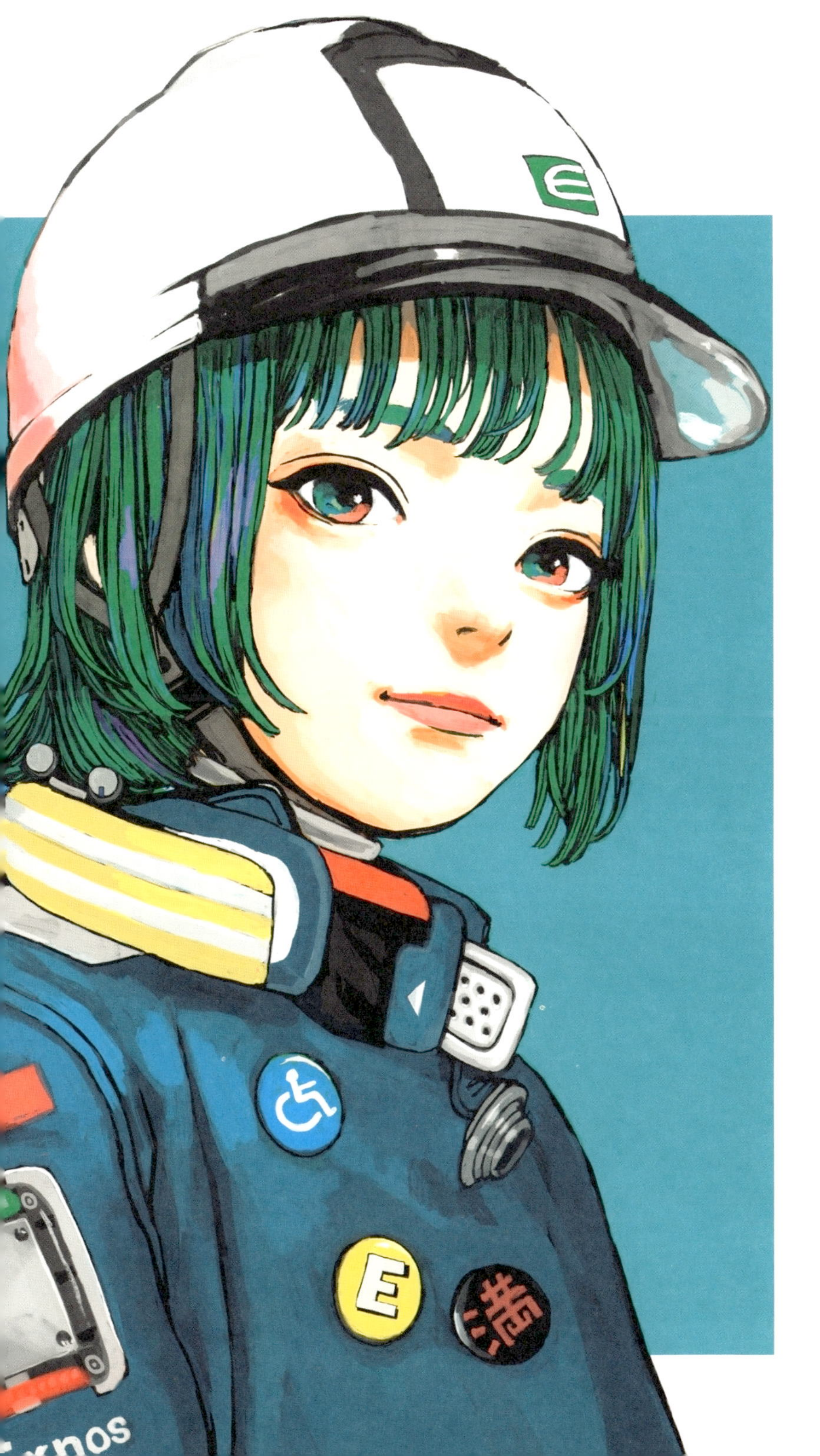
E
満

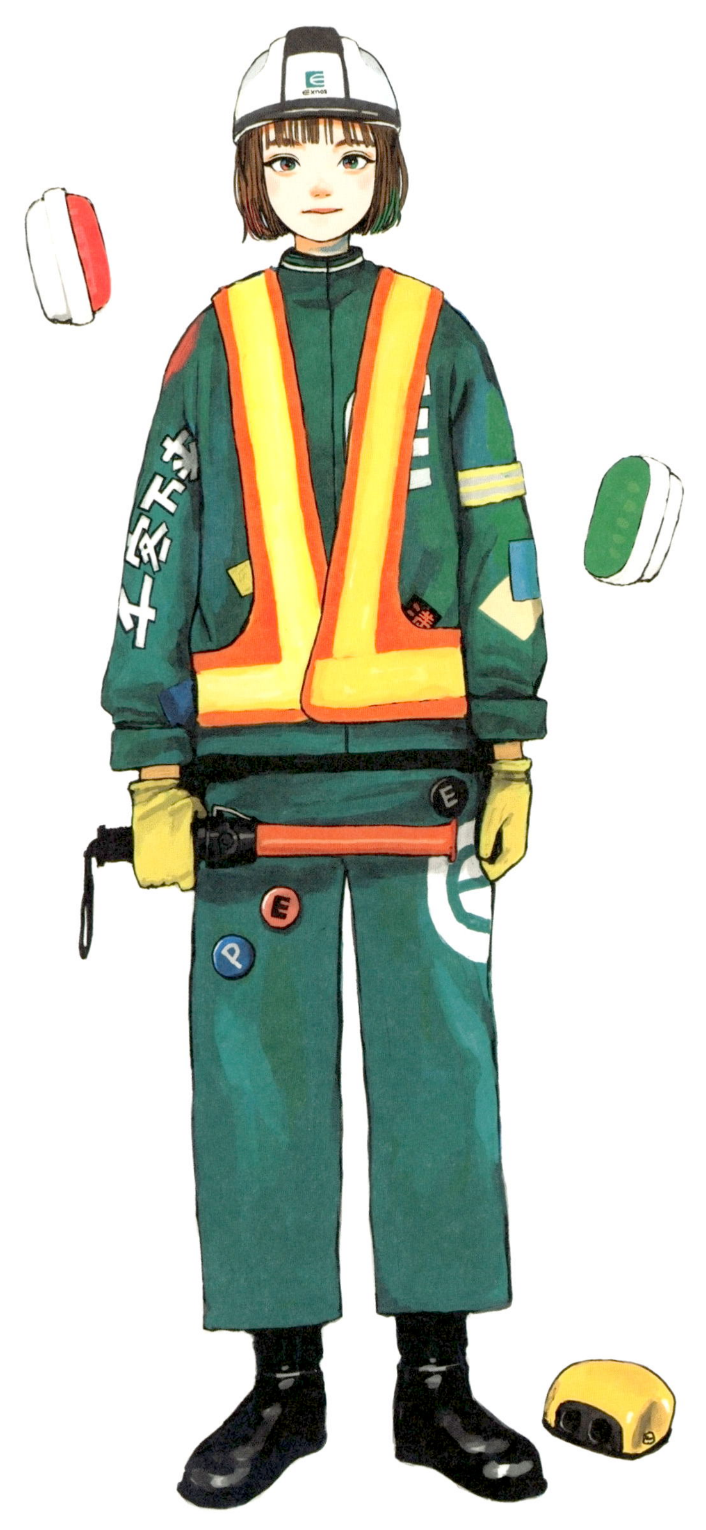

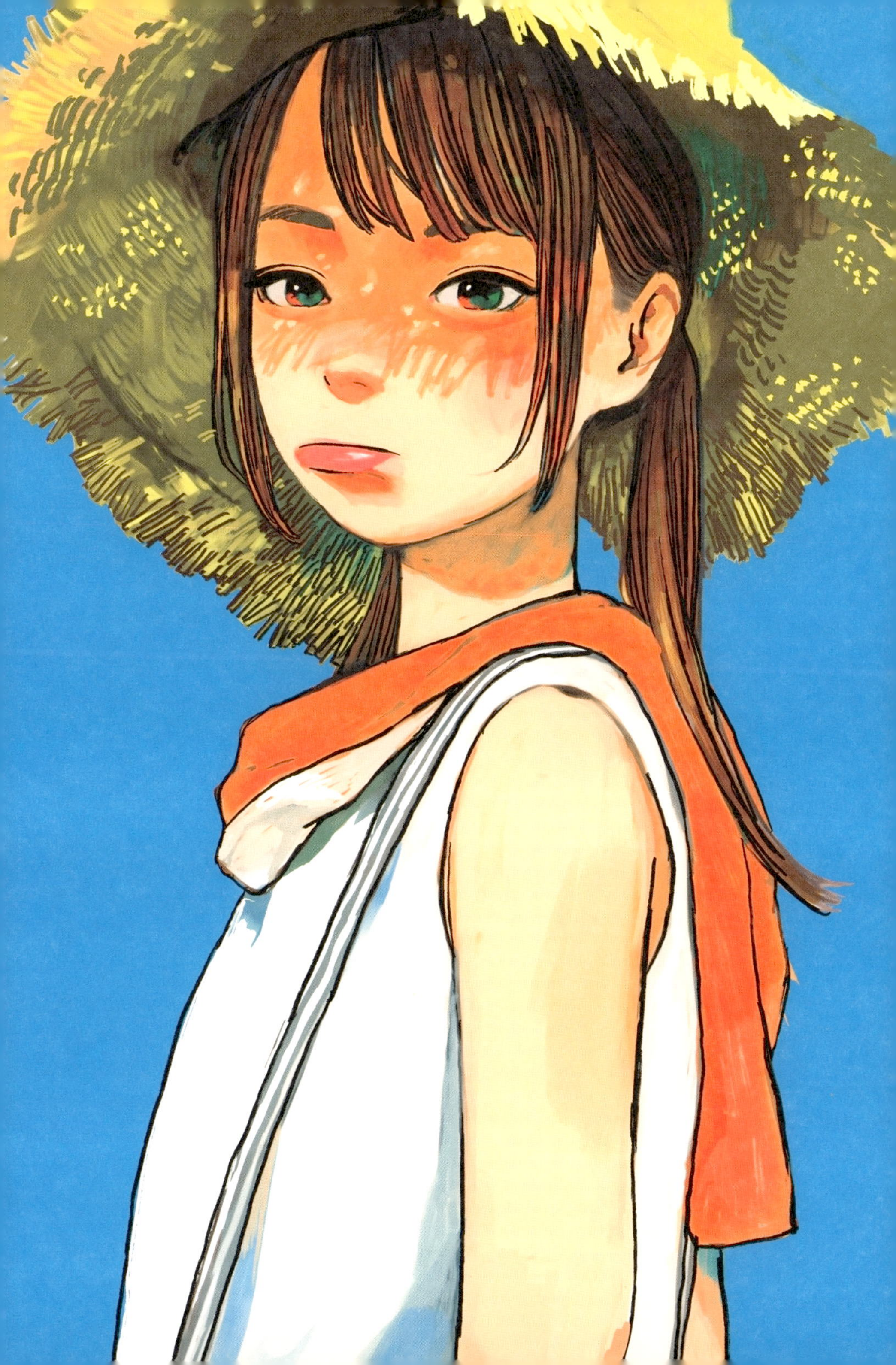

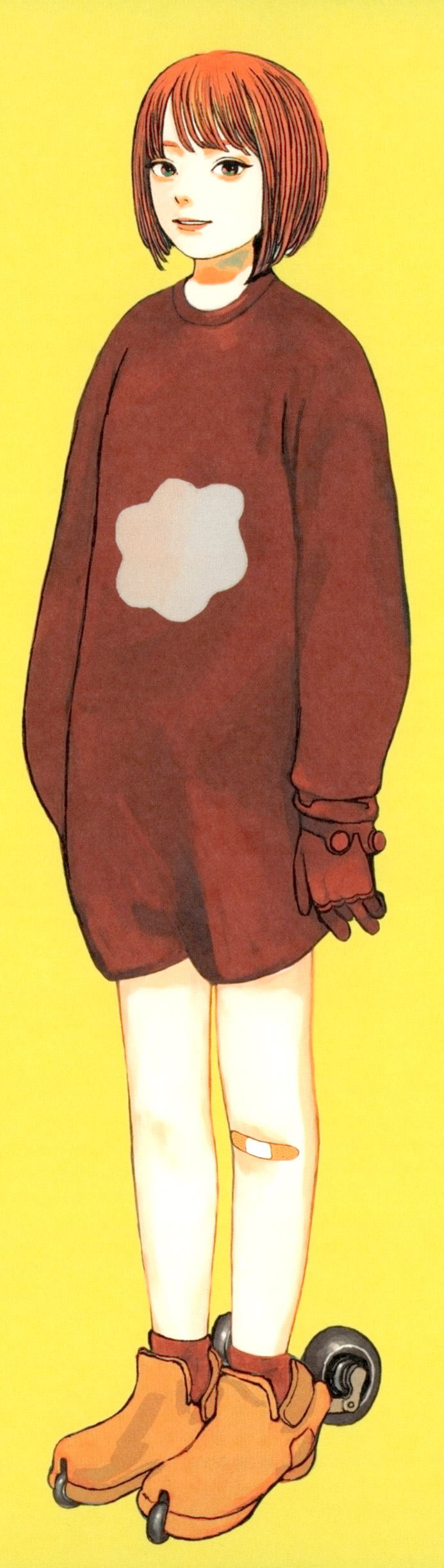

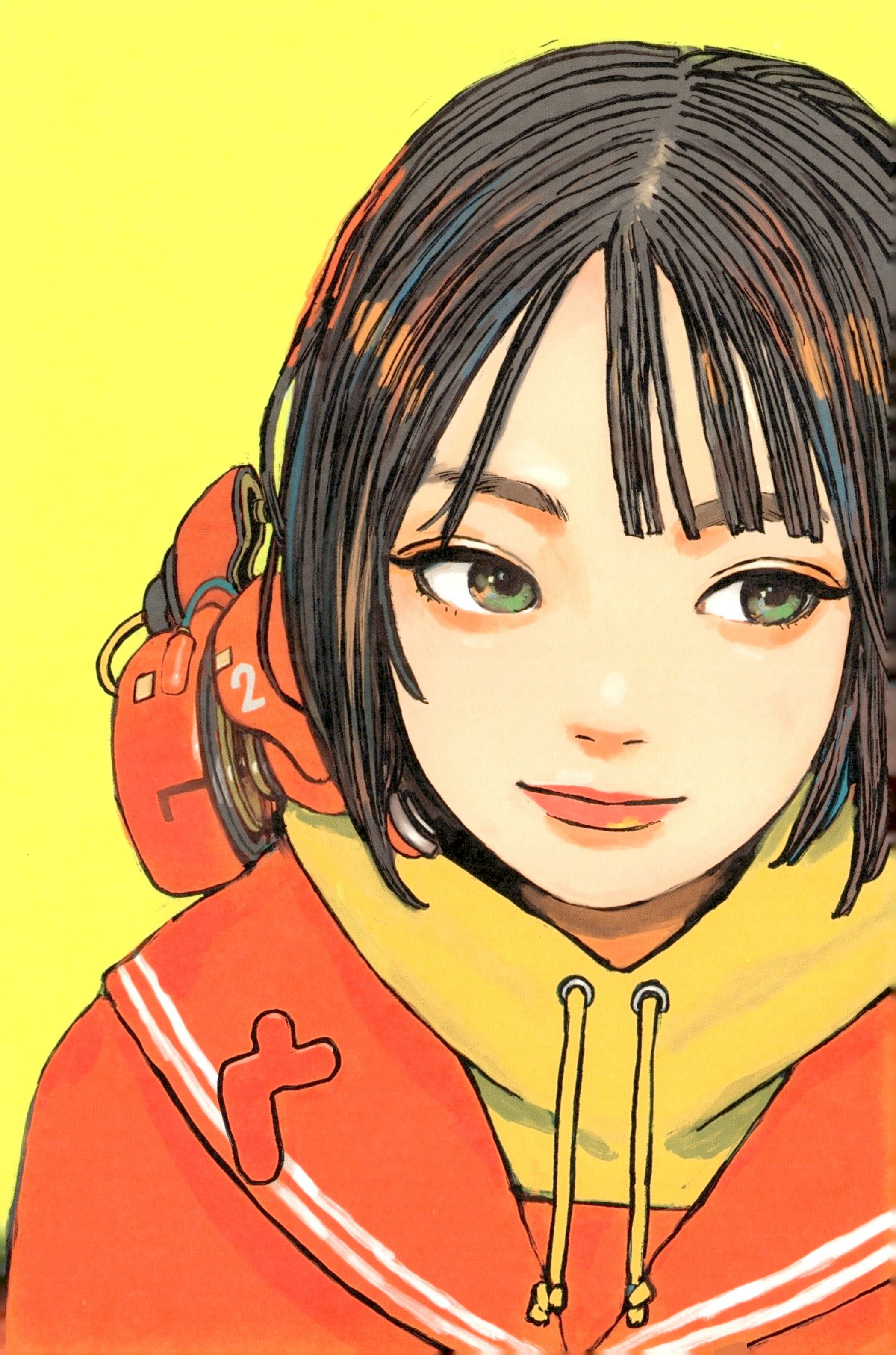
2
L

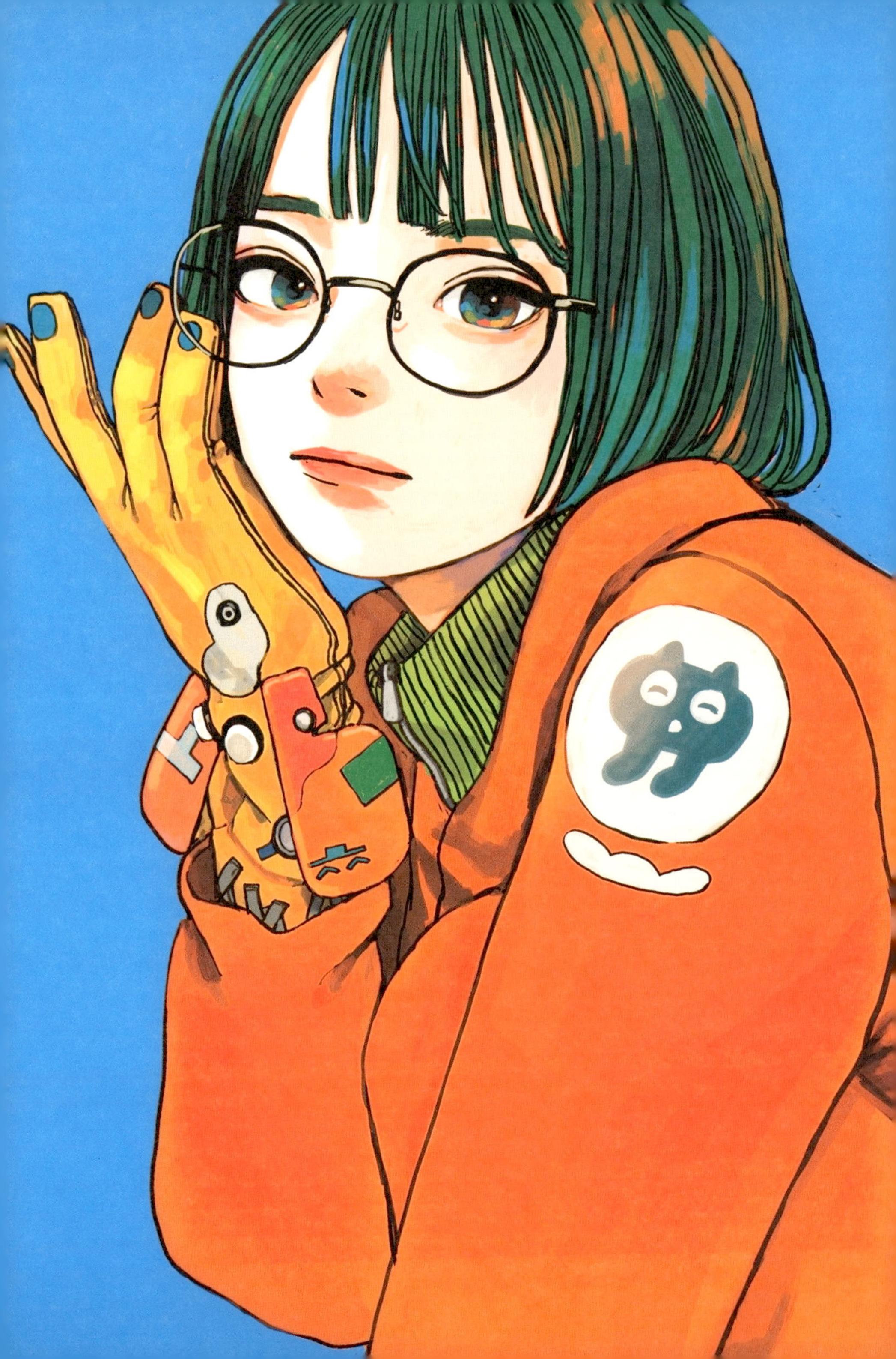

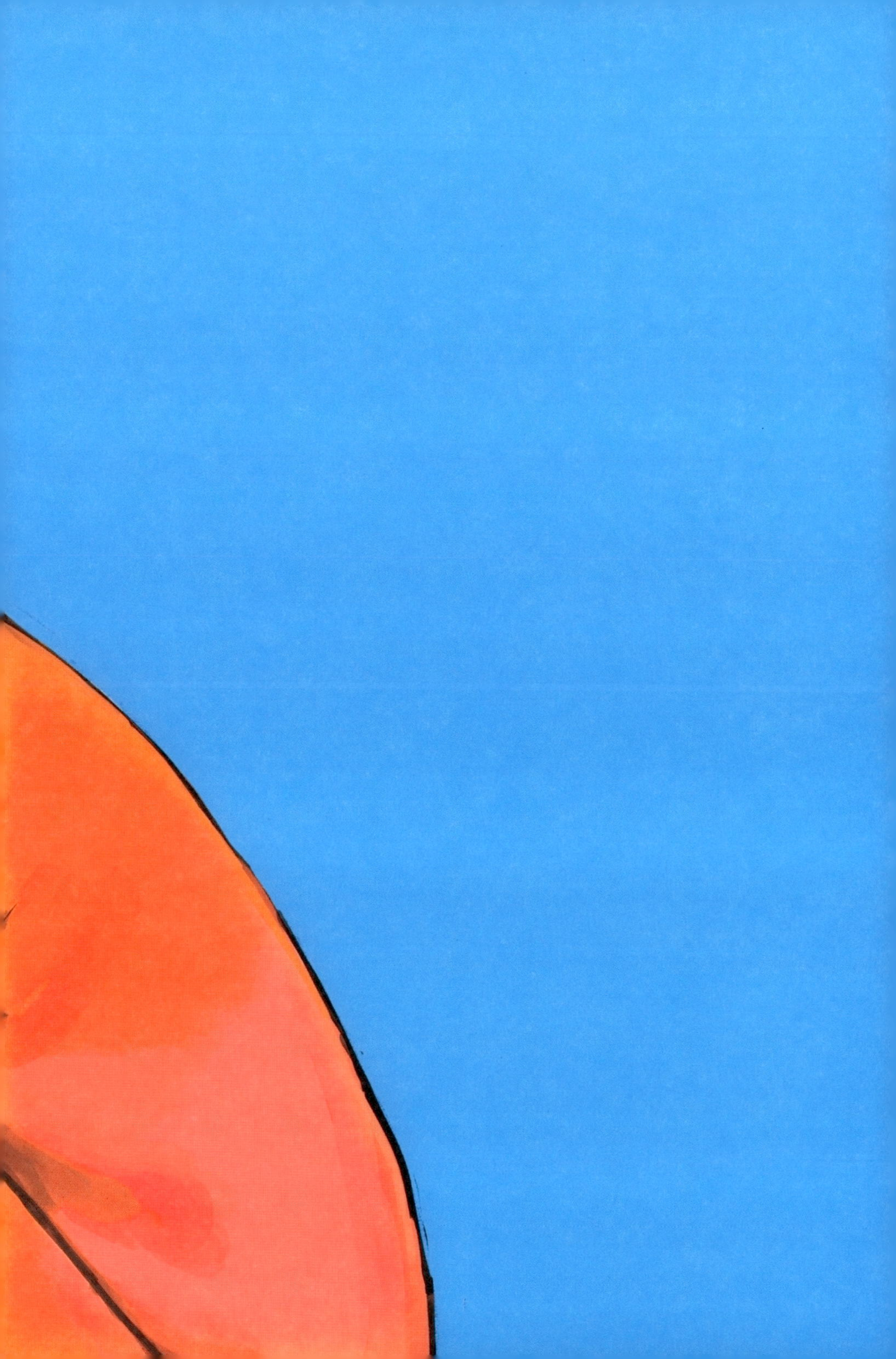

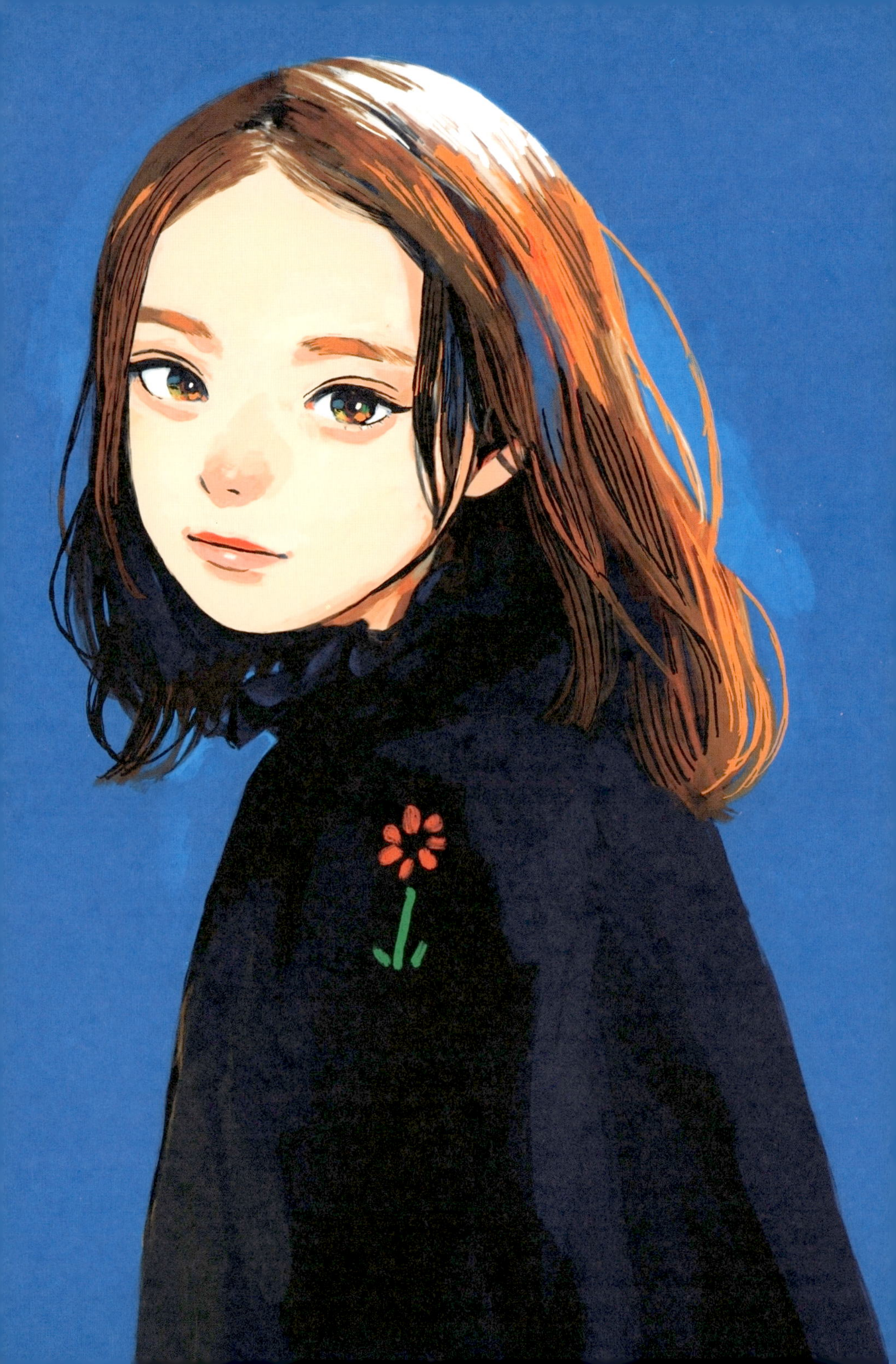

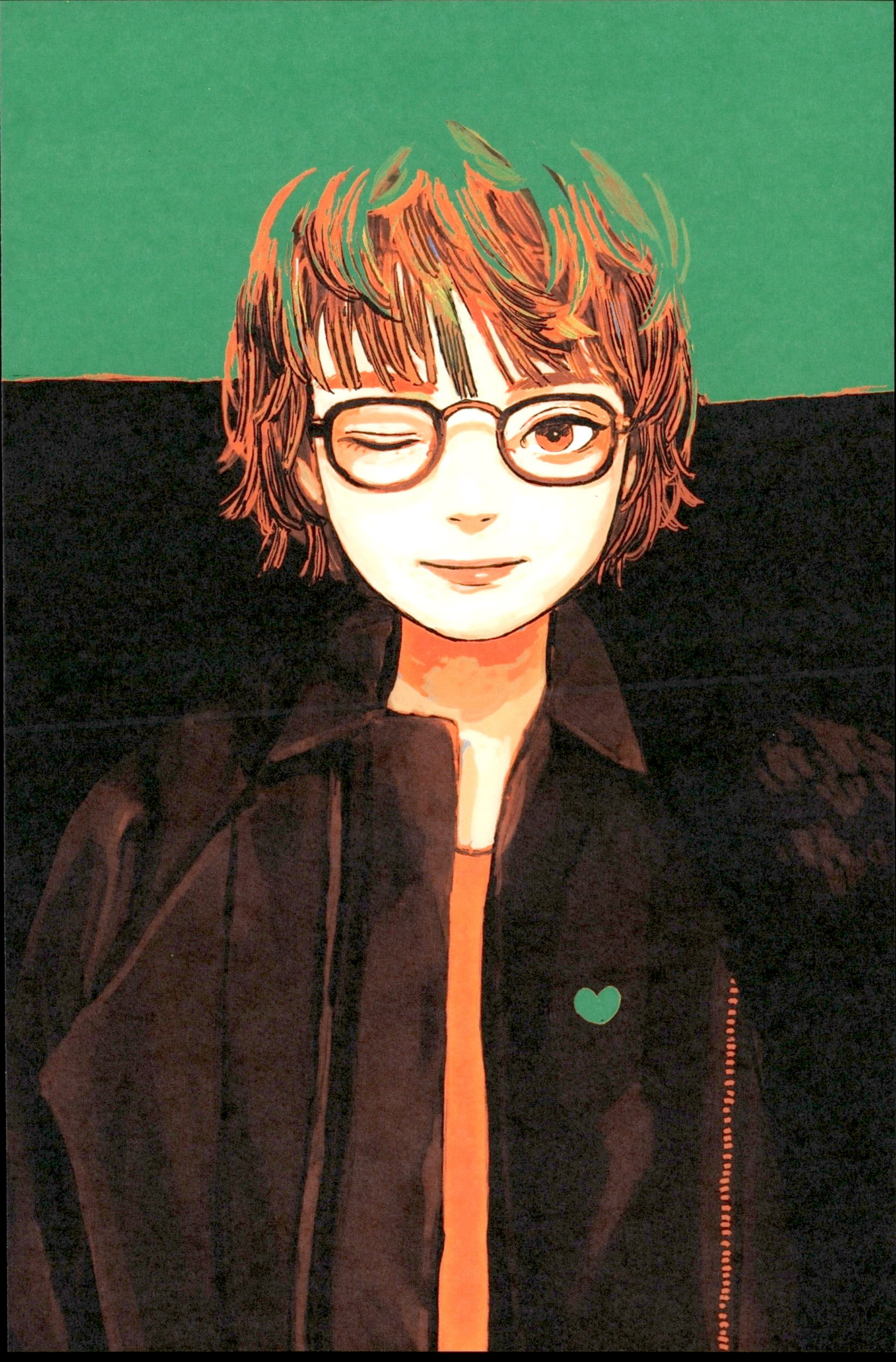

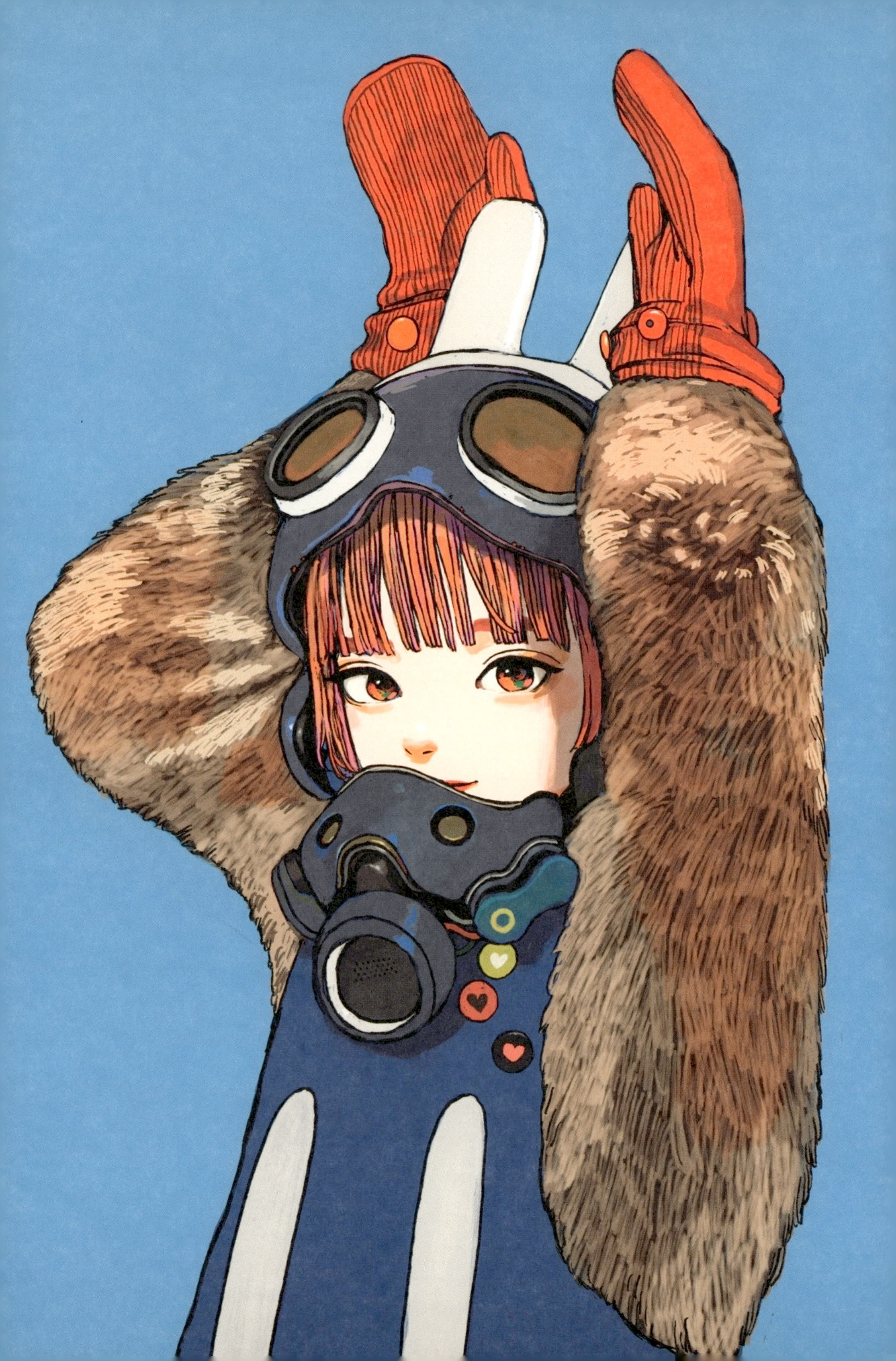

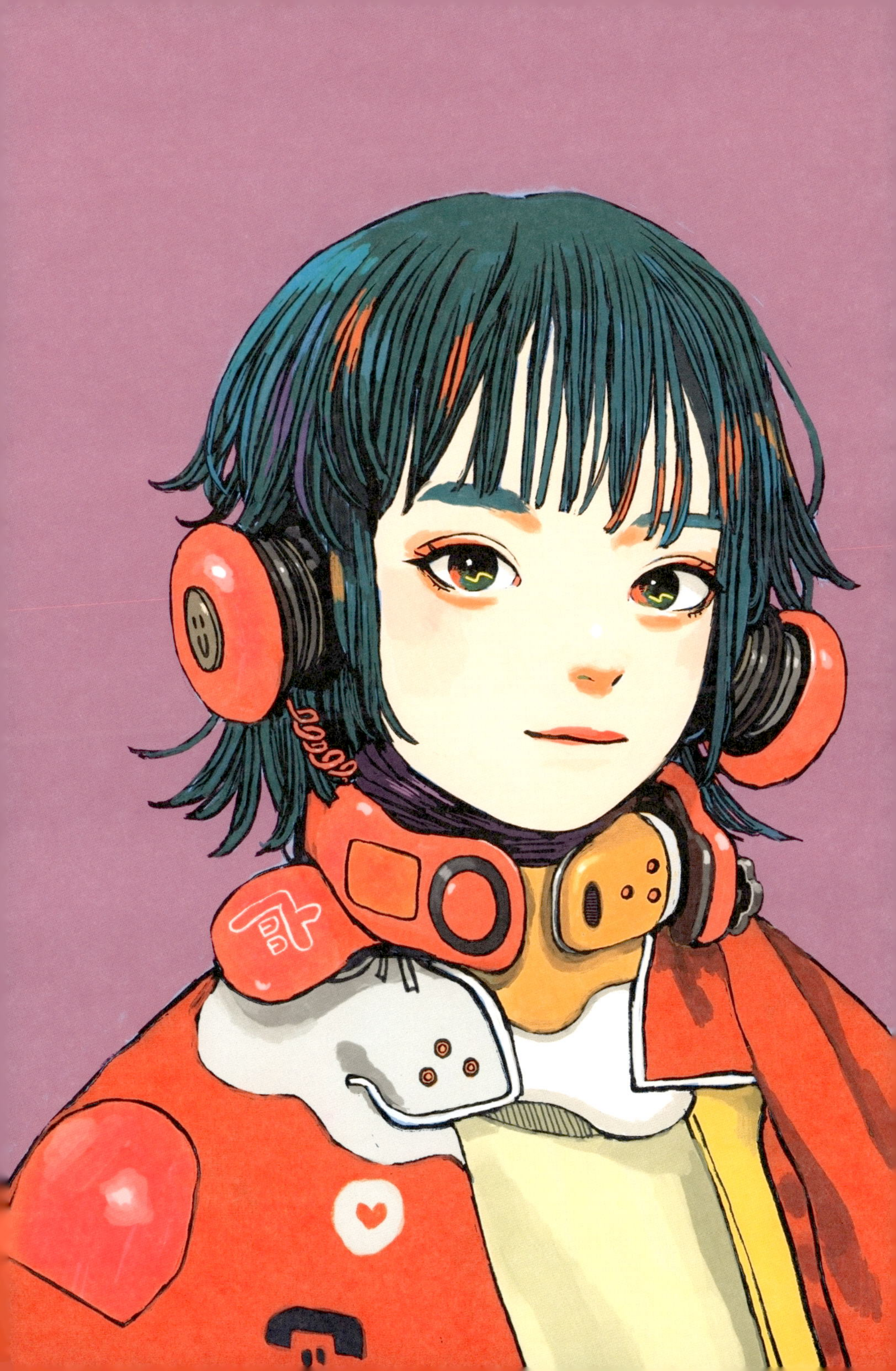

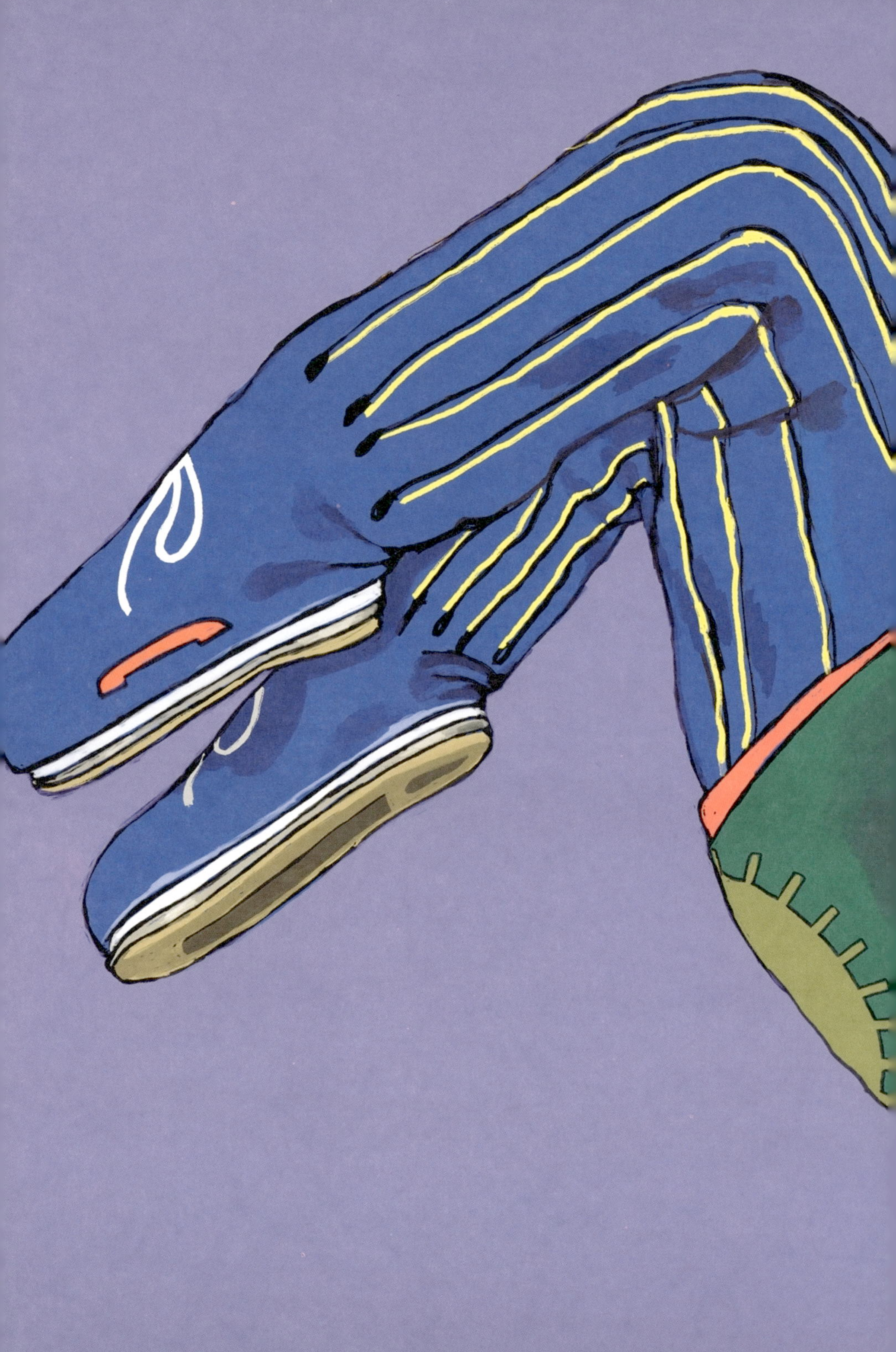

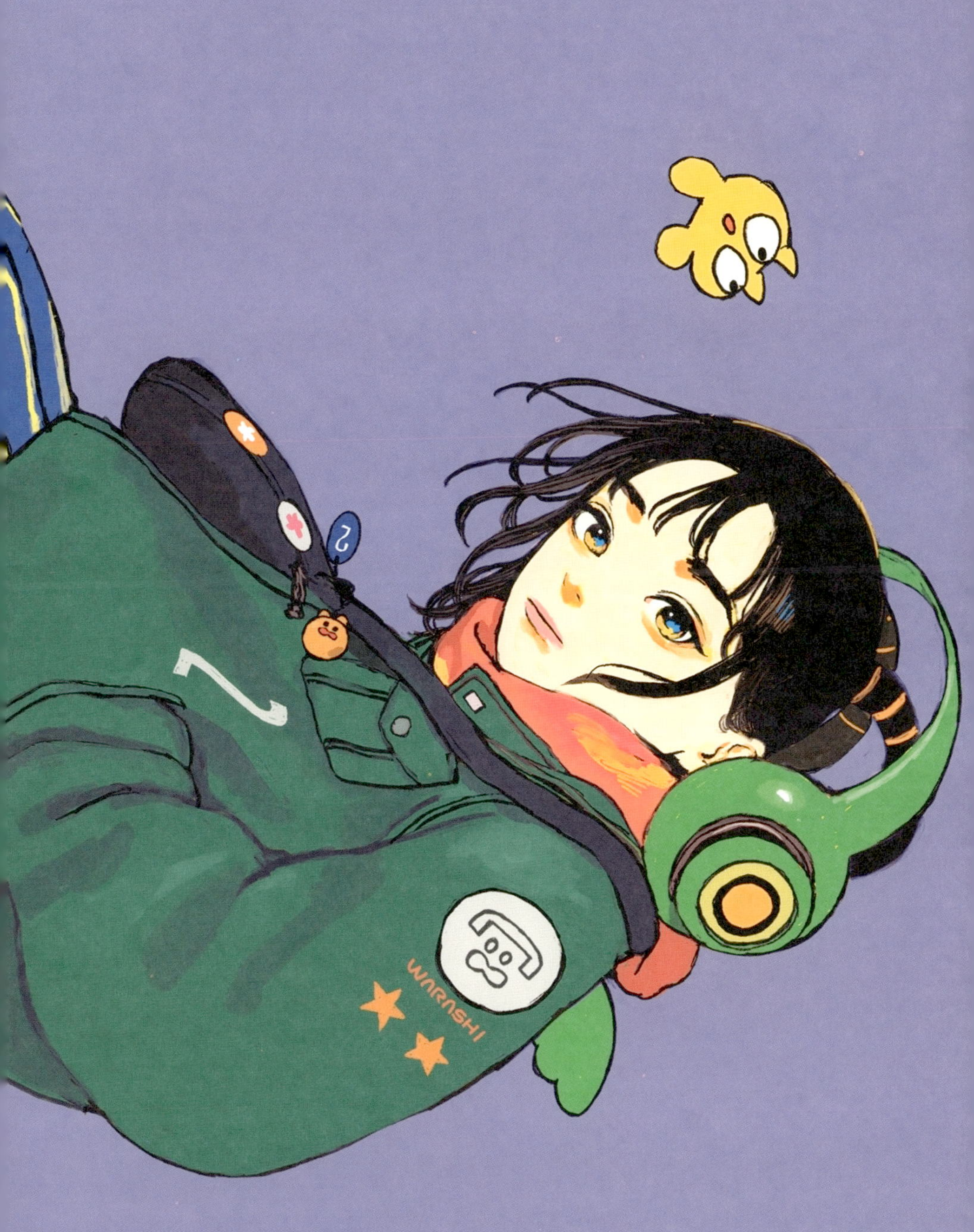
WARASHI

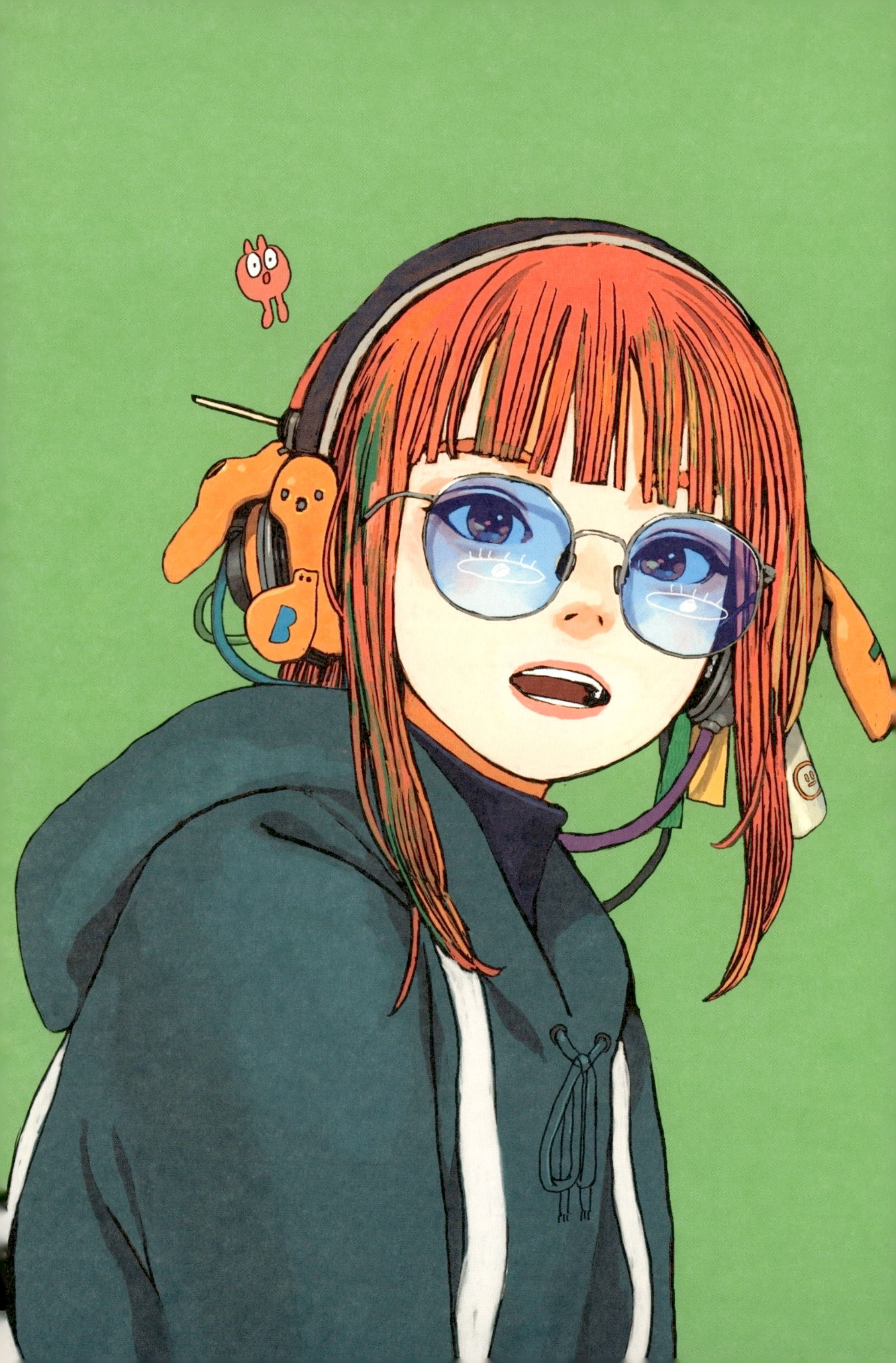

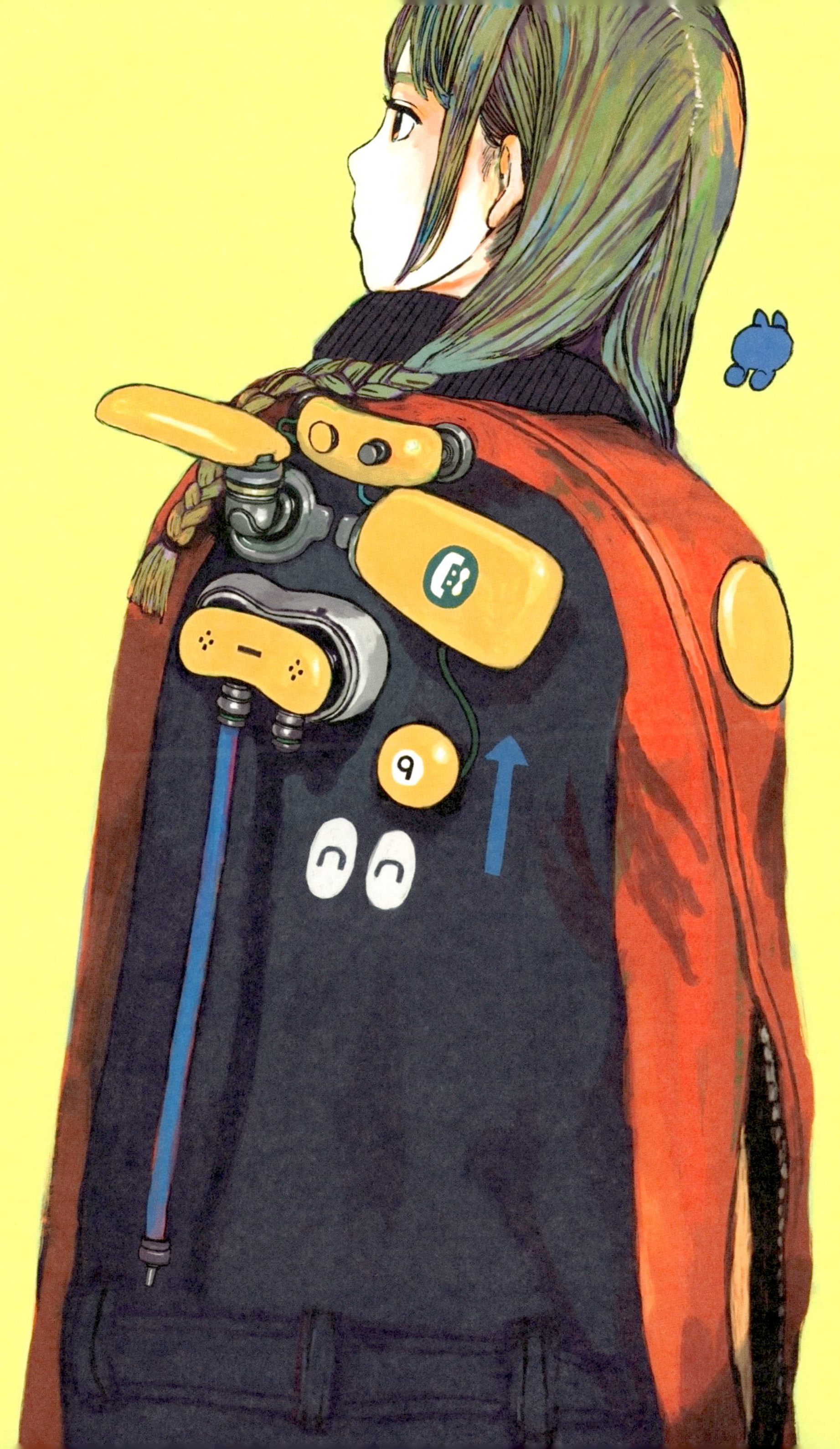

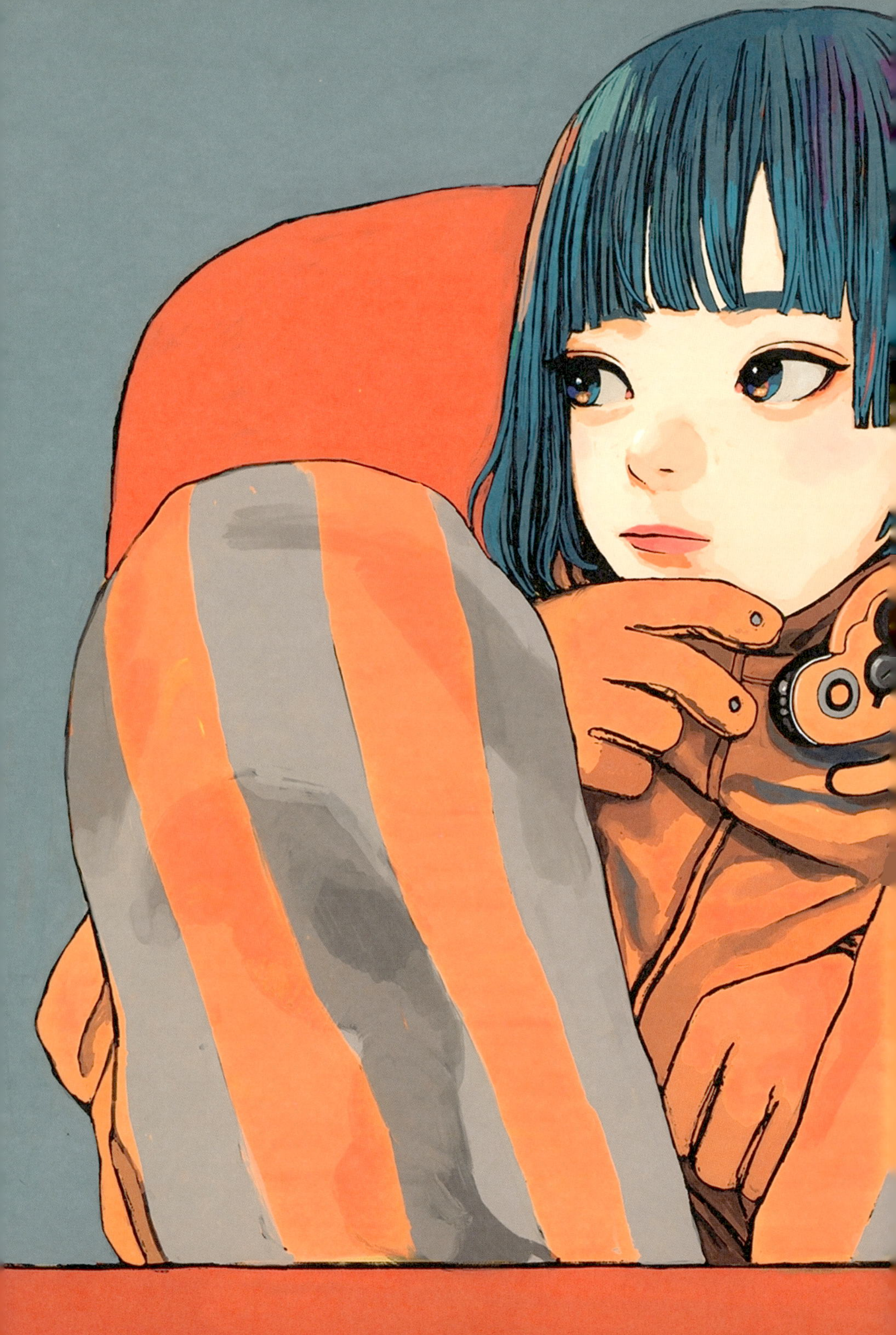

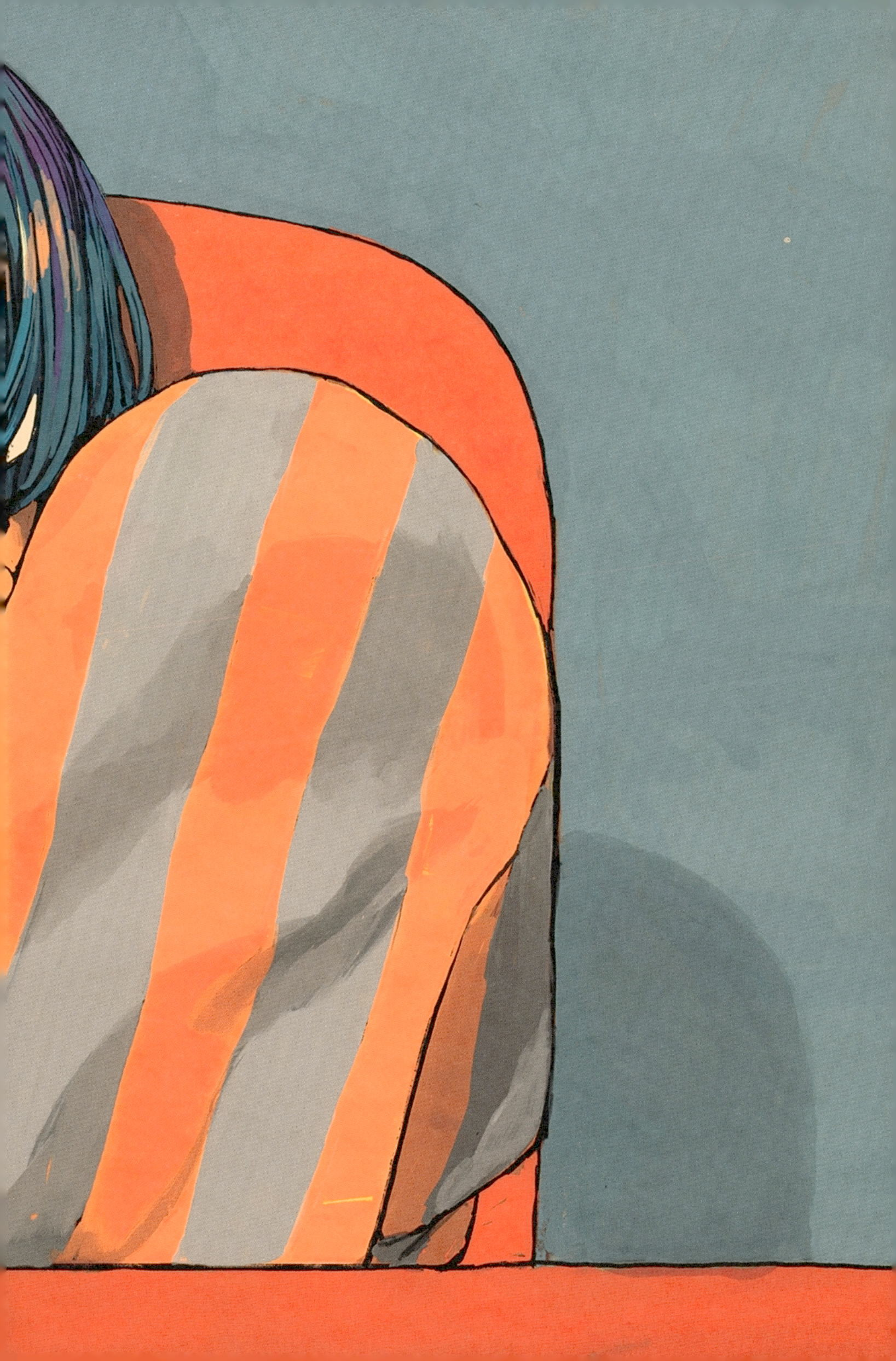

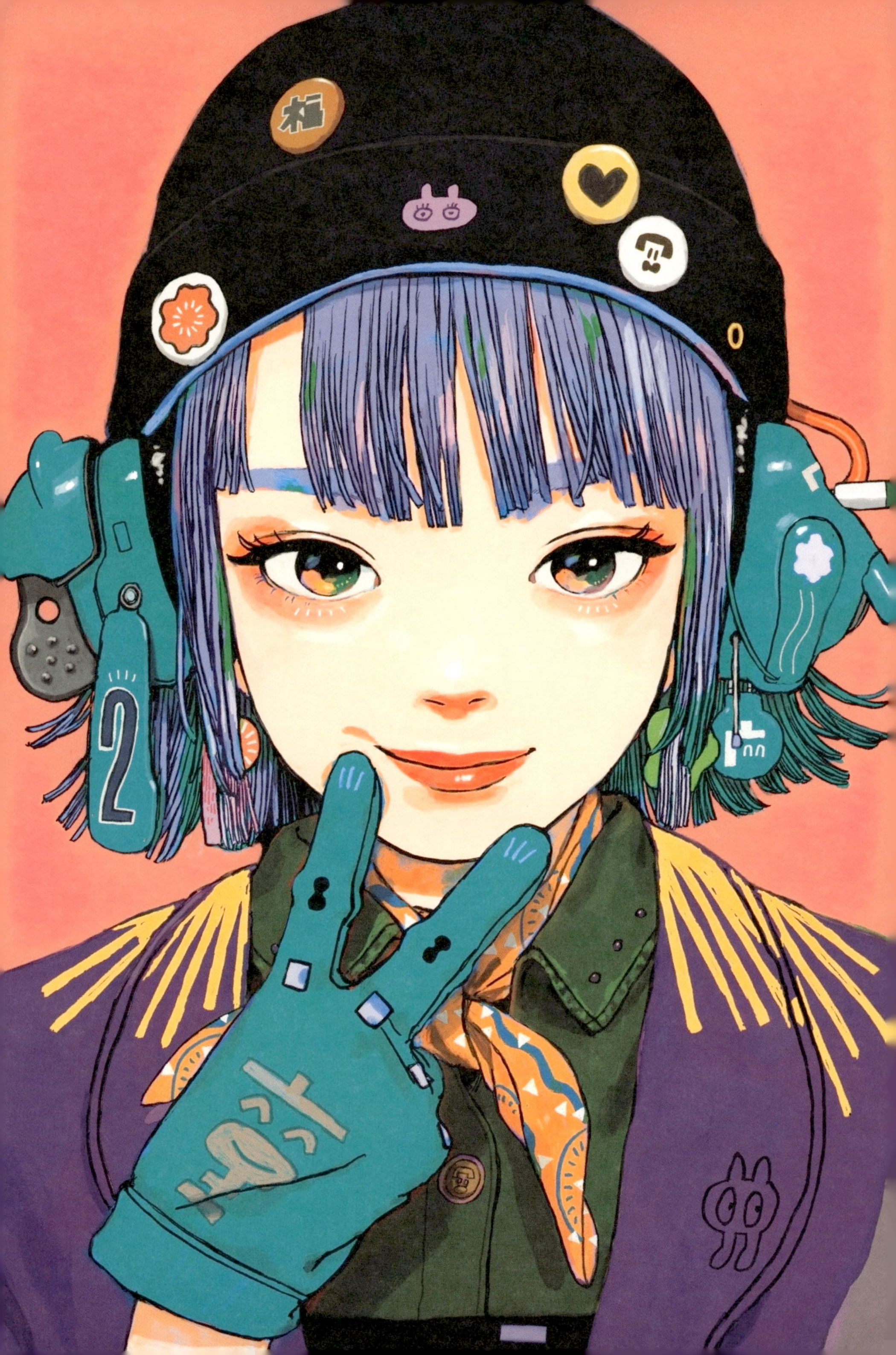

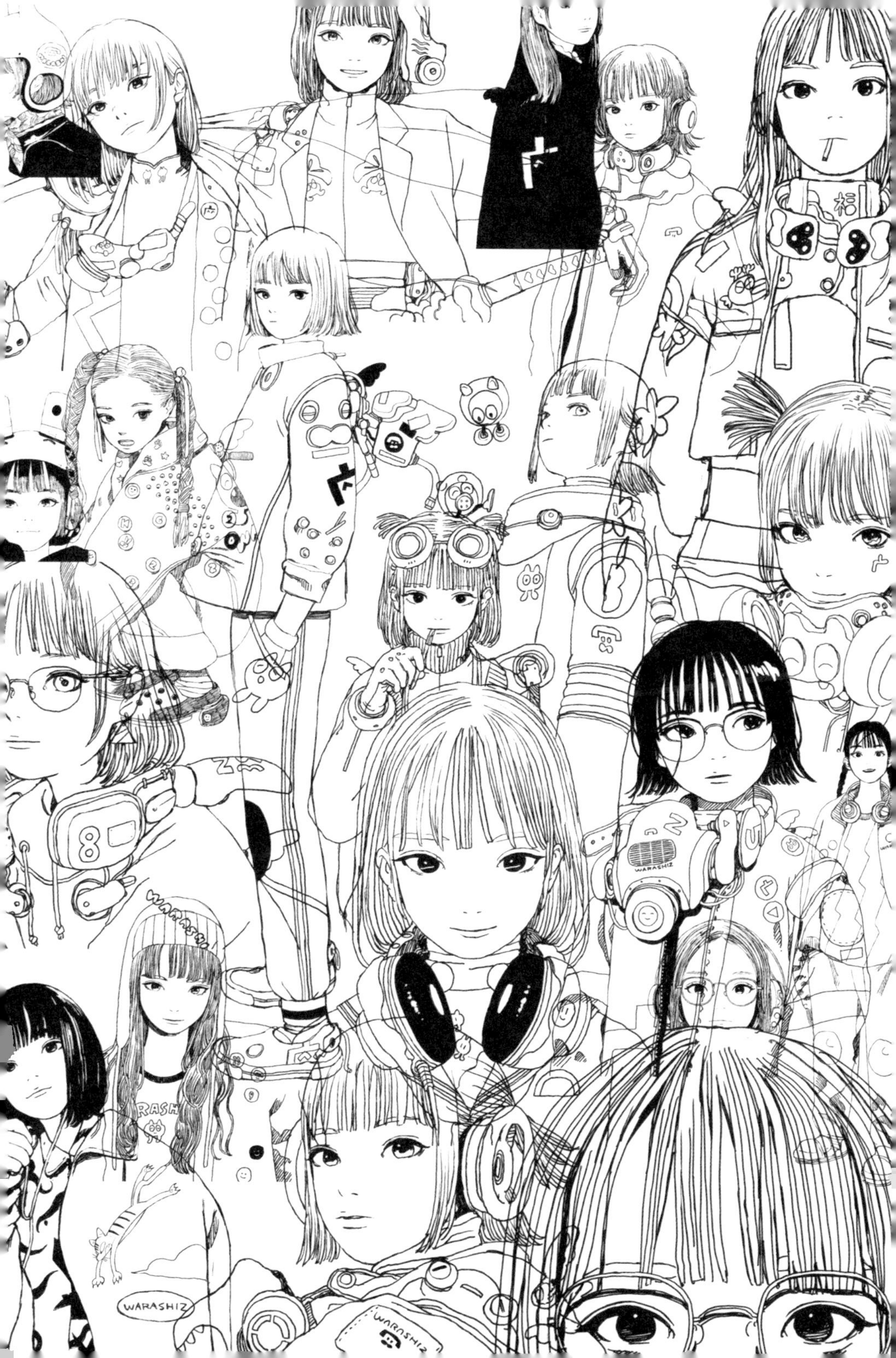
WARASHIZ
RASH
WARASHIZ
WARASHIZ

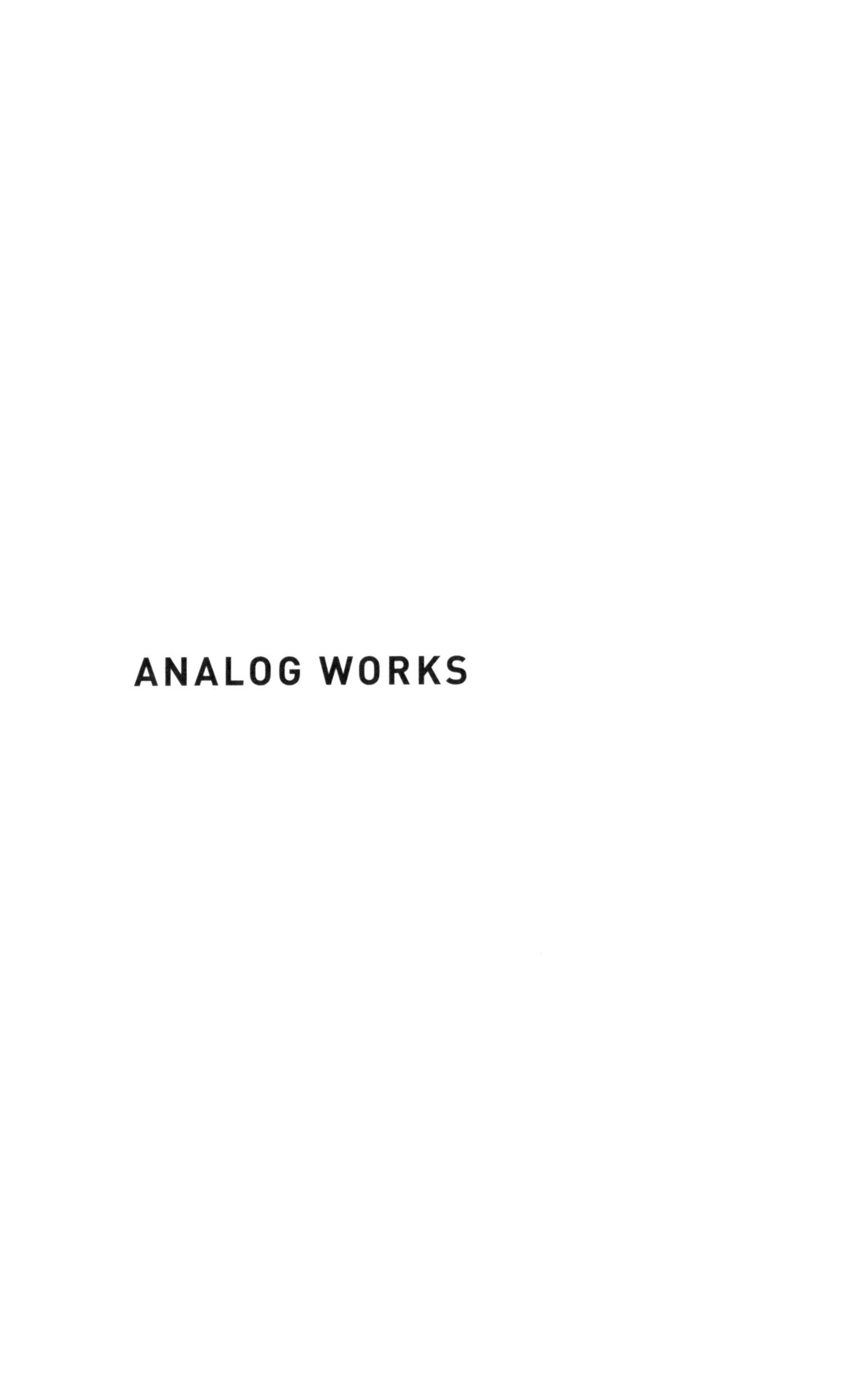

ANALOG WORKS

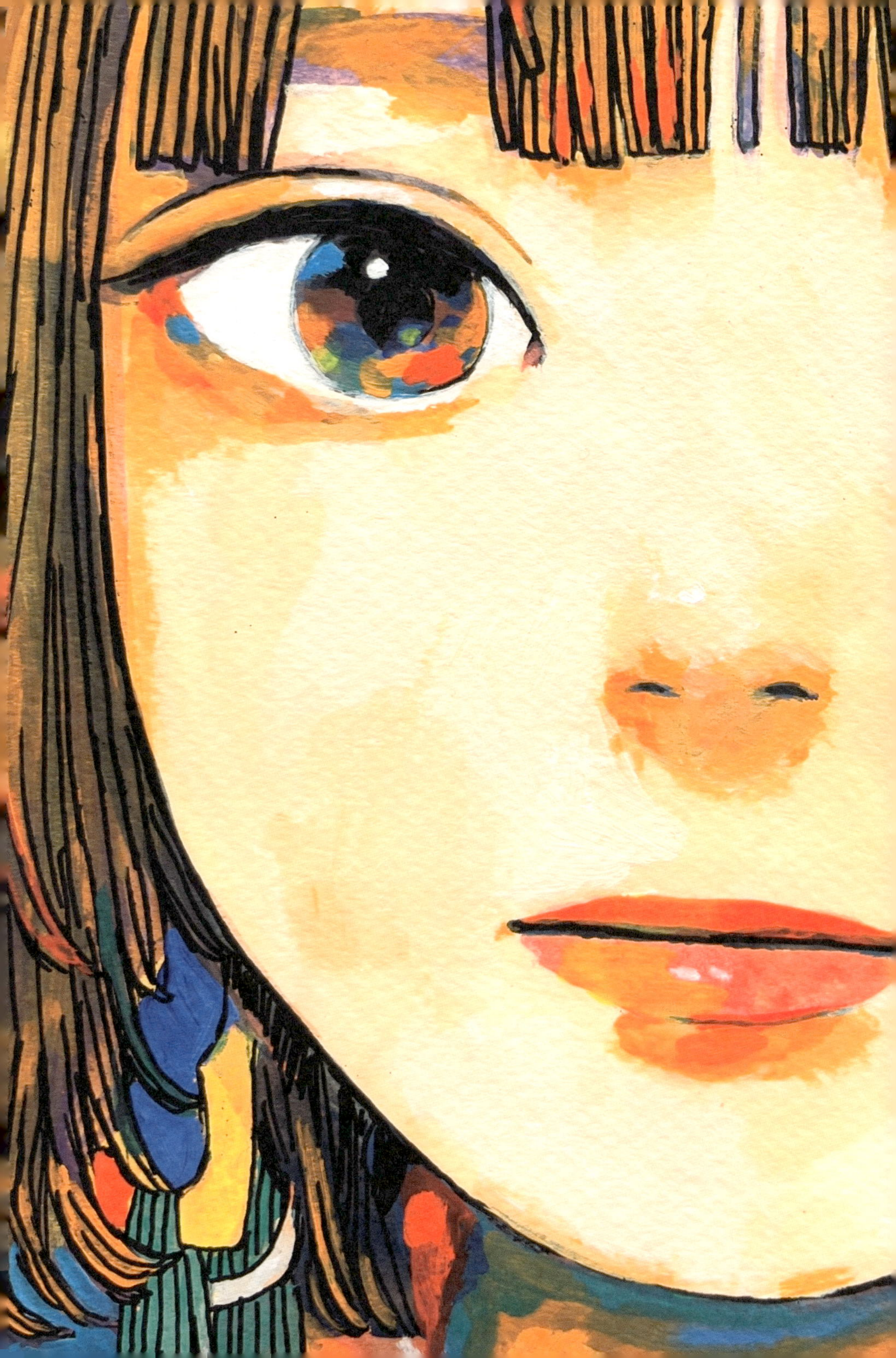

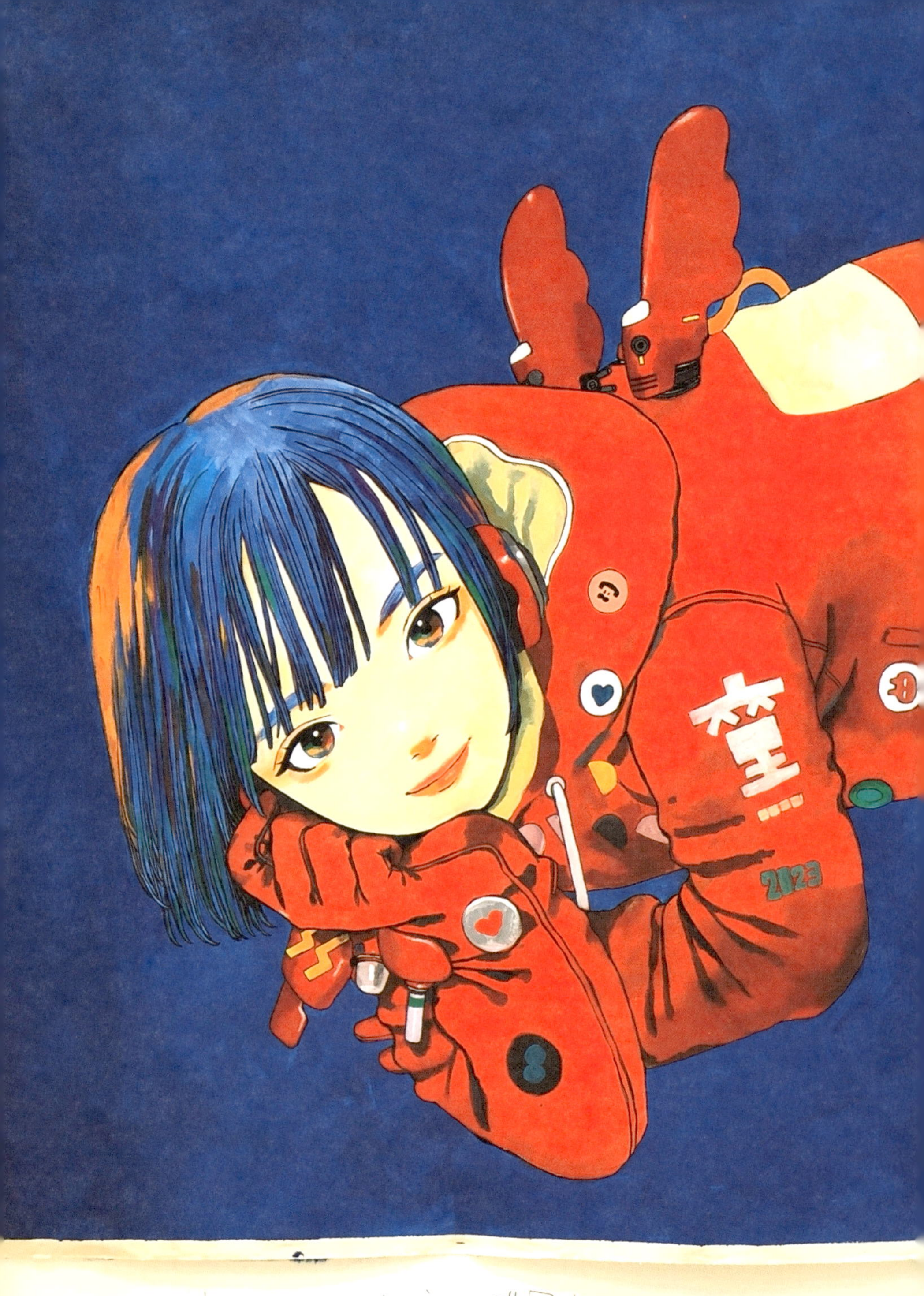
2023
完成しました。近くで写真とってください。
THANK YOU!!

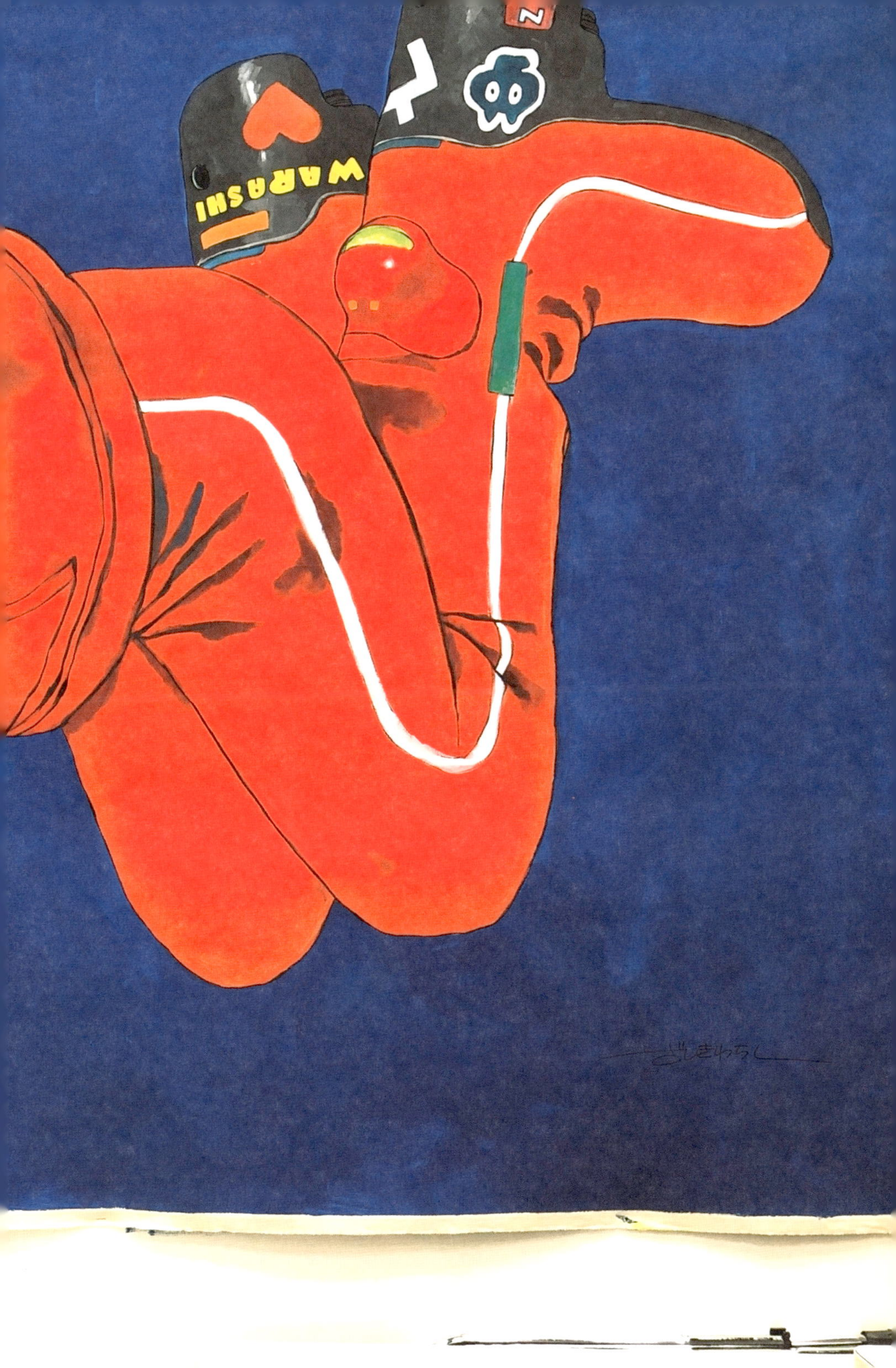
WARASHI

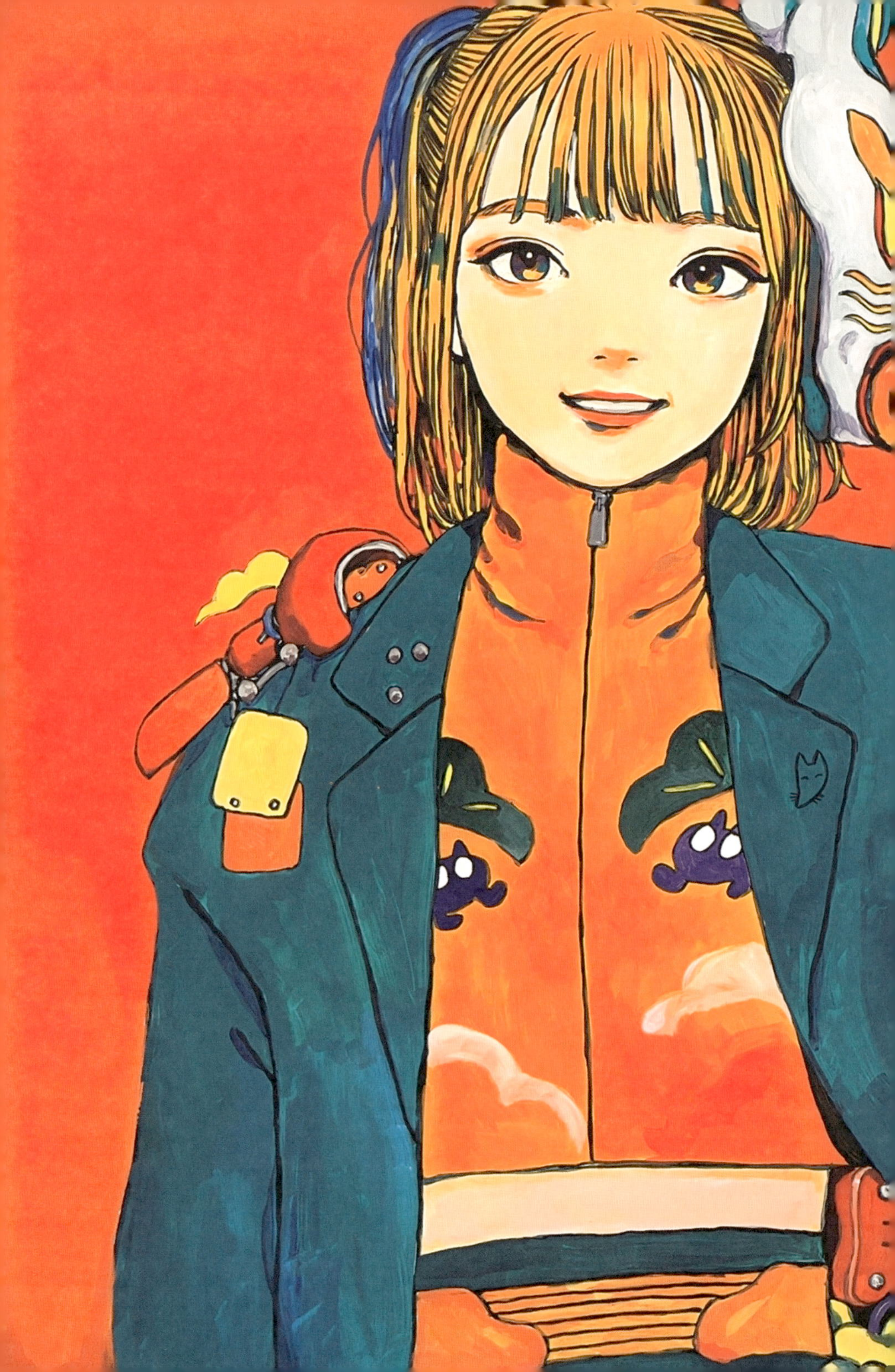

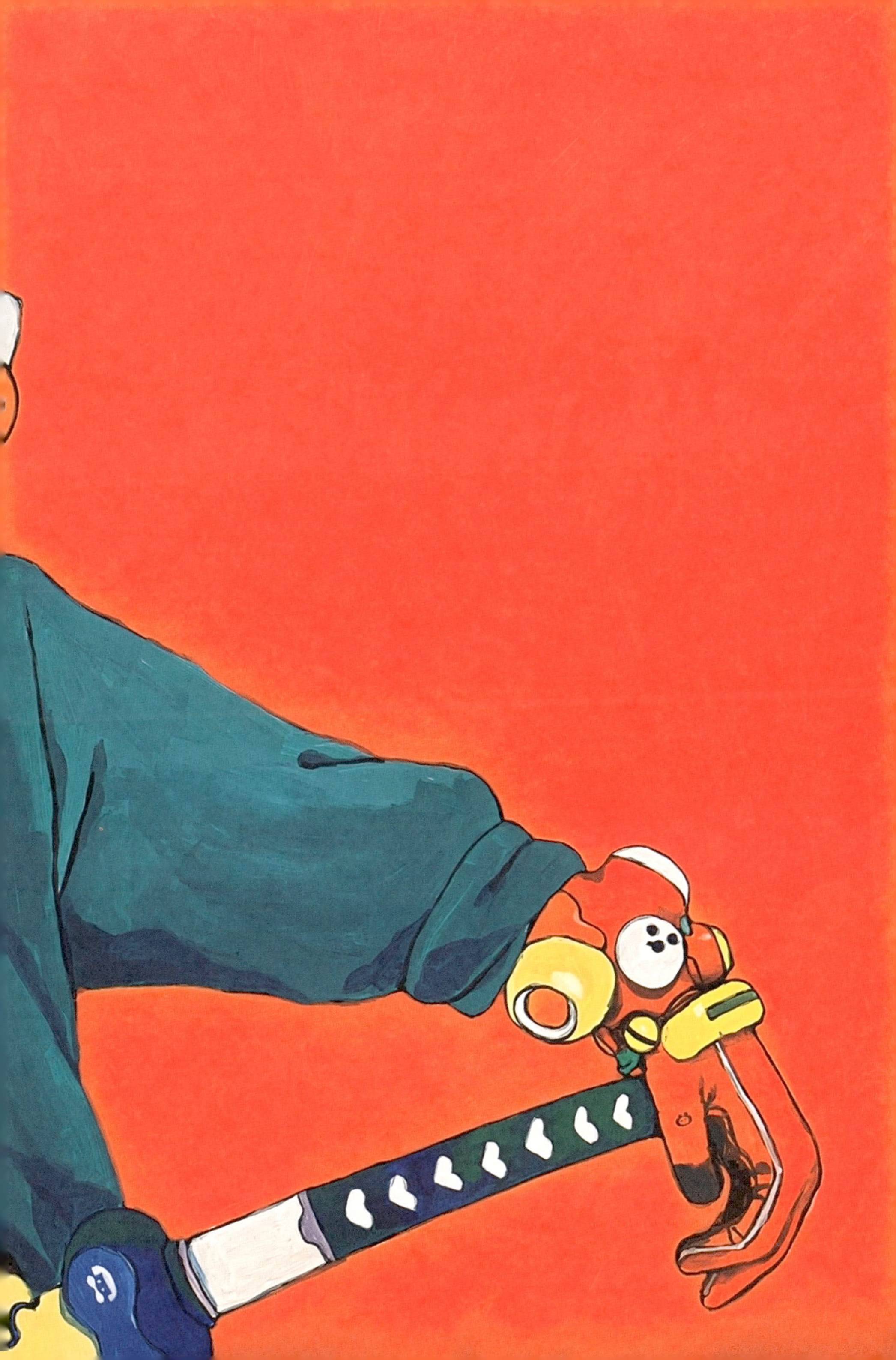

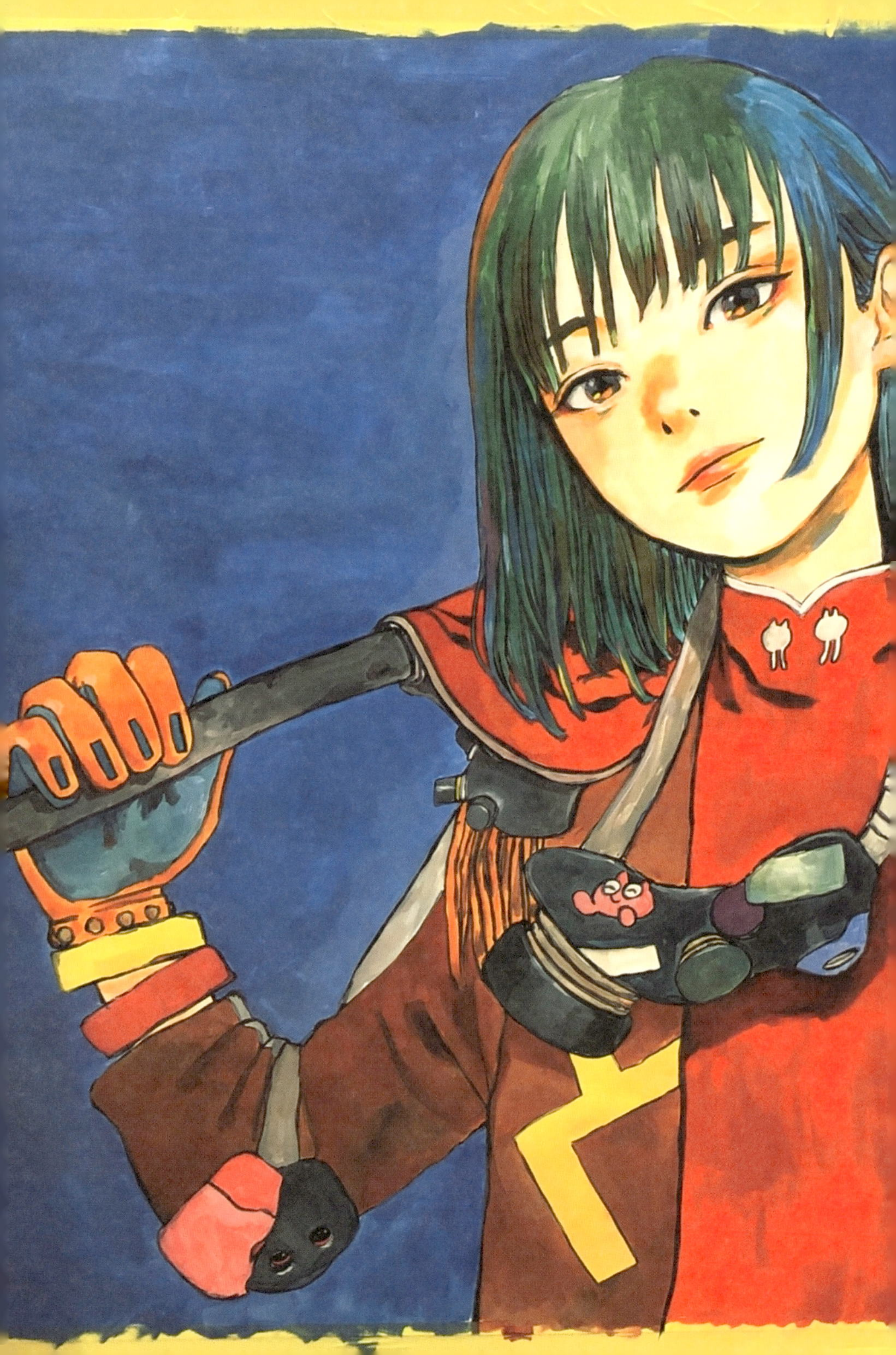

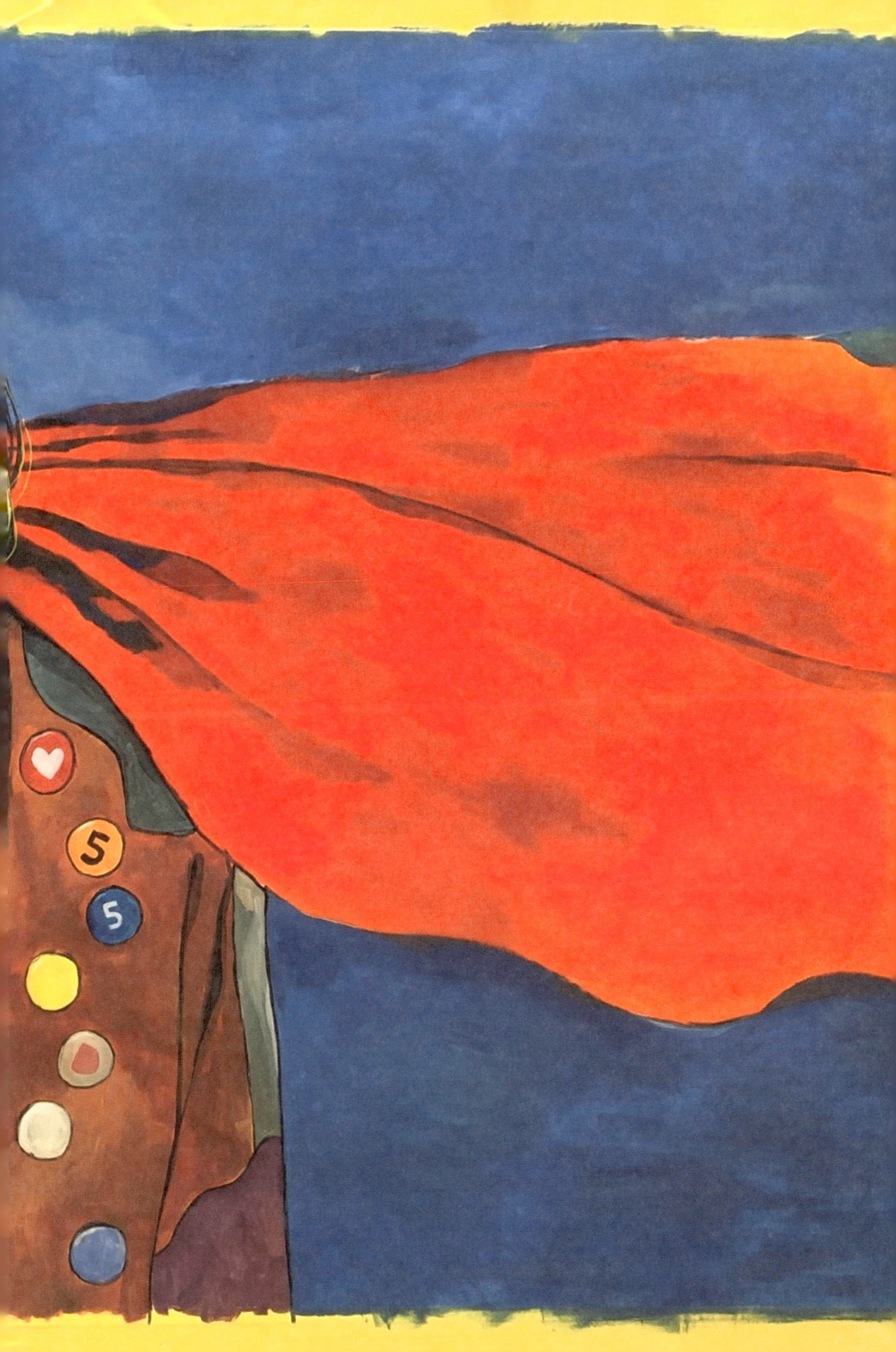
5
5

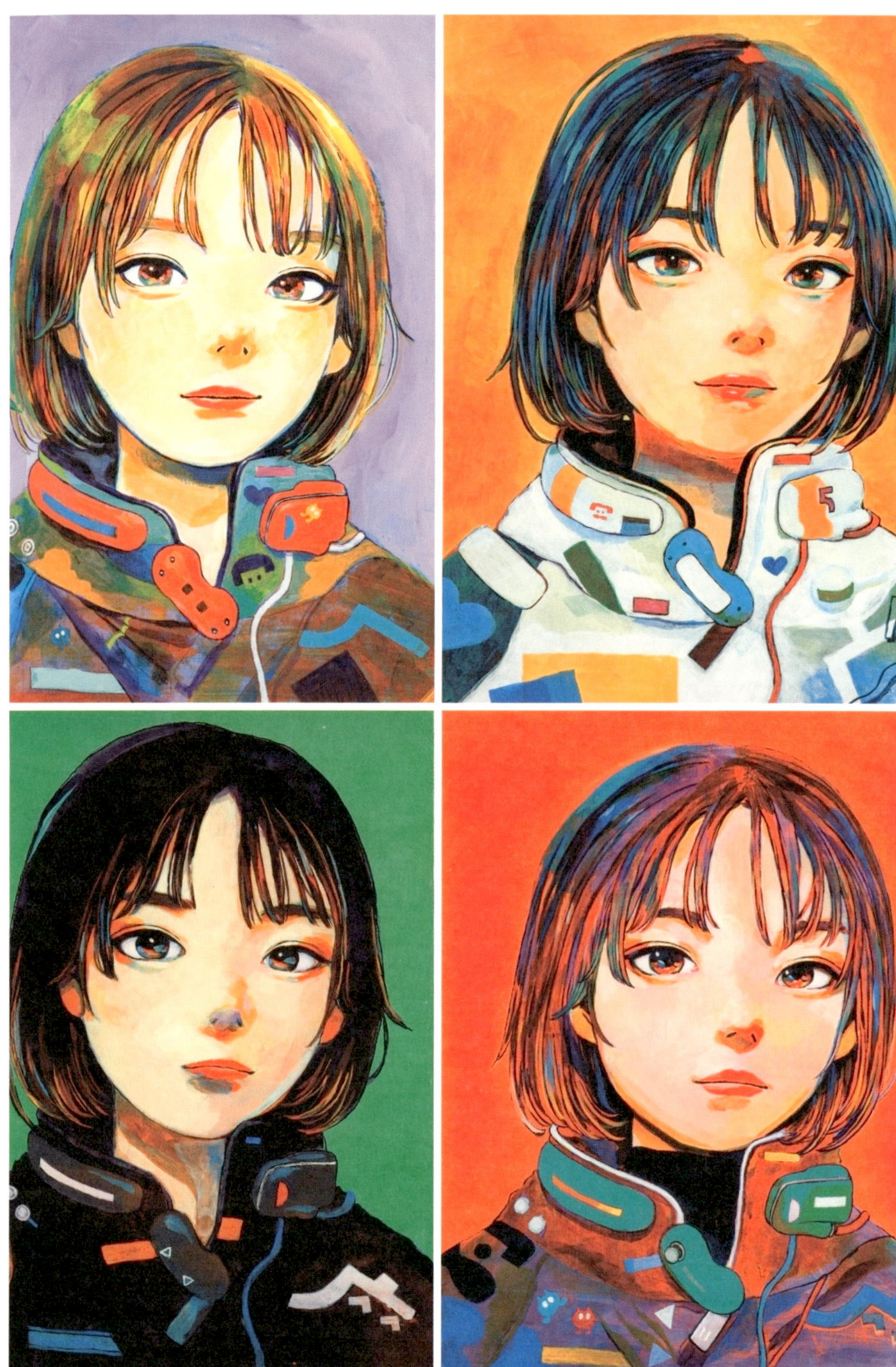

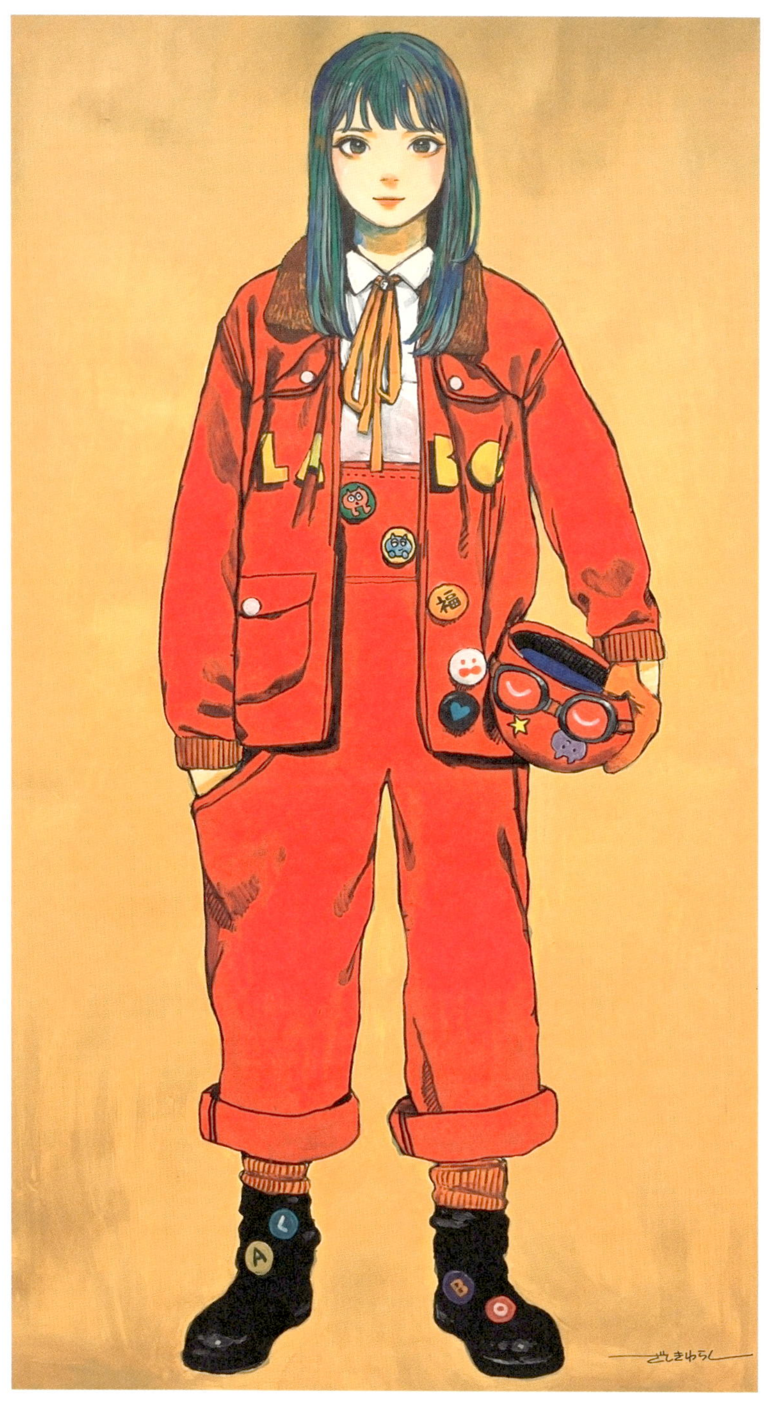

著者略歴

ざしきわらし

1987年福岡生まれ。イラストレーター。個展開催やクライアントワーク多数。

X warashi　@WarashiZ
Instagram ざしきわらし　@warashiz0614

ざしきわらしイラスト作品集　DANDELION

2024年4月30日　初版第1刷発行

著　者　ざしきわらし
発行者　相澤正夫
発行所　芸術新聞社
〒101-0052
東京都千代田区神田小川町2-3-12 神田小川町ビル
TEL 03-5280-9081（販売課）
FAX 03-5280-9088
URL http://www.gei-shin.co.jp
印刷・製本　株式会社光邦
デザイン　堀川達也　horikawa design office
協力　壱岐市
エクノス株式会社
ABC-MART
KANA-BOON
株式会社ロッキング・オン・ジャパン
佐賀県専門学校ナビ
太宰府焙煎堂 rico!
『成瀬は天下を取りにいく』(宮島未奈著・新潮社)
『成瀬は信じた道をいく』(宮島未奈著・新潮社)

ISBN 978-4-87586-692-3 C0071

Zashikiwarashi ART WORKS DANDELION

Geijutsu Shinbunsha Inc.
Kanda Ogawamachi Building, 2-3-12 Kanda Ogawamachi,
Chiyoda-ku, Tokyo 101-0052, Japan
URL http://www.gei-shin.co.jp

ISBN978-4-87586-737-1 (Outside Japan)